JN314138

PEER LEARNING

ピア・ラーニング
学びあいの心理学

編著
中谷素之＋伊藤崇達

金子書房

はじめに

　教室での学びというと，みなさんはどのような場面を想像されるでしょうか。もっとも多いのは，教卓に先生が立ち，およそ6列か7列に並んで着席している子どもたちの前で，板書をしたり資料を配布したりしながら，授業を進めている様子かもしれません。こういった一斉授業は，比較的短い時間で一定量の知識を教えるには効率的であると考えられ，今日でも多くの学校や教育場面でみられる光景です。あるいは，学校やクラスによっては学力に心配のある子どもに対しては個別学習が中心となるところもあるでしょう。

　これから本書で提案する「ピア・ラーニング」は，これらの学習形態とは少し異なるものです。クラスメイトや友人とともに学ぶ学習活動を意味するピア・ラーニングは，子どもが他者とかかわって学ぶことを重視し，他者のリソースを最大限に活かして学ぼうとすることがなによりの特徴です。教師からの一方通行の指導ではなく，また個々の子どもの学習だけでは得られない，友だちやクラスメイトとのかかわりによる質の異なった学習過程が，ピア・ラーニングから生成されるといえるでしょう。

　本書では，教育心理学研究の専門性に立ち，さまざまな観点から友だち同士の学びあい，ピア・ラーニングの理論と実践について議論しています。まず第1部では，「第1部　ピア・ラーニングを構成する諸理論」として，学業的援助要請，社会的比較，友人関係に対する動機づけ，目標理論，自己調整学習，相互教授法・相互説明，ピア・サポートという，ピア・ラーニングをとりまく重要な心理学的理論について論じています。単に理論について概説されているだけではなく，教育への応用や最新の研究動向についてもふれられています。

　第2部「ピア・ラーニングを促進する過程」では，ピア・ラーニングが実際の教科学習や学習課題においてどのように実践に活かされるかに重点が置かれています。算数・数学的思考や概念変化，文章作成といった学校教育における主要な課題において，ピアとの学びあいがどのように構成され，それ

がどのような認知的・情動的成果を生み出すかについて，実証的研究にもとづきながらわかりやすく論じられています。

第3部「ピア・ラーニングの展開」では，さらにふみ込んで，ピア・ラーニングが学校教育や日本語教育，また特別支援教育というそれぞれの具体的，実際的な教育文脈において，どのように展開してきているかについて議論されています。広く学校教育での実践はもちろん，語学教育や特別支援のなかでも，ピアとの学びあいは独自の意義をもつことが明確に，実証的に明らかにされています。

これまで，学びあいに関する教育書はいくつかありましたが，その多くはきわめて具体的な指導法について述べられた，ハウツー色の強いものだったかもしれません。本書は，ピア・ラーニングの意義，効果を科学的に支持する教育心理学的な理論にもとづいて論じている点，そのうえで，具体的な教科や学習，教育実践への応用について広い視野から検討している点で，これまでにない独自性をもつものといえるでしょう。

各章の著者は，教育・学習・認知などの心理学や近接領域の第一線で活躍する研究者です。共通するのは，それぞれの研究は異なりつつも，学びあいにかかわる研究課題に深い関心と専門性を有している点です。そのため本書は，心理学研究を中心とした学術性・専門性をもちながら，教室で具体的にどうすればよいかという実践性についても示唆に富むものになっていると思います。

編者2名は，ともに教育心理学，とくに学習動機づけ研究を中心に研究を重ねてきましたが，学習動機づけの問題を深く考えるほど，その動機づけが，教室の"どのような"状況で生じているのか，"誰"との学びによって生じているのかといった，教室での学習のコンテキストや指導のあり方に関心をもつようになりました。中谷は社会的文脈における動機づけの観点から，伊藤は学習方略における動機づけの観点から，それぞれ仲間との学び，すなわちピア・ラーニングという共通したテーマにたどり着きました。

本書は心理学や教育学を専攻する学部学生の専門課程，あるいは教職課程の学習者を想定し，新しい知識についても比較的平易に記述した内容になっています。しかし当該領域の基本的で重要な理論をふまえていること，その

うえで各領域での最近の動向や研究例，実践例も含まれていることなど，内容的には大学院などで関連する領域に関心をもたれているみなさんにも十分手応えのあるものになっています。とくに教員をはじめとする教育関係者，あるいは保護者の方には，いわゆる学びあいといわれる教育活動への心理学的な理解を進めるには，好適なものだと思われます。

　ひとり黙々と机に向かう状態になる前に，あるいはそれと同時に，子どもは学校やそれ以外の場所で，仲間とともに学び，学習のリソースを分かちあうことで，より深く広い学習へと進んでいます。本書がそのような子どもたちの豊かな学びを理解し支援するための一助になれば幸いです。

　最後に，金子書房編集部渡部淳子さんには，本書の作成にあたりさまざまな点からご支援いただきました。記して感謝申し上げます。

　　2013年5月

中谷素之・伊藤崇達

目　次

はじめに　　　中谷素之　伊藤崇達　i

序章　ピア・ラーニングとは　　　　　　　　　　　伊藤崇達　中谷素之　1

1節　「学びあい」とピアの存在　1
2節　ピア・ラーニングとは　2
3節　ピアと「ともに学ぶ」ということ——ことばの使われ方について　5
4節　ピア・ラーニングを支えるもの　6

第1部　ピア・ラーニングを構成する諸理論　　　　　　　　　　　11

1章　必要な援助を求める——学業的援助要請　　　　　瀬尾美紀子　13

1節　学業的援助要請とは　14
2節　学業的援助要請に対する影響要因　19
3節　よりよいピア・ラーニングに向けて　23

2章　人と比べ合って学ぶ——社会的比較　　　　　　　外山美樹　29

1節　社会的比較とは　30
2節　他者との比較はどう発達するか　33
3節　社会的比較による影響　35
4節　おわりに——教育実践に向けて　39

3章　ピアとかかわる動機づけ　　　　　　　　　　　　岡田　涼　43

1節　友人とかかわる理由：自律的動機づけ　44

2節　友人とかかわる自信：社会的効力感　48
3節　動機づけを通してみた友人関係と学習　51

4章　何をめざして学ぶか——目標理論の視点から　　　　中谷素之　59

1節　学習過程における目標の意義　60
2節　目標がピアとの相互作用に及ぼす影響　64
3節　目標の形成と維持を支える教師の役割　68

5章　ピアとともに自ら学ぶ——自己調整学習の視点から　伊藤崇達　75

1節　ピア・ラーニングと自己調整学習　76
2節　学びの方略としてのピアとの学び　78
3節　クラスにおいてピアを介した学びの実践をめざして　82

6章　「一人で読む」を超えて——ピアは理解をどう変えるか

　　　　　　　　　　　　　　　　　　　　犬塚美輪　清河幸子　91

1節　読むことの認知プロセス　92
2節　ピアとともに読む　93
3節　ピアとのやりとりが何を引き出すか　98
4節　実践への提言：ピアとの読みを効果的なものとするために　102

7章　子どもはピアに援助をどう求めるか——被援助志向性研究からみた
　　　ピア・ラーニング　　　　　　　　　　　　　　　水野治久　105

1節　ピアからのサポート　106
2節　子どもが援助を求める意識　107
3節　ピア・ラーニングを促進する仕組み：ピアサポートの導入　111
4節　おわりに　115

第 2 部　ピア・ラーニングを促進する過程 ────────── 121

8 章　協同による問題解決過程　　　　　藤村宣之　橘 春菜　123

1 節　協同過程と友人の役割　124
2 節　ペアやグループの協同による問題解決　127
3 節　クラス単位の協同による問題解決と，これからの算数・数学の授業　130

9 章　ピアを介した概念変化のプロセス　　　　　高垣マユミ　139

1 節　ピアを介した概念変化を促す教授デザイン　140
2 節　ピアを介した概念変化のプロセスの分析　143
3 節　理科授業の実践への適用　147

10 章　メタ認知におけるピアの役割　　　　　三宮真智子　159

1 節　学習におけるメタ認知　160
2 節　メタ認知を促すピア・ラーニング　161
3 節　意見文作成授業の試み　163
4 節　ピア・ラーニングの今後に向けて　168

第 3 部　ピア・ラーニングの展開 ────────── 171

11 章　協同による教育実践の創造　　　　　杉江修治　173

1 節　学校教育がめざすもの　174
2 節　協同学習の理解　175
3 節　協同による教育実践づくり：基本と事例　179
4 節　協同的な学びの可能性　184

12章　日本語教育におけるピア・ラーニング　　　舘岡洋子　187

1節　日本語学習と教室活動　188
2節　日本語の教室におけるピア・ラーニング　190
3節　進化するピア・ラーニング　198

13章　発達に遅れや凸凹のある子どもの協同　　　涌井　恵　205

1節　特別支援教育における協同学習　206
2節　発達に遅れや凸凹のある子どもが参加する協同の成功の条件　208
3節　今後の特別支援教育分野における実践研究に向けて　216

終章　豊かな学びあいに向けて──ピア・ラーニングの展望
　　　　　　　　　　　　　　　　　中谷素之　伊藤崇達　221

1節　ピア・ラーニングにかかわる諸概念　221
2節　教師の役割　223
3節　動機づけの機能　225
4節　より豊かなピア・ラーニング研究に向けて　228

コラム

「学びあい」の成立と教育実践　　鹿毛雅治　56
子ども同士の協同を支える教室環境の創造　　松尾　剛　118
相互教授法による学びあいの効果　　町　岳　156

基本をおさえよう＊キーワード解説　232
索　引　236

イラスト（カバー，扉，5章）／高橋陽子　装幀／青山　鮎

序章
ピア・ラーニングとは

伊藤崇達　中谷素之

1節　「学びあい」とピアの存在

　教育において「学びあい」によって子どもの成長を支えたり，「学び合う」子どもを育てたりすることはこれまでにも実践において大切にされてきました。近年では，子ども同士，仲間同士で学び合うことが学習や発達の過程においてなぜ重要であるのかについて研究の蓄積も進んできています。実証的な研究の成果を受けて，教育上の理念や目標としても，仲間同士での学びあいを実現することが求められるようになってきています。海外の教育や研究の動向に目を向けても，欧米の教育心理学においては，「ピア・ラーニング (peer learning)」という概念が掲げられてきており，その重要性が指摘され，さかんに検討が進められてきています。

　わが国における教育実践では，たとえば，小学校，中学校，高等学校における国語科の学習指導要領解説（文部科学省，2008）をみると「書いた文章を互いに読み合い，題材のとらえ方や材料の用い方，根拠の明確さなどについて意見を述べたり，自分の表現の参考にしたりすること」（中学校1年生）といった指導事項が設けられるようになってきています。学習研究においては，学習者がお互いの文章を読み合って，話し合う活動は「ピア・レスポンス (peer response)」（広瀬，2007；冨永，2012）とよばれ，理解を深める効果がみられるなど，実証的な検証が進められてきています。また，ほ

かの教科の例をあげると，どちらかというと講義形式がおもであったとされる高等学校の社会科においても，最近では，暗記主義への反省ということもあって，仲間同士の「学びあい」「話しあい」を重視した協働学習のスタイルを取り入れる教師が増えてきているという指摘もあります（和井田，2008；木村，2010）。このように教育の現場においては，さまざまな教科，さまざまな学校段階において，ピアを学びの重要なリソースとして位置づける実践が多く試みられるようになってきています。

　実践のみならず，研究においても，仲間を意味する「ピア」という語，そして，人の成長や発達を支えていく「ピア」の存在は，現在，心理学や教育をはじめとするさまざまな領域において注目を集めるようになってきています。これは，学習者のニーズを出発点として支援を構想し，学習者が一体どのようなプロセスを通じて学びを深めていっているのかについて明らかにしていこうとするアプローチ，すなわち，教える側，支援する側に視点を置くというよりも学習者自身のあり方を中心に据えたアプローチが重視されてきているという研究上の動向とも軌を一にするものです。本書では，「ピア・ラーニング」という概念をもとに，学びあいに関する実証的な研究知見や実践研究の成果について紹介していくことにします。

2節　ピア・ラーニングとは

　はじめに，ピア・ラーニングとはどういう概念であるか，確認をしておきたいと思います。トッピングとエリィ（Topping & Ehly, 1998）によれば，peer とは，立場や地位がほぼ同等である仲間であり，companion と同義とみなせるといった説明がなされています。したがって，ピア・ラーニングとは，同じような立場の仲間（ピア）とともに支え合いながら，ともにかかわりをもちながら，知識やスキルを身につけていくことといえるでしょう。教師やコーチ，指導者と学習者といった上下の関係にもとづく教えと学びのあり方とは異なるプロセスがそこには含まれています。

　教育実践においてピア・ラーニングを考えていく際に，仲間同士のかかわりを通したものでなければ成立しえないものは何か，仲間との支え合いによ

ってしか身につけられないものは何かということが重要になってくるといえます。そのためには，ピアの存在，ピアとの関係に固有の特質にはどのようなものがあるかについておさえておく必要があります。

相互の関係上の側面においてともに学ぶパートナーであるピアがもちうる特質としては「互恵性」「対等性」「自発性」をあげることができるでしょう。

まず，「互恵性」とは，指導者が学習者に対して一方的に恵みを与えるというのではなく，ピアのそれぞれがお互いに対して恵みを与え合う関係にあることをさしています。お互いが学び手にも教え手にもなり，恵みをもたらし合いながら学習が深まっていくという特質をもっています。

「対等性」とは，ピアが同じような立場の仲間だということです。立場が同じようであるがゆえに，意見が表明しやすくなったり，お互いのことを受けとめやすくなったりするよさがこうした関係にはあるといえるでしょう。多彩な能力や個性のあるピア同士が同じような立場にあることで，お互いに力を引き出し合う深いかかわりをもたらすことになります。

「自発性」とは，教師がイニシアティブをもって学習を導いていくような一方向的な関係ではなく，自分たちで考えを出し合い，問題解決の過程を自分たちの力で進めていくような学びの側面をさしています。仲間のそれぞれが学びの主体となって，かかわりをもち合い，自分たちなりの方法で課題を成しとげていこうとするものです。とりわけ，仲間同士が自然に交流を図っていこうとする志向性は，ピア・ラーニングにおいて活かされるべき側面といえるかもしれません。

さらに，ピアから学ぶ学習者自身がそれぞれに備えている特性としては，類似性があげられます。この類似性は，次の3つの次元からとらえることができるでしょう。すなわち，「認知的レベルの類似性」「情意的な側面の類似性」「外見的な側面の類似性」です。大人による概念的な説明では理解できなかったことが，認知的レベルの近い少し有能な仲間がわかりやすく説明してくれることで，理解が促されるといったことが考えられます。情意的な類似性についても，似た立場の仲間がおもしろいと感じ，内発的に動機づけられることで，まわりにいた仲間も同じように内発的に動機づけられやすくな

るといったことが考えられるかもしれません。

　ピアジェ派の研究者のデ・リジ（De Lisi, 2002）は，図1に示す図式にもとづき，ピア・ラーニングにおいて，ピアとの相互作用における認知と情動の両側面のあり方を強調しています。これは，ピア・ラーニングの諸理論全般にも共通するものといえるでしょう。まず，ピア・ラーニング経験のプロセスおよび成果は，子どもの認知と情動の両方に影響を与えます（①）。そして，認知と情動は互いに影響し合っています（②）。また，それぞれと社会的相互作用との関連では，認知は，社会的相互作用の性質についてのふり返りを促し（③），また，情動は，社会的相互作用に関する感情を引き起こし（④），それぞれが相互に影響し合っています（⑤）。加えて，認知は，学習内容の理解と達成のレベルに影響を及ぼし（⑥），一方，情動は，学習内容の理解と達成のレベルに関する感情を生み出すことになります（⑦）。最後に，それら自身も相互に影響し合うとされています（⑧）。以上のように，ピア・ラーニング経験のプロセスは，認知と情動の両側面を媒介しながら，学習の成果に影響を及ぼしていくと考えられます。

　以上，述べてきたことは，教師にはもちにくい特性と考えられ，教師－子どものタテの人間関係においては実現しにくい側面であるといえるでしょ

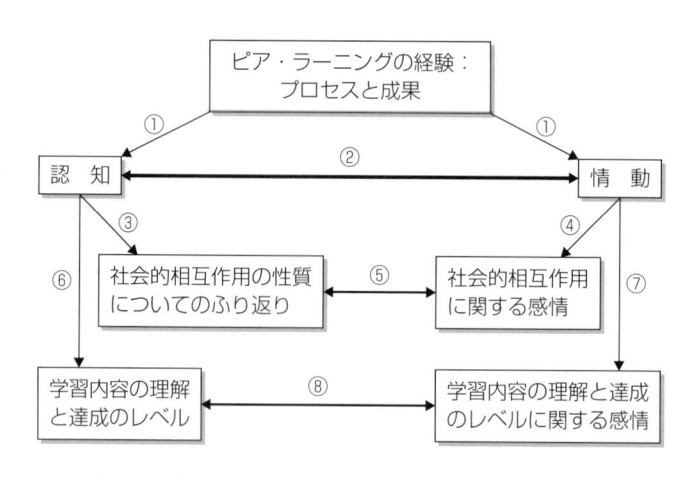

図1　ピア・ラーニング経験の認知的・情動的側面
（De Lisi, 2002 をもとに作成）

う。「類似性」や「対等性」をもとにピア同士が親密な信頼関係を築いていき，「自発的」で「互恵的」な形で学びあいを深めていく活動は，自律的に学び，成長をとげていく学習者を育んでいくうえで大きな力をもつものといえるのではないでしょうか。

3節 ピアと「ともに学ぶ」ということ
——ことばの使われ方について

ピアと「ともに学ぶ」といったときに，いろいろなことばをあてることができます。「共同学習」「協同学習」「協働学習」などがそれにあたります。これらのタームは，研究の領域，立場，文脈によってニュアンスが少し違っており，やや異なった使われ方がなされてきています。

いくつかの国語辞典を紐解いてみると，「きょうどう（共同，協同）」を意味するこれらのことばは，同義に扱われていたり，あるいは，「共同」は「一緒に事を行うこと」，「協同」は「力を合わせて事を行うこと」といったような説明がなされたりしています。

一方，研究の文脈においては，さらに独自の意味を込めて用いられています。たとえば，デーモンら（Damon & Phelps, 1989）は，「協働的（collaborative）」学習のことを高度に相互的な活動であり，グループのメンバーが単一の共同の課題に取り組むものとしています。すなわち，グループでの作業が分割できないような状況として特徴づけています。アメリカでは，少なくとも「協調（cooperative）学習」には教師による調整や指導がある程度入ってきますが，「協働的（collaborative）」学習においてはそうしたものは必要とされないとしています。実践においてはいずれのスタンスも重要になってくるといえるでしょう。それぞれの役割によって子どもたちを支えて，教師がしっかり導いていくような働きかけが求められる場合には，協調的な学びが求められるでしょうし，ピア同士のより自律的な相互に深いやりとりが求められるような教育課題であれば，協働的な学びが成立していくことをサポートしていく必要があるといえるでしょう。

日本の学校教育における授業づくりについての議論のなかで，秋田（2000）

は，グループ内で何か課題を分担して作業を行うことを「共同 (co-operation) 学習（作業）」としてとらえています。一つの課題解決や目標に向かってメンバー各自が分担をして，最終的に成果や作品などを共有することを「共同」としています。その一方で，同じ対象に働きかけていくのですが，グループとして何かを共有していく活動，ともに働いて，ともに耕していくような活動のことを「協働 (collaboration) 学習」として区別をしています。したがって，この場合，共同作業なくして協働学習は成立しないことになります。しかしながら，協働はなくても共同は成立することはあり得ることになります。秋田 (2000) の区別の場合にも，教育実践がめざすねらいによって求められる学習のスタイルは異なってくるといえるでしょう。

「ともに学ぶ」ということについて，このように研究者や研究領域によって，あるいは，実践場面に応じてことばの使い分けがなされることがあります。本書においては，この「ともに」のことばには多義的な意味が内包され得ることを鑑み，全体として用語を統一して用いることはしていません。以降の各章では，研究のスタンスや文脈の意味合いに応じて表現がなされていることに留意してもらえればと思います。

4節 ピア・ラーニングを支えるもの

1. ピア・ラーニングの成立を促す3つのアプローチ

ピア・ラーニングは自然発生的に成立してくるのが理想といえるのかもしれませんが，学校場面などフォーマルな状況においては，教師などの立場の人間が上手に支援をし，ピア・ラーニングを導いていく働きかけが求められるといえるでしょう。オドネルら (O'Donnell ほか，2009) はピア・ラーニングを支えていくうえで，social-motivational approach, social-cohesion approach, cognitive-elaboration approach の3つのアプローチがあるとし，以下のようにまとめています。

social-motivational approach とは，クラスや仲間集団において「報酬」の構造をうまく作っていくことで動機づけを高めていくやり方です。ネガテ

ィブな相互依存の関係である「競争」を促すよりも，ポジティブな相互依存の関係である「協同」する状況を実現していくことがポイントとなります。ピア・グループのチーム全体に対して報酬や評価が得られるような働きかけを行うことで，ピア・ラーニングの成立を図っていこうとするのがこのアプローチにあたります。

social-cohesion approach は，子どもたち同士の社会的スキルを育てていくことに重点を置くものです。最近，日本では学級単位の社会的スキルトレーニング（本田ら，2009）や社会的スキル教育がさかんに進められてきていますが，子どもたちの人間関係を育てることから，ピア・ラーニングを支えていこうとするものといえます。ピアの一人ひとりに重要な役割を与え，ピア同士の相互尊重や，認め合い，励まし合いを促していくことが教師や支援者には求められることになります。

3つめの cognitive-elaboration approach とは，たとえば，国語の文章の読解などで，ペアで作業を行い，お互いに読み合うような活動を取り入れていくものです。まとめ役と，誤りを正して精緻化を行う役を交代で行っていく，といった手続きによって学習活動が深まっていくことをめざします。単独で進めていくには困難な課題をピアとの協同の力によって高めていこうとするものといえます。こうしたピア・ラーニングがうまく成立すれば，一人で取り組むよりも，理解や推論といった認知的な処理は深いものになるものといえます。

以上の概略的な説明からわかるように，それぞれのアプローチの重点は，動機づけ，社会的な関係，認知過程と大きく異なっています。ピア・ラーニングを導いていくアプローチの仕方が違っているとしても，最終的には，認知，感情，社会といったトータルな心理的な側面でピア同士がお互いに学び合い高め合う集団となっているかどうかについて，実践を進めていくうえでは注意しておく必要があるといえます。

2. ピア・ラーニングの心理学的メカニズム

ピアとのかかわりを通じて学習が深化していくプロセスはいかに生じるでしょうか。ピア・ラーニングの心理学的メカニズムに関する説明は簡単では

ありませんが，これまで提案されている有力な理論としては2つがあげられます。1つはピアジェの理論であり，もう1つはヴィゴツキーの理論です。いずれも人間の発達と学習を説明しようとする大きな理論です。

ピア・ラーニングを検討していくうえでかかわりのあるピアジェの理論の要点としては，子ども同士のやりとりやものとのやりとりが「認知的葛藤」を引き起こし，認知的な変化をもたらしていくというものです（O'Donnell & King, 1999；Garton, 2004／丸野・加藤, 2008を参照）。認知的葛藤とは，現在の自分の認知構造ではうまく問題解決できないアンバランスな状態のことをさしています。ピア同士のやりとりを通じて子どもは，シェマ（認知構造のようなもの）の「同化」と「調節」という知の働きを繰り返すことによって，ある種のバランスのとれた状態を取り戻しつつ発達をとげていくものと説明されています。「同化」とはシェマをそのまま外の世界にあてはめて適応しようとすることです。一方，「調節」とは，外の世界や課題の状況に合わせて自分の認知構造を変えて適応しようとすることです。

もう1つはヴィゴツキーの理論ですが，こちらは，社会的，文化的文脈のなかにおいて子どもの認知発達をとらえようとしているところに大きな特徴があります。ピア・ラーニングのメカニズムに迫っていくうえで，「最近接発達の領域（zone of proximal development；ZPD）」（中村, 2004を参照）の考え方は非常に重要なものの1つです。この領域は，子どもの現時点での発達水準と，明日にはできるようになるかもしれない発達の可能性のある水準の両者の間にあるズレの領域のことをさしています。大人やより能力のある子どもとの協同での問題解決が，このズレを縮めてゆくことになり，発達の水準を引きあげてゆくことになるのです。

いずれの理論もなぜピア同士のかかわりが学びの深化を支えているのかについてある種のグランドセオリーを提供してくれているといえます。近年では，ピアジェやヴィゴツキーの理論をさらに発展させて子ども同士が問題解決を図っていく主体者であることや，そのメカニズムの様相について実証的な研究が進められてきています（Garton, 2004／丸野・加藤, 2008を参照）。子どもの学習や認知発達においてピアの存在が非常に大きな役割を果たしており，実践のあり方をとらえ直してゆくうえで多くの示唆が得られてきてい

ます。以降の各章では，冒頭でふれたように，多岐のテーマにわたって興味深い知見が紹介され，議論が展開されていきます。ピア・ラーニング研究と実践にはどのような可能性が秘められているのかについてよく理解してもらえると思います。

■引用文献

秋田喜代美（2000）．子どもをはぐくむ授業づくり——知の創造へ．岩波書店．

Damon, W., & Phelps, E. (1989). Critical distinctions among three approaches to peer education. *International Journal of Educational Research*, 13, 9-19.

De Lisi, R. (2002). From marbles to instant messenger™: Implications of Piaget's ideas about peer learning. *Theory into Practice*, 41, 5-12.

Garton, A. F. (2004). *Exploring cognitive development: The child as problem solver*. Malden, Massachusetts : Blackwell Publishing. 丸野俊一・加藤和生（監訳）（2008）．認知発達を探る——問題解決者としての子ども．北大路書房．

広瀬和佳子（2007）．教師フィードバックが日本語学習者の作文に与える影響——コメントとカンファレンスの比較を中心に．早稲田大学日本語教育研究センター紀要，20，137-155.

本田真大・大島由之・新井邦二郎（2009）．不適応状態にある中学生に対する学級単位の集団社会的スキル訓練の効果——ターゲット・スキルの自己評定，教師評定，仲間評定を用いた検討．教育心理学研究，57，336-348.

木村　優（2010）．協働学習授業における高校教師の感情経験と認知・行動・動機づけとの関連——グラウンデッド・セオリー・アプローチによる現象モデルの生成．教育心理学研究，58，464-479.

文部科学省（2008）．中学校学習指導要領解説　文部科学省初等中等教育局教育課程課　2008年7月．http://www.mext.go.jp/component/a_menu/education/micro_detail/__icsFiles/afieldfile/2011/01/05/1234912_002.pdf（2012年1月31日アクセス）

中村和夫（2004）．ヴィゴーツキー心理学 完全読本——「最近接発達の領域」と「内言」の概念を読み解く．新読書社．

O'Donnell, A. M., & King, A. (Eds.) (1999). *Cognitive perspectives on peer learning*. New Jersey: Lawrence Erlbaum Associates.

O'Donnell, A. M., Reeve, J., & Smith, J. (Eds.) (2009). *Educational psychology: Reflection for action*. New Jersey: John Wiley & Sons.

冨永敦子 (2012). 文章表現授業における大学生のピア・レスポンス指向性の変化と要因の分析. 日本教育工学会論文誌, **36**, 301-311.

Topping, K., & Ehly, S. (Eds.) (1998). *Peer-assisted learning*. New Jersey: Lawrence Erlbaum Associates.

和井田節子 (2008). 高校まなびの広場. 月刊高校教育, **41**, 32-35.

第 1 部

ピア・ラーニングを構成する諸理論

1章 必要な援助を求める
学業的援助要請
瀬尾美紀子

　自分で問題を考えても解けなかったり，学習内容が理解できなかったりといった学習場面での困難に直面した際に，友だちや先生など他者に援助を求める学習行動のことを「学業的援助要請」とよびます（中谷，1998）。中高生の日常場面を対象に友人との学習活動を幅広く調べた調査によると，それらはおおむね5つの種類に分類され，そのうちの2つのカテゴリーが友人に対する「援助要請」と「援助提供」であることが明らかにされています（岡田，2008）。援助を求めたり援助を行ったりすることは，ピア・ラーニングにおいて主要なものであることがうかがえます。

　本章の1節では，学業的援助要請の有効性および学業的援助要請の認知プロセスについて説明します。また，学業的援助要請はいくつかの種類に分類されることが指摘されていますが，ここでは自律的援助要請と依存的援助要請について紹介します。2節では，学業的援助要請の生起や回避にはどのような要因が影響を与えているかについてみていきます。そして3節では，ピア・ラーニングをよりよいものにしていくために，学業的援助要請の研究知見から，どのような点に着目すればよいかについて考えていきます。

KEY WORDS
学業的援助要請の認知プロセス，自律的援助要請，依存的援助要請，動機づけ，有効性の認知，脅威の認知，つまずきの明確化，友だちの反応，学級の目標構造，相互互恵性

1節 学業的援助要請とは

1. 学業的援助要請の有効性

　学習者が主体的に学習を進めていくうえで，学業的援助要請を活用することが有効で不可欠な学習方略であることは，多くの研究者がこれまでに指摘してきました（Nelson-Le Gall, 1985；Zimmerman & Schunk, 2011）。学習内容がわからなかったり，問題が解けなかったりなど自分の力だけではつまずきを解消できない場合に，他者の力を借りて学習を進めていくことは，そのつまずきを放置してしまうよりもずっと効果的であると考えられます。

　このように学習の促進に有効であると考えられてきた学業的援助要請ですが，そのことが実証的にも確かめられたのは，比較的最近のことです。ライアンとシン（Ryan & Shin, 2011）は，学業的援助要請を行うことが学習成果に結びつくことを本格的に調べています。彼女たちは，217名のアメリカの中学1年生を対象に1年間にわたって教師観察による縦断調査を行い，教師に対する学業的援助要請を行っていた生徒ほど1年終了時の3学期の学習成績が高かったことを明らかにしています。従来の学業的援助要請行動と学習成績の関連を調べた研究では，同一時点の相関関係にもとづくものであったため，有意な関連がみられたとしても，それが「援助要請を行ったから学習成績が向上した」のか，「（もともと）学習成績がよいから援助要請を行っている」のかについては，両方の可能性が含まれていました。しかし，この研究では縦断的な調査によって，3学期の学習成績に対して，そうしたもともとの成績（1学期）の影響よりも，日常の学業的援助要請行動の影響のほうが大きいことが示されました。また，反対に援助要請を回避することは学習成績を低めることも明らかにされています。

　このように，理論的にも実証的にも学業的援助要請は有効な学習方略であることが示されてきたわけですが，そうした有効な学習方略であるにもかかわらず，「実際には生徒の多くが質問をしない」ということが，学業的援助要請研究の分野では主要なテーマとして扱われてきました。そのなかで，学

業的援助要請はどのような認知プロセスをたどるのかについて，モデル化が進められてきています。

2. 学業的援助要請の認知プロセス

実際に学業的援助要請が行われるまでには，いくつかの認知的な段階を経る必要があります。これまでに複数のモデルが提案されていますが (Nelson-Le Gall, 1985；Newman, 1994；Ryan & Pintrich, 1998；瀬尾, 2012)，共通するのは大きく３つの段階としてとらえられていることです（図 1-1）。ここでは，各段階でどのようなことが行われているかについて，その概要を説明します。

第 1 段階：「つまずきに気づく」

援助を要請するには，「自分はどうも理解できていないようだ」という具合に，自分自身のつまずきを認識できていることが前提となります。もし，仮に学習内容を理解していなかったとしても，本人がそのことに気がついていなければ，援助要請は行われません。そのため，つまずきはそのままになってしまうでしょう。この段階で重要なことは，自らの理解状態を正確に把握すること，すなわち「メタ認知」が十分に機能することといえます。

第 2 段階：「援助要請に関する各種の意思決定を行う」

第 1 段階で自分のつまずきに気づいた後，そのつまずきを解消するために，「誰に（要請対象）」，「何を（要請内容）」尋ねるかについて具体的に決めるという作業が待っています。

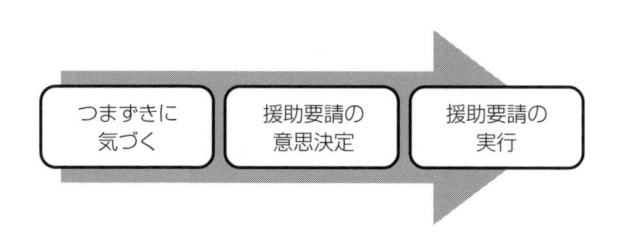

図 1-1　学業的援助要請の認知プロセス

〈要請対象に関する意思決定〉

　友だちに尋ねるのか，それとも，先生に質問するのか，あるいは塾の先生，家族，その他の人など多様な選択肢が考えられます。要請対象者の決定には，「その人に尋ねたときにどのような援助や反応が返ってきそうか」といった予測が関連します。その予測の1つに，援助要請する内容に直接的に関連するものがあります。「先生は正しい答えを言ってくれるが，友だちの場合には正しいかどうかはわからない」といった回答の正確さや，「理科は△△さんが得意で，社会は◇◇さんが得意だから」のような専門性にもとづきながら，要請する内容と照らし合わせて誰に援助を要請すればよいかを考えているといえます。他方，要請対象者の情動的反応に関する予測も，要請対象者を決定する際の重要な判断材料になります。「あの先生に質問すると怒られそう」，「□□さんに尋ねるとばかにされる」など，とくに否定的な反応は，援助要請自体をとりやめることにつながる場合もあり，その影響は大きいといえます。援助要請を回避する理由について調べた研究でも，こうした否定的な反応の影響が明らかになっています（van der Meij, 1988；Newman & Goldin, 1990）。

　教師と友人を比較した場合，小中学生においては，教師よりも友人への援助要請がより多く行われていることが示されています（Nelson-Le Gall & Glor-Scheib, 1986；野﨑，2003）。一概にはいえませんが，友人のほうが教師よりも援助要請に対してサポート的な反応が期待できることが，そうした結果を生み出す一因になっている可能性が考えられます。

〈要請内容に関する意思決定〉

　援助要請の内容に関する意思決定では，つまずきに対して「直接的な答え」を求めるのか「間接的なヒントや考え方」を求めるのかといった判断が行われます。この判断にはおもに，学習に対してどのような目標をもつかといった「動機づけ」や，学習方法に対する信念である「学習観」が関連することが明らかにされています（Butler & Newman, 1995；Newman & Schwager, 1995；Newman, 1998；瀬尾，2007）。これについては，2節で詳しく述べたいと思います。

第 3 段階：援助要請を実行する

　この段階では，自分の外側にある環境へ実際に働きかけていくためのスキルが必要になります。たとえば，自分のつまずきとそれに対する援助を適切な表現で述べるための言語スキルは必須といえます。また，援助要請の意思があっても環境条件によっては，達成されないことも起こり得ます。たとえば，援助要請しようと思ったときにその相手の都合が悪い場合には，実際には援助要請を行うことができないでしょう。そうしたことを考えると，援助要請に適切なタイミングを図るスキルなども必要になってきます。

3. 学業的援助要請の分類

　学業的援助要請は他者に対して援助を求める行動であることから，場合によっては他者への依存という危険性があることを十分にふまえる必要があります。わからないことがあったときに，自分で十分に考えたり調べたりすることなくすぐに他者に援助を要請することは，適切な学習行動とはいえません。

　ニューマン（Newman, 2008）は，援助要請の必要性と実際の行動によって，つまずきに対する対処行動を4つに分類しています。そして，援助要請が必要なときに援助を求めることを「適応的援助要請」，必要でないときにも過剰に援助を求めることを「非適応的援助要請」とよんでいます。瀬尾（2007）は，個々の先行研究を統合し，問題解決の主体，必要性の吟味，要請内容の3つの観点によって，援助要請行動を「自律的援助要請」と「依存的援助要請」に分類しています（表 1-1）。

　具体的に，自律的援助要請とは，つまずきを自分自身が主体的に解決すべきものとしてとらえ，援助要請が必要かどうか十分に検討・吟味したうえで，答えだけでなく答えにいたるまでの考え方やヒントを求めるといった援助要請をさします。一方，依存的援助要請とは，自律的援助要請とは反対に，つまずきの解決を援助者に委ね，援助要請の必要性について十分に吟味することなく，答えや結果のみを求めることです。

　1 節の冒頭で述べたライアンとシン（Ryan & Shin, 2011）の学業的援助要請の有効性を示した知見は，より詳細にいえば必要性の吟味を十分に行っ

表1-1 自律的援助要請と依存的援助要請 (瀬尾, 2007)

	自律的援助要請	依存的援助要請
問題解決の主体	援助要請者	援助者
必要性の吟味	十分	不十分
要請内容	ヒント・解き方の説明	答え

た援助要請すなわち自律的援助要請に対するものです。自律的援助要請を行うことには学習成果を向上させる効果があるといえます。一方，依存的援助要請については，学習成果との明確な因果関係は示されていませんが，少なくとも自律的援助要請ほどには学習成果を向上させる効果は期待できないでしょう。自分自身のつまずきについて主体的に取り組まず答えや結果のみを求めた場合，その場を何とかやり過ごすことはできても，その問題を自分で解決する力が十分に身につくわけではないからです。

　援助要請の対象によってどのようなタイプの援助要請が多いかについても明らかにされています。ネルソン＝レゴールとグロア＝シャイブ（Nelson-Le Gall & Glor-Scheib, 1986）は小学生を対象にした観察調査を実施し，依存的援助要請の大半は教師ではなく仲間に対して行われていることを明らかにしています。また，ライアンとシン（Ryan & Shin, 2011）は，中学生では教師に対する依存的援助要請が観察されたのは全体の約5％であったことを報告しています。教師への依存的要請がごくわずかであったことについて，生徒たちが援助要請について「自分自身で十分に理解する努力をしなければ先生は援助をしてくれないだろう」ということを学んできた結果であるとしています。一方，中学生以降になると課題を完成させるために仲間に答えを教えてもらったり写したりといった，仲間に対する依存的援助要請が増加し，自律的な援助要請は減少することを示した研究を紹介しています。

　ここまで述べてきたことをまとめると，学業的援助要請を行うことを勧める際には，学習成果の向上に結びつく自律的援助要請を意識させることが重要です。とくに，仲間に対する依存的援助要請が多いことをふまえると，なぜ自律的援助要請が望ましいかについて互いが十分に理解していることが自律的援助要請を促進していくための鍵になるでしょう。

2節　学業的援助要請に対する影響要因

　学業的援助要請の影響要因に関する研究は，おもに次の2つの問題を明らかにすることを目的として行われてきました。1つは「援助要請が必要であると認知していても，なぜ生徒たちは援助要請を回避するのか」，もう1つは「どうして依存的援助要請が行われるのか」という問題です。先行研究では，これらの問題に対して，多様な方向から検討がなされています。

1. 動機づけ

　学習者の動機づけに着目した研究では，おもに自己効力感と達成目標について検討が行われています。自己効力感とは，ある課題について自分がそれをやりとげられそうだという見通しを感じることです。そうした見通しをもてることが学習行動を動機づけると考えられています。自己効力感と援助要請の関連については，「自己効力感が高い人ほど援助要請を行い，低い人ほど援助要請を行わない」という知見（Newman, 1990；Karabenick & Knapp, 1991；Ryan & Pintrich, 1997）と，それとはまったく正反対の「自己効力感が低い人ほど援助要請を行い高い人ほど行わない」といった知見（Ames & Lau, 1982；Nelson-Le Gall ほか, 1989）が報告されています。この矛盾に関して，「自己イメージ」による説明がなされています。具体的には，自己効力感が低い人ほど援助を要請しないのは，「もし援助を要請すると自分の能力のなさが知られてしまい，自己効力感の低い自分の自己イメージはますます傷ついてしまう。それを避けるために援助要請を回避する」と説明されています（傷つきやすさ仮説；Nadler, 1983）。一方，自己効力感が高い人ほど援助を要請しないことも，自己イメージによって説明されます。すなわち「援助を要請して自分の能力の低さを示してしまうと，自分はやりとげられるといった強い自己イメージを保持できなくなる。自己イメージの保持のために援助要請を回避する」という説明です（一致性仮説）。小学校低学年から高学年，そして中学生になるにつれて，一般的に学業的援助要請行動は減少していきます。思春期に差しかかる段階で，他者との社会的

比較によって自己イメージが強く認識されることが，上述のような自己イメージの保持を図る振る舞いに影響していると考えられます。

　次に達成目標との関連を紹介しましょう。学習やスポーツ，芸術といったある領域で何かを成しとげようとする達成場面では，目標を定めることによっても人は動機づけられることが知られています。達成目標を習得目標（熟達目標）と遂行目標に区別して検討することが，達成目標理論における代表的な考え方です。習得目標とは，自分自身が学習内容を理解したり課題に熟達したりすることをめざす目標です。一方，遂行目標とは，他者と比べてよい成績をとりたい，他者よりも悪い成績はとりたくないという，遂行結果に着目した目標です。達成目標と学業的援助要請の関連を検討した先行研究ではおもに以下の2点が明らかになっています（Newman, 1990；野﨑，2003；Ryan & Pintrich, 1997；上淵ほか，2004）。1つは習得目標を強くもつ学習者ほど，援助要請をよく行っており，それは援助要請を行うことが自分にとって有効であるといった認知（有効性の認知）によって媒介されているという関連です。もう1つは遂行目標を強くもつ場合には，援助要請を行うことが自分にとって能力不足を示すことにつながる（脅威の認知）ため，援助要請を回避するといった関連です。遂行目標については，さらに遂行接近目標（よい成績をとりたいから学習する）と遂行回避目標（無能だと思われたくない）に分けたうえで，遂行接近目標は有効性の認知を媒介して援助要請と正の関連を示し，遂行回避目標は脅威の認知を媒介して援助要請と負の関連を示すことを明らかにした研究もみられます（Tanakaほか，2002）。また，田中ら（Tanakaほか，2002）では，有効性の認知をコントロールした場合に習得目標が援助要請の回避と関連することも示されています。この結果について，援助要請が依存的な行動であるととらえられた可能性を示唆しています。以上の結果をまとめると，学習者が学習に対してどのような達成目標をもつかということに加えて，援助要請をどのような行動として認知するかによっても援助要請を行うかどうかが異なってくるといえます。

　達成目標についてはこのほかに，どのような内容の援助要請を行うか，つまりヒントを求めるのかそれとも答えを求めるのかといった要請内容の相違に影響を及ぼすことも明らかにされています。習得目標を強くもつ場合に

は，答えではなく考え方やヒントを求める傾向があります。一方，遂行目標については先ほど述べたように援助要請を脅威としてとらえた場合には援助要請の回避につながり，よい成績をとって悪い評価を避けたいという点が強調される場合には，答えだけを聞こうとする依存的援助要請が行われます（Newman & Schwager, 1995）。

2. メタ認知的方略

メタ認知的方略の使用もまた，学業的援助要請行動に影響を与えます。「わからないところがわからなくて質問できない」という理由が，援助要請の回避に対してあげられる場合があります。1節で示したとおり，学業的援助要請のプロセスの第1段階は「つまずきに気づく」ことです。この「気づく」という認知プロセスをより詳細に検討すると，「なんだかよくわからないなあ」という全体の理解状態としての気づきと，「ここの部分がわからない」といったつまずきが明確に特定された気づきの2つの水準があります。上で述べた例では，理解できていないことはモニタリングしているけれども，つまずきは明確化されていない状態といえます。

瀬尾（2005）は，数学のつまずきを明確化する方略（表1-2）の使用が援助要請行動とどのように関連しているかについて，高校生を対象にした調査を実施しています。その結果，習得目標が強い学習者ほど上記の方略を使用して自己のつまずきを明確化しようとする活動を行い，援助要請を行う傾向が示されました。また，そうした関連は援助要請の有効性や脅威の認知よりも強かったことから，つまずきを明確化できることが援助要請には重要であることが示唆されます。

このほかに，つまずきを明確にすることは，学業的援助要請のタイプにも関連することが明らかになっています（瀬尾，2007）。依存的援助要請の特徴の一つに，援助要請の必要性の吟味が十分に行われないことを先に指摘しました。その背景には，自分のつまずきを明確化できないために自分で対処可能かどうかの判断が下せず結果的に依存的援助要請を行っていることが考えられます。瀬尾（2007）では，高校生においてつまずき明確化方略を使用しないほど依存的援助要請を行うという傾向が見出されています。また，

表1-2 つまずき明確化方略 （瀬尾, 2005）

問題理解つまずき明確化方略
・問題に書いてあることを数式で表せるか確認する
・問題に書いてあることを，図，表，グラフで表せるか確認する
・問題に書いてあることが，どういうことか具体的に考えてみる
・すでにわかっていることと，これから求めたいことを整理する
・使える公式があるか確認する
・最終的に何を求めればよいか考えてみる
問題解決つまずき明確化方略
・それまでにやったことが正しかったか見直す
・別のやり方がないか考える
・答えが求まるためにはどのようなことがわかればよいか，逆向きに考えてみる

つまずき明確化方略を使用するほど自律的援助要請を行うという傾向については，中学生と高校生の両方で示されました。

3. 教師や友だちの反応・学級の雰囲気や目標に対する認知

　学業的援助要請は，援助を要請する相手に向けて行われる学習行動です。いうまでもなく，その相手がどのような反応や態度を示すかということに大きく影響を受けます。1節でも述べたとおり生徒の援助要請に対して教師がサポート的な態度で接することや奨励することは，援助要請の促進につながり（Karabenick & Sharma, 1994），教師が怒ったり，勉強不足であることを責めたり，ばかにしたりする態度は，援助要請の回避に強く影響することが報告されています（Newman & Goldin, 1990；van der Meij, 1988）。仲間に対する援助要請においても，同様といえます。

　一方，こうした情動的な対応とは別に，瀬尾（2008）は，つまずきに対してどのような内容の支援や指導を行うかについても着目していく必要性を示しています。具体的には，援助要請に対する教師の指導スタイルを「教師主導型指導」と「相互対話型指導」に区別し，こうした指導スタイルの認知が生徒の学業的援助要請のタイプとどのように関連するかについて，中学生を対象に検討しました。そのおもな結果として，教師主導型指導の認知が依

存的援助要請と関連することが示されました。ここで教師主導型指導とは，生徒に考えさせることをあまり促さない教師からの説明を中心とした指導のことです。こうした指導を受け続けると，つまずきの解消を援助者に任せて主体的な解決を図ろうとしない依存的援助要請に結びつく可能性があります。援助要請に対応する援助者は，学習者の主体的な問題解決や学習を支援していくという視点をもちながら，援助を行っていくことが求められます。

学業的援助要請は，学級や学校といった集団環境のなかで行われることが多いという特徴もあります。学級の雰囲気や規範・ルール，目標構造が学業的援助要請に及ぼす影響についても検討が行われています。学級の規範・ルールとは，たとえば，授業時に生徒からの質問を受けつけるような時間が必ず確保されていることや，質問することを奨励し価値を置いていることなどです。学級の目標構造については，遂行目標志向の学級では援助要請が回避される傾向が強いということが明らかにされています（Ryan ほか, 1998；Karabenick, 2004）。学級集団としての目標が他人よりもよい成績をとることをめざすものである場合，援助を要請することは，他者に弱みを見せることにつながるため，結果として要請を回避するということです。

3節 よりよいピア・ラーニングに向けて

1. 学業的援助要請研究からの示唆

本章の冒頭でも紹介したとおり，仲間同士でわからないところを聞いたり，教え合ったりといった学業的援助要請と援助提供は，ピア・ラーニングのうちもっとも基本的なものといってもいいでしょう。そうした学習活動を通じて，より互いを高め合うとともに形骸的な学習に陥らないためには，「自律的援助要請を促進する」ということが，もっとも重要な鍵になります。具体的には，とくに以下の2点に着目していくことが求められます。

(1) 習得目標に着目させる指導

仲間同士の学業的援助要請においては，「何のために学習を行うのか」と

いう学習の目標についてまず自覚化させる必要があります。遂行目標が強い場合には，答えや結果だけを求める依存的援助要請や，援助要請自体の回避といった非適応的な対処につながるためです。そうした学習者には，「学習は自分自身の理解を深め能力を伸ばすために行う」といった習得目標に目を向けるよう促すことが有効です。ニューマン（Newman, 1998）は，当初は遂行目標をもっている学習者でも，習得目標を強調して教示することによって，課題内容に関連した質問が増加することをアメリカの小学4，5年生を対象とした実験的な研究によって明らかにしています。教師やまわりの働きかけによって，習得目標を強調していくことが依存的援助要請を減少し自律的援助要請に導くことにつながります。

　また，こうした働きかけは，「学級の目標構造の影響」と「援助者の役割を理解する」という2つの観点から，個人に対してだけでなく学級全体にも行っていくことが重要です。とくに2つめについて，援助者が教師である場合に，援助要請に対して一方的な説明を行うこと（教師主導型指導）が依存的援助要請に結びつく可能性が示されていますが（瀬尾，2008），仲間同士であっても同様のことが起こる可能性は十分に考えられます。援助者の役割として，答えや結果をただ一方的に提供するのではなく，考え方や解き方について相手の理解を確認しながら説明していくことが，援助を要請した人の力を伸ばすのだということを理解できれば，仲間同士の学業的援助要請および援助提供はより効果的なものになることが期待できるでしょう。

(2) メタ認知的方略の育成

　学業的援助要請が，依存的要請や要請回避といった非適応的なものに陥る原因の一つにメタ認知的方略が十分に使用できていないことが示されていました。自分のつまずきに主体的に取り組むためには，何よりもまず，自分自身でつまずきをある程度の水準で明確化できるだけのメタ認知的方略を身につける必要があります。「どこがわからないかさえわからない」という状態では，仲間に丸投げしてしまうか，さもなければそのまま放置せざるを得ないためです。

　瀬尾（2005）は，数学のつまずきを明確化するメタ認知的方略（表1-2）

を教授することが，数学の問題に対する質問生成にどのような影響を及ぼすか，高校生を対象に検討しています。その結果，つまずき明確化方略を教授されたグループが生成した質問内容は，教授されなかったグループと比べると，教授する前後で，課題内容に深く関連した質問がより多く増加することが確認されました。こうしたメタ認知的方略の育成を図る支援によって，学習者が自分自身のつまずきを少しでも明確にすることができるようになれば，より自律的な援助要請が可能になるでしょう。また，それだけでなく，つまずきそのものを主体的に解決していこうとする動機づけにもつながることが期待できます。

2. 今後の課題

　学業的援助要請は，学習のつまずきといったいわば自分の弱みに向き合って，さらにそれを他者に開示するといった，心理的抵抗のかなり高い学習行動であるということもできます。自分の弱みを誰に開示するかを決める要素は，相手の反応に対する予測であることをすでに述べましたが，その基盤は「自分の弱みを見せても，相手は誠実に受けとめてくれる」という相手との信頼関係といえます。仲間同士の学業的援助要請を考えた場合にも，互いの信頼関係は不可欠なものです。そうした信頼関係を築くためにも，学級のルールや規範，目標構造に着目した支援を行っていくことが求められます。

　また，仲間同士であることの「対等性」を考えた場合，たとえばいつもＡさんがＢさんに援助を要請しているという，一つの方向に固定された関係になってしまうことは，あまり望ましいとはいえません。可能なかぎり各自の強みを生かしながら，多様な分野で相互に助け合えるような環境を築いていくことが仲間関係の対等性を保証することにつながるでしょう。学習面にかぎらず学校生活全般にわたってそうした環境を整えていくことは，近年大きな問題になっている，いじめ防止の一助となることも期待できます。仲間関係の対等性を保証するピア・ラーニングを促進していくためには，ソーシャルサポート研究でとりあげられる「相互互恵性」の観点なども取り入れて検討することが望まれます。

本章のポイント

1. 学業的援助要請の認知プロセスは，「つまずきに気づく」，「援助要請に関する意思決定」，「援助要請の実行」の大きく3つの段階がある。
2. 学業的援助要請に対しては，おもに，動機づけ，メタ認知的方略，教師や友だちの反応，学級の雰囲気や目標に対する認知が影響を及ぼしている。
3. よりよいピア・ラーニングに対する学業的援助要請研究からの示唆は，学習者に対して「自律的援助要請を促進すること」である。具体的には①習得目標に着目させる指導，②メタ認知的方略の育成，を進めていくことが有効である。

理解を深めるために

『自己調整学習——理論と実践の新たな展開へ』自己調整学習研究会（編）2012年　北大路書房

『メタ認知——学習の高次認知機能』三宮真智子（編）　2008年　北大路書房

『援助とサポートの社会心理学——助けあう人間のこころと行動』西川正之（編）2000年　北大路書房

■引用文献

Ames, R., & Lau, S. (1982). An attributional analysis of student help-seeking in academic settings. *Journal of Educational Psychology*, **74**, 414-423.

Butler, R., & Newman, O. (1995). Effects of task and ego achievement goals on help-seeking behaviors and attitudes. *Journal of Educational Psychology*, **87**, 261-271.

Karabenick, S. A. (2004). Perceived achievement goal structure and college student help seeking. *Journal of Educational Psychology*, **96**, 569-581.

Karabenick, S. A., & Knapp, J. R. (1991). Relationship of academic help seeking to the use of learning strategies and other instrumental achievement behavior in college students. *Journal of Educational Psychology*, **83**, 221-230.

Karabenick, S. A., & Sharma, R. (1994). Perceived teacher support of student questioning in the college classroom: Its relation to student characteristics and role in the classroom questioning process. *Journal of Educational Psychology*, **86**, 90-103.

Nadler, A. (1983). Personal characteristics and help-seeking. In B. DePaulo, A. Nadler & J. Fisher (Eds.), *New directions in helping: Vol. 2. Help-seeking*. New York: Academic Press. pp.265-283.

中谷素之（1998）．教室における児童の社会的責任目標と学習行動，学業達成の関連．教育心理学研究, **46**, 291-299.

Nelson-Le Gall, S. (1985). Help-seeking behavior in learning. *Review of Research in Education*, **12**, 55-90.

Nelson-Le Gall, S., DeCooke, P., & Jones, E. (1989). Childrens' self perceptions of competence and help seeking. *Journal of Genetic Psychology*, **150**, 457-459.

Nelson-Le Gall, S., & Glor-Scheib, S. (1986). Academic help-seeking and peer relations in school. *Contemporary Educational Psychology*, **11**, 187-193.

Newman, R. S. (1990). Children's help-seeking in the classroom: The role of the motivational factors and attitudes. *Journal of Educational Psychology*, **82**, 71-80.

Newman, R. S. (1994). Adaptive help seeking: A strategy self-regulated learning. In D. H. Schunk & B. J. Zimmerman (Eds.), *Self-regulation of learning and performance: Issues and educational applications*. Hillsdale, New Jersey: Lawrence Erlbaum Associates. pp.283-301.

Newman, R. S. (1998). Students' help seeking during problem solving: Influences of personal and contextual achievement goals. *Journal of Educational Psychology*, **90**, 644-658.

Newman, R. S. (2008). The motivational role of adaptive help seeking in self-regulated learning. In D. Schunk & B. Zimmerman (Eds.), *Motivation and self-regulated learning: Theory, research, and application*. Mahwah, New Jersey: Lawrence Erlbaum Associates. pp.315-337.

Newman, R. S., & Goldin, L. (1990). Children's reluctance to seek help with schoolwork. *Journal of Educational Psychology*, **82**, 92-100.

Newman, R. S., & Schwager, M. T. (1995). Students' help seeking during problem solving: Effects of grade, goal, and prior achievement. *American Educational Research Journal*, **32**, 352-376.

野﨑秀正（2003）．生徒の達成目標志向性とコンピテンスの認知が学業的援助要請に及ぼす影響．教育心理学研究, **51**, 141-153.

岡田　涼（2008）．友人との学習活動における自律的な動機づけの役割に関する研究．教

育心理学研究, **56**, 14-22.

Ryan, A. M., Gheen, M. H., & Midgley, C. (1998). Why do some students avoid asking for help?: An examination of the interplay among students' academic efficacy, teachers' social-emotional role, and the classroom goal structure. *Journal of Educational Psychology*, **90**, 528-535.

Ryan, A. M., & Pintrich, P. R. (1997)."Should I ask for help?": The role of motivation and attitudes in adolescents' help seeking in math class. *Journal of Educational Psychology*, **89**, 329-341.

Ryan, A. M., & Pintrich, P. R. (1998). Achievement and social motivational influences on help seeking in the classroom. In S. A. Karabenick (Ed.), *Strategic help seeking: Implications for learning and teaching*. New Jersey: Lawrence Erlbaum Associates. pp.117-139.

Ryan, A. M., & Shin, H. (2011). Help-seeking tendencies during early adolescence: An examination of motivational correlates and consequences for achievement. *Learning and Instruction*, **21**, 247-256.

瀬尾美紀子（2005）．数学の問題解決における質問生成と援助要請の促進——つまずき明確化方略の教授効果．教育心理学研究, **53**, 441-455.

瀬尾美紀子（2007）．自律的・依存的援助要請における学習観とつまずき明確化方略の役割——多母集団同時分析による中学・高校生の発達差の検討．教育心理学研究, **55**, 170-183.

瀬尾美紀子（2008）．学習上の援助要請における教師の役割——指導スタイルとサポート的態度に着目した検討．教育心理学研究, **57**, 243-255.

瀬尾美紀子（2012）．学業的援助要請．自己調整学習研究会（編）　自己調整学習——理論と実践の新たな展開へ．　北大路書房．pp.93-114.

Tanaka, A., Murakami, Y., Okuno, T., & Yamauchi, H. (2002). Achievement goals, attitudes toward help seeking, and help-seeking behavior in the classroom. *Learning and Individual Differences*, **13**, 23-35.

上淵 寿・沓澤 糸・無藤 隆　（2004）　達成目標が援助要請と情報探索に及ぼす影響の発達——多母集団の同時分析を用いて．発達心理学研究, **15**, 324-334.

van der Meij, H. (1988). Constraints on questioning asking in classrooms. *Journal of Educational Psychology*, **80**, 401-405.

Zimmerman, B. J., & Schunk, D. H. (2011). Self-regulated learning and performance: An introduction and an overview. In B. J. Zimmerman & D. H. Schunk (Eds.), *Handbook of self-regulation and performance*. New York: Routledge. pp.2-4.

2章 人と比べ合って学ぶ
社会的比較
外山美樹

「○○君よりも僕の成績のほうが悪い」
「自分よりもできる○○ちゃんのようになりたい」

こういった会話は，日常の学校生活の中で子どもたちからよく聞かれるものです。

また，親や先生が子どもに対して「○○ちゃんのようにがんばりなさい」と励ましのことばをかけるといった場面もよくみかけます。これらはすべて，他者（ピア）との比較にもとづいた発言ですが，心理学では「自分と他者とを比較すること」を社会的比較とよびます。私たちが社会の中でほかの人々とともに生きていくかぎり，社会的比較は避けられないものです。また，社会的比較はたいへん広い範囲に及び，比較を行う理由や，比較がもたらす影響はさまざまです。

2章では，そうした社会的比較の実態（比較する相手，比較を行う理由，比較を行う対象）や比較の発達をとりあげたうえで，私たちが知らず知らずのうちにやっている比較にはどのような影響があるのかを探っていきます。

KEY WORDS

社会的比較，社会的比較過程理論，自己評価，向上性の圧力，上方比較，下方比較，有能感，自己向上動機，動機づけ，継時的な比較

1節 社会的比較とは

1. 社会的比較の基本的仮定

　社会的比較（social comparison）とは、「自分と他者とを比較することの総称」のことです。フェスティンガー（Festinger, 1954）が提唱した社会的比較過程理論の基本仮定には、①人間には自分の意見や能力を評価しようとする欲求がある、②評価のための物理的・客観的手段がないときは、自分の意見や能力を他者と比較することによって自己評価しようとする、③比較する相手としては、自分と類似した他者が一般的に好まれる、の3つがあります。つまり、私たちは日頃、自分と類似した他者と、意見や能力を自己評価するために比較を行っている、ということになります。

2. 他者との比較はいつ頃から行われるか

　さて、私たちはいつ頃から他者との比較を行うのでしょうか。そのことを示す研究（Rubule ほか、1980）を一つ紹介しましょう。その研究で行われた実験では、幼稚園児、小学2年生、4年生に対してボール投げゲームを行いました。子どもたちはボール投げを行った後に、その成績（にせの情報）が知らされます。それによって、自分の成績は一緒にゲームをしている同年齢の友人よりも悪いと知らされる失敗群、よいと思いこまされる成功群が操作され、友人の成績が知らされない統制群も加えられました。子どもたちは、次に同じゲームをもう一度行うときの成績を予想し、ボール投げの能力についての自己評価を尋ねられました。この時、もし、子どもたちが自分の成績を友人と比較して自己評価しているならば、失敗群の成績の予測や能力の自己評価は統制群より低くなり、逆に、成功群の成績予測や自己評価は統制群より高くなるという仮説が成り立ちます。実験の結果、仮説が支持されたのは小学4年生においてのみでした。幼稚園児と小学2年生では、失敗群、成功群、統制群の間において成績予測や自己評価に差がみられない、つまり、友人との比較にもとづいた自己評価を行っていないことが明らかにな

りました。こうした知見より，自己評価にもとづく社会的比較が可能になるのは，だいたい小学4年生以降であるといわれています。ただし，子どもたちの行動を観察した研究（Mosatche & Bragonier, 1981）では，4歳前後の幼稚園児でさえも，自分の持ち物や行為などを友人と比較する言葉のやりとりが少なくないことがわかっています。自己評価の機能をもった比較よりも広範囲における意味においては，幼児でも比較を行っているといえるでしょう。年少児の社会的比較の機能は，能力の自己評価ではなく，自分と他者を比較してそこに類似性を発見することによって，その場でどのようにふるまうべきかについての社会的規範を習得したり，他者との親密な関係をつくりあげたり維持したりするものであると考えられています。

3. 社会的比較の実態

では，能力の自己評価にもとづいた社会的比較が可能になる小学4年生以降の社会的比較の実態はどのようなものでしょうか。ここではおもに，外山（1999）が小学4年生から6年生に実施した調査結果を紹介します。まず，日常生活において何らかの比較をしていると答えた子どもは約6割でした。大学生（77％；高田，1992）と比べると，その割合はいくぶん少ないようです。比較する相手は，「同じクラスの人（70.8％）」，「仲のよい友人（66.3％）」が多くみられました。また，外山（2006c）が小学4，6年生ならびに中学2年生を対象に，日頃比較している友人がどのような相手であるのかを3つの選択肢の中から選ばせたところ，「自分より優れている」が19.4％，「自分と同じくらいである」が78.0％，「自分より劣っている」が2.6％でした。フェスティンガーの社会的比較過程理論によると，自分と類似した者と比較しやすいということですが，子どもにおいても，類似した相手との比較を好む傾向があるといえます。また，フェスティンガーは，能力を比較するときにかぎっては，自分の能力を向上させ，他者をしのごうとする圧力（向上性の圧力）も作用するので，自分の能力よりもほんのわずかに優れている他者との比較（上方比較）を好む，と指摘していますが，自分より優れている友人と比較する子どもも2割近くいることがわかりました。一方で，子どもにおいては，自分より劣っている友人との比較である下方比較

はほとんどみられないということが明らかになりました。

　比較をする対象としては、「学業成績（53.9%）」が多くを占め、次いで「運動能力（32.5%）」「性格（21.5%）」と続きました。大学生の結果（高田，1992）では、自己概念を構成する内容（たとえば、能力、容姿・外見、性格）が多いですが、児童における比較の対象も大学生のそれとは大きく変わらないようです。次に比較をする理由については、相手のことをよく知りたいとする「他者評価（28.8%）」、次に「自己評価（24.6%）」、そして相手に負けたくないためとする「競争意識（22.1%）」が多くありました。大学生（高田，1992）では、自己評価、自己高揚が半数以上を占めるのに対して、子どもにおける社会的比較には、他者志向的な側面が反映されていることが特徴といえます。また、外山（2006c）が小学4，6年生ならびに中学2年生を対象に、比較する対象を勉強、スポーツ、性格、外見、友人関係の中から一つ選んでもらい、それらの領域の有能感を検討したところ、その領域の有能感の高い子どもが、それらの領域を比較対象としていることがわかりました。このことより、子どもにおける比較行動の背景には、自己向上動機が作用しているものと示唆されます。つまり、その領域に自信がある、すなわち、有能感が高い子どもが、自分と同じくらいの友人あるいは自分よりも優れた友人と比較することで、友人をしのごうとする向上性の圧力が作用しているものと考えられます。

　比較を行った結果（影響）としては、「優越感（50.4%）」、「劣等感（42.5%）」が多く、ポジティブとネガティブの両方の感情があることがわかりました。自分より優れている人との比較である上方比較の影響についても調べてみたのですが、その結果、今後がんばるとする「自己向上努力（22.5%）」や「相手への嫉妬、憎しみ（21.5%）」が多くみられました。また、割合はそれほど多くはないものの「努力の放棄（6.3%）」というのもみられました。このことより、上方比較の結果、子どもたちは一方向的な感情のみを抱いたり行動したりするのではないことがわかります。これは、まわりのおとなが「○○ちゃんのようにがんばりなさい」ということが、ある子どもにとっては努力へとつながりますが、別の子どもにとっては相手への憎しみ、または努力の放棄へとつながる可能性を示唆しているものと考えられ

ます。こうした影響の違いには、その子どものパーソナリティ特性、比較となる対象の特性などさまざまな要因がかかわっているものと考えられ（3節を参照）、一概に子どもを他者と比較して叱咤激励することが動機づけを高めることにはならないようです。

2節　他者との比較はどう発達するか

　子どもたちは他者（ピア）との比較をどのようにとらえ（認知）、行う（行動）のでしょうか。そうした社会的比較の認知や行動に、発達的な変化はみられるのでしょうか。ここでは、社会的比較の認知や行動の発達についてとりあげます。

　外山（2001）は、幼稚園年長児、小学1年生（105人）、3、4年生（109人）、5、6年生（185人）を対象に、社会的比較の認知や行動の発達的変化に関する調査を行いました。まず、子どもたちに3つの社会的比較の仮想場面を提示し、なぜ友人はそのようなことを言う（する）と思うのか、友人にそう言われた（された）ときにどのような気持ちになるのか、そういう比較を自分はしたことがあるか、などをインタビューしました。仮想場面の1つ目は、「私が描いた絵はあなたが描いた絵よりも上手だわ」と友人に言われるような「成績の比較」の場面です（図2-1参照）。2つ目の場面は、何か課題に取り組んでいるときに友人がのぞきこむという「作業への注意」の

図2-1　「成績の比較」場面の絵カード
（幼稚園児・女児用）

表 2-1　社会的比較を行う子どもの割合（%）

	幼稚園年長児・1年生	3・4年生	5・6年生
成績の比較	17.9	20.5	24.5
作業への注意	50.4	32.8	26.4
進度のチェック	30.9	75.3	82.2

注．数値は，全体の人数における割合である．

場面です。そして，3つ目の場面は，何か課題に取り組んでいるときに「どのくらいできた？」と友人に尋ねられる「進度のチェック」です。

「私が描いた絵はあなたが描いた絵より上手だわ」といった，より直接的な「成績の比較」については，すでに幼稚園年長児，1年生の多くがそのように自分が言われることをネガティブに感じ（66%），こうした成績の比較を自分がすることを否定しました（82.1%）（表2-1参照）。

課題に取り組んでいるときに友人がのぞきこむ「作業への注意」を行う子どもの割合は，幼稚園年長児，1年生が50.4%，3，4年生が32.8%，5，6年生が26.4%と学年が上がるにつれて減少しており，また，学年が上がるにつれてこの比較を答えややり方を知りたいためとする「課題志向的情報」や「カンニング」とみなすことがわかりました。そして，そのようにみなしている子どもは，この「作業への注意」をネガティブに感じていました。

最後に，何か課題に取り組んでいるときに「どのくらいできた？」と友人に問う進度のチェックは，幼稚園年長児，1年生の3割しか行わないのに対して，5，6年生においては8割以上の子どもが行うことがわかりました（表2-1参照）。また，こうした比較を友人がなぜ行うのかについて，幼稚園年長児，1年生の半数が「わからない」と答えるのに対して，5，6年生においては「社会的比較のため（自分と相手ではどっちができているのか知りたいため）」あるいは「遂行評価のため（自分がどのくらい上手にできたか知るため）」と答える子どもが多くみられました（図2-2参照）。

この研究から，子どもはかなり小さいときから，直接的な比較（「成績の比較」や「作業への注意」）のネガティブな側面に気づいていることがわかりました。そして，こうした直接的な比較は，あまりに明確で友人を不快に

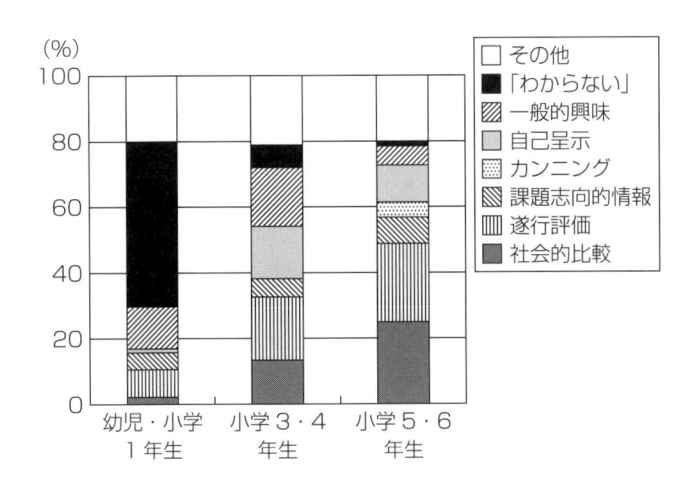

図2-2 学年別の「進度のチェック」における認知（理由）の結果

させる恐れがあるなど，社会的に受け容れられない面をもつため，年齢が高くなるにつれてこれらの形態の比較を避けて，間接的な比較（「進度のチェック」）を用いるようになると考えられます。小学5，6年生頃になると，自己評価の関心にともない社会的比較に対する動機づけが高まっていきます。その一方で，社会的比較行動のポジティブな側面（自己評価，自己高揚）とネガティブな側面（規則違反，社会的調和からの逸脱）の両側面に気づくようになるので，そのバランスを保たせるための試みとして，社会的比較行動をより社会的に受け容れられる形で適応させていくようです。

3節 社会的比較による影響

1. 社会的比較による学習への影響

　ここでは学校という文脈を考慮に入れて，社会的比較が子どもたちの学習（学業達成）に及ぼす影響についてとりあげることにします。社会的比較は，子どもたちの学習においてどのような影響を与えるのでしょうか。

　外山（2006a）は，中学生の学業成績の向上に，比較をしている友人の学業成績と学業に対する有能感が独立に関係していることを見出しました。こ

れは，学業成績が優れた友人と比較する中学生は，自身の学業成績が向上する傾向にあることを意味します。優れた友人と比較する中学生は，その優れた友人をしのごうとする強い向上性のために比較するといった自己向上の機能が作用していることが多いため，学習に対する動機づけが高まり，その結果，自身の学業成績が向上しやすい傾向にあるということになります。優れた友人をよいモデル（手本）として，自分もその友人のようになりたいと奮起し，がんばり続けることができるのでしょう。このように，社会的比較は学習に対する動機づけの役割を果たすと考えられます。

　一方，社会的比較（とくに，上方比較）の影響は，動機づけが高まるといったポジティブなものばかりとはかぎりません。優れた友人との比較によって自己評価が脅威にさらされ，意気消沈にいたり学業に対する動機づけが低下し，そしてついには，学業成績が低下する恐れもはらんでいます。事実，教室内における社会的比較が，子どもの学業達成にネガティブな影響を与えることを見出した研究（Monteil & Huguet, 1999）も数少ないながらにあります。社会的比較は，動機づけにマイナスに働くこともあるようです。

　外山（2009）は，優れた友人との比較には，学業成績の高さに結びつくプロセスと，逆に学業成績の低下につながるプロセスの両者があることを示しました。また，両者をつなぐプロセスには，社会的比較にともなう感情と，その後に行われる行動がかかわっていることがわかりました。具体的には，社会的比較を行った際に「もっとがんばろう」とか「相手に負けたくない」といった意欲感情が喚起されると，学習活動に対する努力行動へとつながり，その結果，学業成績の高さにつながるというプロセスがみられました。一方，社会的比較を行った結果，ネガティブな感情（「落ち込む」といった卑下感情，「相手がにくらしい」といった憤慨感情）が喚起されると，学習活動に対する回避行動が行われやすく，その結果，学業成績の低さに導くというプロセスが確認されました。このように，社会的比較が行われる際にともなう感情とその後の行動によって，優れた友人との社会的比較が学習に対してプラスの影響を及ぼすのか，それともマイナスの影響を及ぼすのかが異なっているようです。

　また，外山（2006b）は，優れた友人との比較と学業達成（ここでは，学

業成績の向上）の関係は一様ではなく，そこには本人の学業に対する有能感との交互作用的な影響がみられることを報告しています。すなわち，優れた友人との比較が学業成績の向上にプラスの影響を及ぼすのは，その個人の有能感が高い場合にかぎられ，自身の有能感が低ければ，学業成績の向上はみられないということになります。

さらに，外山（2007）は，社会的比較を学業成績やテストの点数など，学業的遂行の結果を友人と比較する遂行比較と，学習自体（たとえば，勉強方法）や理解度を友人と比較する学習比較の2つに分け，それら社会的比較が学業達成（学業成績の向上）に及ぼす影響について検討しています。その結果，数学の教科においては，外山（2006b）の結果と同様，遂行比較が学業成績の向上にプラスの影響を及ぼすのは，その個人の学業に対する有能感が高い場合にかぎられ，自身の有能感が低ければ，学業成績の向上はみられないということが示されました。また，国語の教科においては，有能感が低い子どものうち，学習比較をあまり行わない子どもは学業成績が低下するのに対して，学習比較を行う子どもは学業成績の向上がみられるという，有能感と学習比較の交互作用的な影響があることが示されました（図2-3参照）。国語の教科においては，学習に対して自信がない子どもであっても，

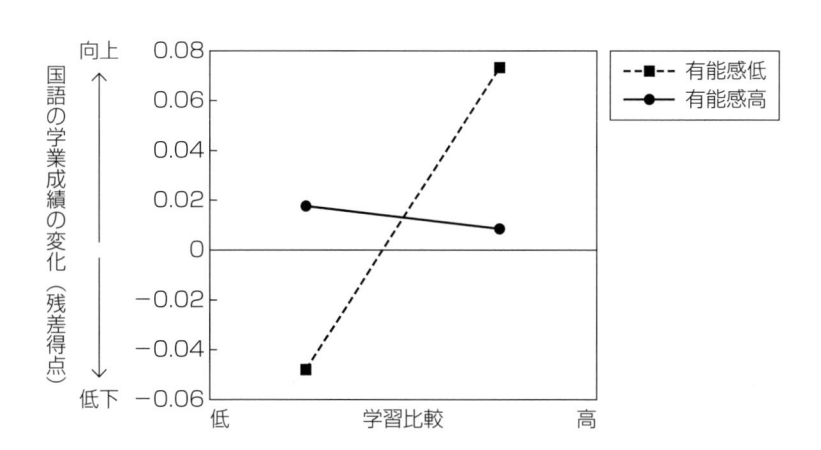

図2-3 学業に対する有能感および学習比較の高低による予測される国語の学業成績の変化

勉強の方法や理解度をまわりの友だちと比較することによって学業成績の向上がみられるということになります。このことより，社会的比較による学習の効果としては，動機づけが高められることのほかにも，優れた他者の認知や方略を自分のそれと比較し，自分の誤った認知や方略を修正することにつながることがあげられます。優れた友人の勉強方法を自分のそれと比べまねることによって，たとえば適切な学習方略の使用につながり，それによって学業成績が向上する傾向にあると考えられます。

　以上，述べてきましたように，社会的比較が学業達成に及ぼす影響は必ずしも一様ではなく，そこにはさまざまな要因（たとえば，まわりの友人と何を比較するのかといった比較する対象や，教科，および学業に対する有能感）がかかわってくるものと考えられます。

2. パーソナリティ特性や性別によって異なる社会的比較の影響

　他者との比較の影響は，子どものパーソナリティ特性によっても異なってきます。学習に特化した影響ではないのですが，外山・伊藤（2001）は，児童を対象にして社会的比較の様態に及ぼすパーソナリティ特性（公的自己意識と自尊感情）の影響について検討しました。その結果，他者からみられる自己を意識しやすい傾向である公的自己意識の高い児童はそうでない児童よりも比較を行う頻度が高いが，とくに落ち込んでいるときに比較を行い，その結果，さらに否定的な感情を抱きやすいことが明らかになりました。自尊感情においては，その高低で社会的比較を行う頻度に差は認められませんでしたが，社会的比較を行う機能が異なることがわかりました。自尊感情の低い児童は自分の劣等さを再確認するため（自己卑下のため）に自分よりもできる人と比べるために，その結果，否定的な感情を抱くという悪循環に陥っていることが示されました。このように，社会的比較の影響はパーソナリティ特性によっても変わってくるといえます。

　また，性別による影響の違いも報告されており，女子は男子よりも比較の結果，自己卑下的な感情を抱きやすいことが指摘されています（外山，2006c）。親や先生といった他者から比較されるときにも，女子は男子より

も自己卑下的な感情を抱きやすいことが報告されており（外山・伊藤，2001），比較をする，される両者において，女子は男子よりもネガティブ感情を抱きやすいといえます。

4節　おわりに──教育実践に向けて

　以上，みてきましたように，子どもたちがまわりの友人（ピア）と比較することには，自身の学習に対する動機づけを高め，その結果，学業達成にプラスに働く場合と，逆にマイナスに働く場合の両者があるようです。社会的比較は適応的な影響と不適応的な影響の両方を備えもち，複雑な恩恵をもっているということができるでしょう。

　人間には自分の能力を評価したいという欲求が備わっており，学校で友人とともに学習していく以上，社会的比較は避けられないものです。優れた友人をよいモデル（手本）として，自分もその友人のようになりたいと奮起し，がんばり続けることができる子どもがいるように，友人と比べ競い合いながら学ぶことには，動機づけを高める作用があります。しかし，だからといって，社会的比較を過度に強調させるような教室環境は避けられるべきです。

　ある研究（Ludtkeほか，2005）によりますと，ほかの子どもとの比較にもとづいたフィードバックを行う（たとえば，「あなたの成績は，クラスで5番でしたよ」といったように，相対的な比較によるフィードバックをする）教師のクラスは，個人内の継時的な比較にもとづいたフィードバックをする（たとえば「前回のテストよりもよくできていたね」といったように，その子どもの過去の成績と比べてフィードバックする）教師のクラスよりも，子どもの有能感が低かったことを示しています。また別の研究（Marsh & Peart, 1988）では，他者との比較にもとづいたフィードバックでは，フィードバックの前後でパフォーマンスの向上がみられたにもかかわらず，有能感が低下することが示されています。

　まわりの他者との比較を強調する競争社会においては，少数の勝者と多数の敗者を生み出します。多くの子どもにとって有害となるであろう教室環境

は，いうまでもなく避けられるべきです。そのためには，まわりの子どもとの比較にもとづいた相対的評価ではなく，絶対的基準にもとづく評価や生徒自身の個人内の継時的な向上にもとづいた評価を行ったり，学業成績やテストの点数など学業的遂行の結果を比較するのではなく，学習自体（たとえば，勉強の方法）や理解度を比較するような環境をつくることが重要になってくるでしょう。

本章のポイント

1. 子どもたちは，自分と同じくらいの友人あるいは自分よりも優れた友人を相手に，学業成績や運動能力といった遂行パフォーマンスを，友人をしのごうとする自己向上のために比較することが多い。
2. 人と比べ合って学ぶこと（社会的比較）における学習の効果は，①自己向上しようとする動機づけが高められること，②優れた友人の認知や方略を自分のそれと比較し，自分の誤った認知や方略を修正することに起因する。
3. 人と比べ合って学ぶこと（社会的比較）における学習の効果は一様ではなく，パーソナリティ特性を含めたさまざまな要因によって異なってくる。

理解を深めるために

『新版　他者と比べる自分――社会的比較の心理学』高田利武　2011年　サイエンス社

『「日本人らしさ」の発達社会心理学――自己・社会的比較・文化』高田利武　2004年　ナカニシヤ出版

『行動を起こし持続する力――モチベーションの心理学』外山美樹　2011年　新曜社

■引用文献

Festinger, L. (1954). A theory of social comparison processes. *Human Relations*, **7**,

117-140.

Ludtke, O., Koller, O., Marsh, H. W., & Trautwein, U. (2005). Teacher frame of reference and the big-fish-little-pond effect. *Contemporary Educational Psychology*, **30**, 263-285.

Marsh, H. W., & Peart, N. (1988). Competitive and cooperative physical fitness training programs for girls: Effects on physical fitness and on multidimensional self-concepts. *Journal of Sport and Exercise Psychology*, **10**, 390-407.

Monteil, J. M., & Huguet, P. (1999). *Social context and cognitive performance: Towards a social psychology of cognition*. Hove, East Sussex: Psychology Press.

Mosatche, H., & Bragonier, H. (1981). An observational study of social comparison in preschoolers. *Child Development*, **52**, 376-378.

Rubule, D. N., Boggiano, A. K., Feldman, N. S., & Loebl, J. H. (1980). Developmental analysis of the role of social comparison in self-evaluation. *Developmental Psychology*, **16**, 105-115.

高田利武（1992）．他者と比べる自分．サイエンス社．
外山美樹（1999）．児童における社会的比較の様態．筑波大学発達臨床心理学研究，**11**，69-75.
外山美樹（2001）．幼児・児童における社会的比較の発達的変化――認知，感情，行動の観点から．教育心理学研究，**49**，500-507.
外山美樹（2006a）．中学生の学業成績の向上に影響を及ぼす社会的比較．東京成徳大学臨床心理学研究，**6**，10-22.
外山美樹（2006b）．中学生の学業成績の向上に関する研究――比較他者の遂行と学業コンピテンスの影響．教育心理学研究，**54**，55-62.
外山美樹（2006c）．社会的比較によって生じる感情や行動の発達的変化――パーソナリティ特性との関連性に焦点を当てて．パーソナリティ研究，**15**，1-12.
外山美樹（2007）．中学生の学業成績の向上における社会的比較と学業コンピテンスの影響――遂行比較と学習比較．教育心理学研究，**55**，72-81.
外山美樹（2009）．社会的比較が学業成績に影響を及ぼす因果プロセスの検討――感情と行動を媒介にして．パーソナリティ研究，**17**，168-181.
外山美樹・伊藤正哉（2001）．児童における社会的比較の様態（2）――パーソナリティ要因の影響．筑波大学発達臨床心理学研究，**13**，53-61.

3 章
ピアとかかわる動機づけ

岡田　涼

　宿題が残っているときに，友だちから遊びに行こうと誘われたらどうするでしょうか。誘いを断って宿題に取り組むかもしれませんし，宿題をそのままにして遊びに行くかもしれません。宿題をしようという気持ちも，友だちと遊びたいという気持ちも動機づけの問題として考えることができます。勉強やスポーツなどに対する意欲は達成動機，友人とかかわりたいという欲求は親和動機として，別々に研究されてきました。そして，両者は互いに干渉し合うようなものとして理解されがちでした。しかし，友人とかかわりたいという動機づけは，学習を阻害するばかりではありません。教室では，友人や仲間とともに学習を進めている様子がみられます。そのような学習活動を積極的に行う子どもは，学習に対する動機づけだけでなく，友人とかかわろうとする動機づけも高いと考えられます。

　友人関係を築いていくうえでは，どのような動機づけが望ましいのでしょうか。また，友人関係に対する動機づけは学習面でどのような働きをしているのでしょうか。本章では，「友人とかかわる理由」と「友人とかかわる自信」という2つの観点から，友人関係に対する動機づけについて考えてみたいと思います。

KEY WORDS
友人関係に対する動機づけ，自律的動機づけ，自己決定理論，社会的効力感，役割葛藤，相互作用の促進

1節 友人とかかわる理由：自律的動機づけ

1. 自律的動機づけ

　日々の生活のなかで友人とかかわる機会は少なくありません。小学生であれば，クラスの友人と一緒に遊んだり，勉強したりするでしょうし，中学校や高校の生徒であれば，クラスだけでなく部活の友人と活動をともにすることもあるでしょう。児童や生徒が多くの時間を友人とともに過ごしている様子をみると，友人とのかかわりに対する動機づけは高いといえそうです。

　しかし，友人とかかわる理由に目を向けてみると，高い—低いという次元とはまた異なる違いがあります。理由という点から動機づけをとらえた場合，内発的動機づけ（intrinsic motivation）と外発的動機づけ（extrinsic motivation）の2つに区別することができます。内発的動機づけは，友人との関係そのものを目的として自分からかかわろうとする動機づけです。友人といる楽しさや友人に対する興味から積極的にかかわっていこうとするのが内発的動機づけです。一方の外発的動機づけは，何かの報酬を得るための手段として，あるいは何らかの外的な圧力によって友人とかかわろうとする動機づけです。グループ内での地位を高めるために友だちをつくろうとしたり，友人から誘われてつきあったりするような場合が外発的動機づけです。

　もう少し細かくみていくと，外発的動機づけのなかにもいくつかのタイプがあります。自己決定理論（self-determination theory；Ryan & Deci, 2009）では，自己決定性や自律性の程度から，外発的動機づけを4つに区分しています（図3-1）。1つ目の外的調整は，何かの報酬を目的としたり，友人側からの働きかけによってかかわる動機づけです。友人のほうから話しかけてくるから一緒にいるというような場合が外的調整です。2つ目の取り入れ的調整は，自尊心を高めたり，不安を低減するために友人とかかわろうとする動機づけです。たとえば，友人がいないと後で困るから仲良くしているというような場合です。3つ目の同一化的調整は，友人関係に対して個人的な価値を見出すことで積極的にかかわろうとする動機づけです。一緒に時

3章 ピアとかかわる動機づけ

非動機づけ	外発的動機づけ				内発的動機づけ
調整なし	外的調整	取り入れ的調整	同一化的調整	統合的調整	内発的調整
動機づけの欠如	統制的動機づけ		自律的動機づけ		
自律性がもっとも低い ←――――――――――――――――――→ 自律性がもっとも高い					

図 3-1 自己決定理論における動機づけ（Ryan & Deci, 2009 をもとに作成）

間を過ごすのは重要だからという理由で自ら進んでかかわろうとするのが同一化的調整です。4つ目の統合的調整は，友人関係に対する個人的な価値観が自分の中でほかの活動と矛盾なく統合されているような動機づけ状態です。ただし，統合的調整は実際の研究では扱われることは稀です。図 3-1 に示されているように，内発的動機づけはもっとも自律的な動機づけですが，外発的動機づけのなかでも同一化的調整や統合的調整は自律性の高い動機づけとされています。一方で，外的調整や取り入れ的調整は自律的ではない統制的な動機づけだとされています。

2. 自律的動機づけと友人関係

友人関係に対する動機づけは，友人関係のあり方に影響します。オジャネンら（Ojanen ほか，2010）は，アメリカでの小学6年生を対象とした調査で，動機づけが友人関係の質に及ぼす影響を調べています。調査は，小学6年生のあいだに2回，中学1年生になってから1回行われました。各調査時点において，児童は友人関係に対する動機づけを尋ねる質問紙に回答し，また同じ学校内の3人の親しい友人をあげたうえで，彼らとの関係の質を回答しました。関係の質は，友人との親しさ，友人の好ましさ，友人との関係の楽しさによって定義されました。児童本人の動機づけと，親しい友人からみたその児童との関係の質との関連は，図 3-2 のようになりました。小学6年生の10月時点での内発的動機づけと外発的動機づけは，半年後の友人関係の質に影響していました。つまり，内発的動機づけによって友人とかかわ

```
┌─────────────┐      ┌─────────────┐      ┌─────────────┐
│   時点 1    │      │   時点 2    │      │   時点 3    │
│(小学6年生の10月)│    │(小学6年生の4月)│    │(中学1年生の10月)│
└─────────────┘      └─────────────┘      └─────────────┘
```

   友人関係   →   友人関係   →   友人関係
     の質   の質   の質

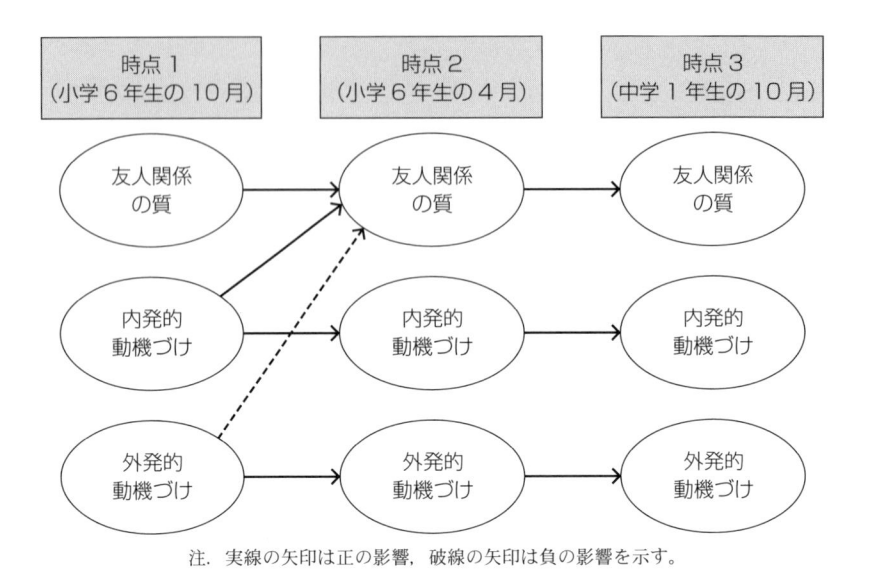

   内発的   →   内発的   →   内発的
   動機づけ   動機づけ   動機づけ

   外発的   →   外発的   →   外発的
   動機づけ   動機づけ   動機づけ

注．実線の矢印は正の影響，破線の矢印は負の影響を示す。

図 3-2　動機づけが友人関係の質に及ぼす影響（Ojanen ほか，2010 をもとに作成）

ろうとしている児童は，友人から好まれ，一緒にいて楽しいと思われていた一方で，外発的動機づけによって友人とかかわろうとしている児童に対しては，まわりの友人が好ましさや親しみを感じにくかったのです。

　友人関係に対する動機づけが関係のあり方に影響する背景には，友人とのかかわり方の違いがあると考えられます。とくに，友人とのあいだで葛藤やいさかいが生じた際に，どのように振る舞うかは重要となります。リチャードとシュナイダー（Richard & Schneider, 2005）は，友人との葛藤状況において，子どもがどのような社会的目標をもつかを調べました。その結果，内発的動機づけや同一化的調整のような自律的な動機づけが高い子どもは，関係を維持しようとする目標をもちやすく，逆に外的調整のような統制的な動機づけが高い子どもは，友人をコントロールしようとしたり，仕返しをしようとする目標をもちやすいことが示されました。自律的な動機づけで友人とかかわろうとする子どもは，たとえ一時的に友人といさかいを起こしても，関係を維持しようとして積極的に働きかけ，親密な関係を築いていくのです。

3. 自律的動機づけと学習

　児童や生徒は，さまざまなかたちで学習活動を行っています。学習活動の中には，一人で行うのではなく，クラスの友人や仲間とともに取り組むようなものもあります。教室では，授業でわからなかった部分を隣の席の友人に尋ねたり，テスト前にお互いに問題を出し合ったりする様子がみられます。そのような学習活動には，学習としての側面とともに，友人とのかかわりという側面も含まれています。そのため，友人とのあいだで行われる学習活動には，学習に対する動機づけだけでなく，友人関係に対する動機づけも影響します。岡田（2008）が中学生を対象に行った調査では，自分が友人を助けること（援助提供）に対しては，学習面での自律的動機づけが影響し，逆に自分が友だちに援助を求めること（援助要請；1章参照）に対しては，友人関係面での自律的動機づけが影響していました。普段から興味や重要性を感じて自律的に友人とかかわろうとする生徒は，学習面で困難に直面した際にも友人に援助を求めやすい傾向があるのです。学習を進めていくなかでは，自分一人では理解しにくかったり，解決が難しい問題に出会うこともあるでしょう。そのとき，近くにいる友人にヒントや説明を求めるには，学習に対する動機づけよりもむしろ友人関係に対する動機づけのあり方が重要となるのです。

　一方で，友人関係を大事にしすぎて，学習が阻害されることを心配する人もいるかもしれません。最初に示したように，仲のよい友人から誘われたら宿題が残っていてもなかなか断りにくいのではないでしょうか。このように，学習と友人関係とが相容れない状態のことを役割葛藤といいます。学習者という自分の役割と友人という役割が葛藤している状態です。セネカルら（Senécalほか，2003）は，大学生を対象に，動機づけが役割葛藤に対してどのような影響を及ぼすかを調べました。その結果が図3-3です。学習と友人関係のそれぞれに対する自律的動機づけは，役割葛藤を低める働きをしていました。また，役割葛藤が低まることによって，学業的遅延行動も抑制されます。学業的遅延行動とは，無関係なことをして勉強を先延ばしにすることです。身近な例として，テスト前になると急に机の整理をしたくなると

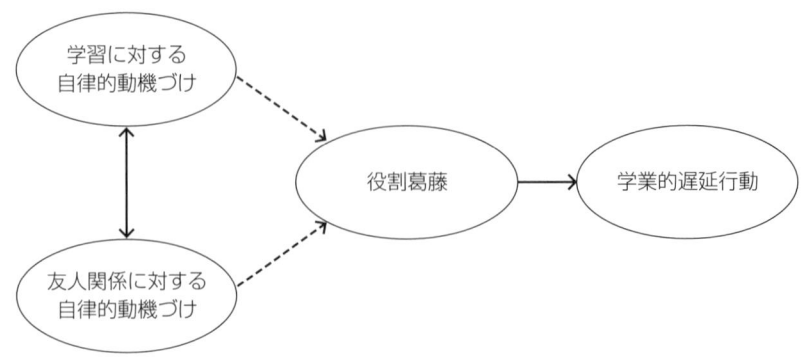

注. 実線の矢印は正の影響，破線の矢印は負の影響を示す。

図 3-3　動機づけが役割葛藤を通して学業的遅延行動に及ぼす影響
（Senécal ほか，2003 をもとに作成）

いう人もいるのではないでしょうか。この結果が示すのは，友人関係に対して自律的な動機づけでかかわろうとしていれば，その友人とのかかわりが学習を阻害することは少なく，学業面での課題を先延ばしにすることも少ないということです。

2節　友人とかかわる自信：社会的効力感

1. 社会的効力感

みなさんは友人とうまくかかわることができますか。友人とよい関係を築いていくのは意外に難しい面があります。相手の好みや価値観に合わせながらも，一方で自分の言いたいこともきちんと主張しなければなりません。

友人や仲間とうまくかかわることができるという自信のことを社会的効力感（social efficacy）といいます。効力感あるいは自己効力感という概念は，望ましい結果を得るための行動を自分が遂行できるという自信をあらわすものです（5 章参照）。学習場面であれば，テストでよい成績をとったり，内容をきちんと理解するための勉強を自分がやっていけるという自信のことをさします。同じように，友人や仲間とよい関係を築いていくことができるか

どうか，よい関係を築くために適切な行動をとれるかどうかに対する自信の程度が社会的効力感です。

2. 社会的効力感と友人関係

　社会的効力感をもつことは，友人や仲間とよい関係を築いていくうえで重要となります。ウィーラーとラッド（Wheeler & Ladd, 1982）は，小学3年生から5年生の児童を対象に，社会的効力感とソシオメトリック地位との関連を調べました。ソシオメトリック地位とは，クラス内での児童の社会的な地位を示すもので，「クラス内の誰と遊びたいか」などを尋ねることで測定されます。その結果，社会的効力感とソシオメトリック地位とのあいだには正の関連がみられました。つまり，友人や仲間とうまくかかわることができるという自信をもっている児童ほど，クラスメイトから一緒に遊びたいと思われていたのです。同様の結果は，中学生においてもみられています（Banduraほか，1996）。また，大学の新入生を対象としたウェイら（Weiほか，2005）の調査では，入学時点で社会的効力感の高かった学生ほど孤独感が低く，結果的に半年後の抑うつの度合いが低くなっていました。これらの結果は，社会的効力感の高い児童や生徒は，友人から好意をもたれ，肯定的な関係を築いていることを示しています。社会的効力感を高くもっていれば，よく知らない相手に対しても積極的にかかわっていくことができるため，よい友人関係を築くことができるのでしょう。

　しかし，誰もが社会的効力感を高くもてるわけではありません。とくに，友人と仲違いした経験が多かったり，仲間から拒否された経験をもつ子どもにとっては，十分に社会的効力感をもつことは難しいでしょう。そのような子どもには，友人や仲間から受け入れられるという期待をもたせてやることが重要です。ラビナーとクーイ（Rabiner & Coie, 1989）は，仲間から拒否されている児童を対象に，「新しい仲間から受け入れられる」という期待を伝えることの効果を調べました。実験には，普段の学校生活のなかで仲間から拒否されがちな女子児童が参加しました。実験条件の女児には，これから会う2人の子どもたちがその女児と会いたがっていることを伝え，自分が受け入れられるという期待をもたせました。統制条件の女児にはそのことは伝

表 3-1 条件ごとの仲間からの選択数 (Rabiner & Coie, 1989 をもとに作成)

	実験条件の女児を選択	統制条件の女児を選択	選択なし
ほかの子はどちらの子と一緒のグループになりたがると思う?	11	4	1
あなたはどちらの子と友だちになりたい?	8	3	5

注. 数値は人数を示す.

えませんでした。その後,実際に女児と2人の子どもたちを一緒に遊ばせました。すると,女児と一緒に遊んだ子どもたちは,期待をもたされた女児のほうをより好意的に評価しました(表3-1)。また,遊んでいるときの様子も,統制条件の女児よりも期待をもたされた実験条件の女児のほうが,適切なかかわり方をしていました。つまり,自分が受け入れられるという期待をもって仲間と遊んだ女児は,適切なかかわり方をし,仲間から実際に受け入れられたのです。否定的な経験をしてきた子どもにとって,社会的効力感をもつことは難しいかもしれませんが,新しい仲間からは受け入れられるという期待を伝えてやることで効力感が高まり,よい関係を築いていくことができるのです。

3. 社会的効力感と学習

社会的効力感は,児童や生徒の学習においても重要な役割を果たしています。教室での友人関係や仲間関係は,学習のあり方や学習意欲に大きく影響します。パトリックら(Patrickほか,1997)は,小学生を対象とした調査から,社会的効力感の高さが学習に対する自己効力感の高さに影響することを明らかにしています。級友や仲間とうまくかかわることができるという自信は,学習を進めていけるという自信にもつながるのです。

教室においては,児童・生徒同士の協同的な学習が大切にされます。多くの教師は,級友や仲間との協同的な学習を促すために,日々さまざまな働きかけをしているでしょう。その際,社会的効力感の側面に注目することが有効です。パトリックら(Patrickほか,2007)は,小学生を対象に,教師か

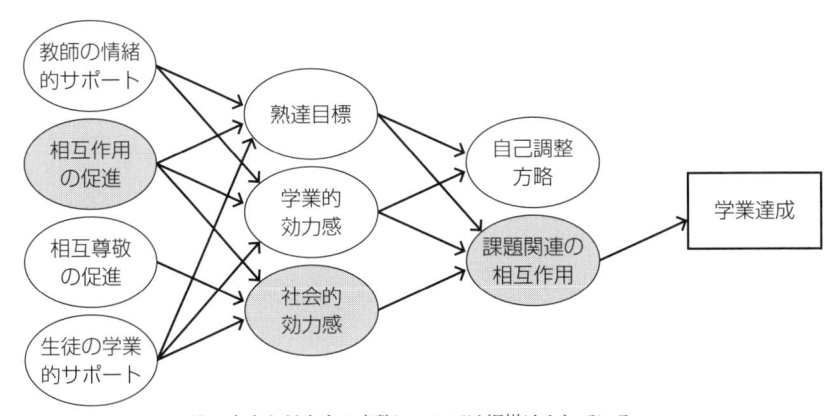

図 3-4 教室環境が学習に対する取り組みに影響するプロセス
（Patrick ほか，2007 をもとに作成）

注．本文と対応する変数については網掛けをしている。

らの働きかけと課題関連の相互作用との関係を調べました。課題関連の相互作用とは，「どうやって問題を解いたかを級友に説明する」や「勉強に関する考えを友だちと共有する」などのように，学習課題に関する級友とのかかわりをさします。結果は図 3-4 のようなものでした。予想されるとおり，級友との相互作用を促そうとする教師の働きかけ（相互作用の促進）を知覚している児童ほど，課題関連の相互作用をたくさん行っていましたが，その関係は社会的効力感の高さによって媒介されていました。つまり，教師が協同的な学習を促そうとする雰囲気がある教室では，児童は級友とうまくかかわることができるという自信をもち，実際に学習面でのかかわりが多くなるということです。社会的効力感は，協同的な学習を促そうとする教師の働きかけが効果をもつための一つのポイントだといえるでしょう。

3 節　動機づけを通してみた友人関係と学習

1. 友人関係の影響と動機づけ

友人関係が学習に対してどのような影響を与えるかについては，さまざま

な見方や意見があります。心理学の研究でも，友人関係が学習に及ぼす影響については，その両面性が示されています（Laddほか，2009）。良好な友人関係が学業達成を高めることを示す研究もあれば（Wentzelほか，2004），友人に対する同調や仲間からのプレッシャーが学習を阻害することを示す研究もあります（Santorほか，2000）。バーントとキーフ（Berndt & Keefe, 1995）は，中学生を対象に，友人関係の特徴と学校での学習活動に対する関与との関連を調べました。その結果，自己開示や援助行動などの肯定的な特徴は学習に対する関与を高め，逆に葛藤や敵対心などの否定的な特徴は学習に対する関与を低めていました。つまり，同じように友人関係を築いていたとしても，その関係のあり方によって学習に対する影響の仕方が異なるということです。

　友人関係が学習に及ぼす影響の違いは，児童や生徒がもつ動機づけという観点から考えることができます。本章でみてきたように，友人関係に対する動機づけは，友人とのかかわり方や友人関係のあり方に影響を与えます。自律的動機づけや自己効力感は，友人との積極的なかかわりを促すことで，お互いに援助し合える肯定的な関係を築くことにプラスの働きをします。そのような友人関係のなかでは，学習や勉強に関してもお互いに支え合ったり，協同的に課題に取り組むことができるでしょう。一方で，自己効力感が低く，外発的な動機づけをもっている児童や生徒は，他者とうまくかかわることができなかったり，友人との関係のなかでも不安や葛藤を経験しやすくなります。そのような関係のなかでは，学習を促すような相互作用は起こりにくいでしょう。肯定的な友人関係や仲間関係は，学習に取り組むための重要なサポート源であり，協同的に学習を進めるためのリソースになり得るものです。協同的な学びを促そうとする場合，児童や生徒が友人関係に対してどのような動機づけをもっているかにも目を向けることが必要だといえます。

2. 友人関係を支えるために

　友人関係に対する動機づけは，必ずしも個人がもっている安定的な特性というわけではありません。さまざまな環境や他者からの働きかけによって変化し得るものです。たとえば，初期の親和動機に関する実験研究では，お互

いを評価し合う状況を設定して不安を喚起することで親和動機を高めていました（Atkinsonほか，1954；Shipley & Veroff, 1952）。しかし，よりよい関係を築いていこうとするときに必要となるのは，不安によって友人とかかわろうとする動機づけではなく，肯定的な感情にもとづく自律的な動機づけです。ボジアーノら（Boggianoほか，1986）の実験では，9歳頃になると，新しい友人を紹介する場合に，その友人がもっているもの（おもちゃ）を強調するよりも，その友人の性格のよさを強調したほうが，その友人と遊ぶ時間が長くなっていました。友人がよい性格であることを伝えられることで，児童はその子とかかわりたいという内発的動機づけが高まったのです。教室場面においても，友人をどのような存在として伝えるかによって，友人関係に対する動機づけは違ったものになる可能性があります。

　子どもの友人関係を支えるのは簡単ではありません。教師や保護者など大人の立場からは見えにくい面が多く，入り込んでいくのは難しいでしょう。しかし，動機づけという側面から間接的に働きかけることはできるかもしれません。先に紹介したボジアーノら（Boggianoほか，1986）の研究や前節で紹介したラビナーとクーイ（Rabiner & Coie, 1989）の研究から示されるように，友人のよい部分や友人関係の伝え方を工夫することで，自律的な動機づけや社会的効力感をサポートすることはできます。子どもの友人関係を支えようとするとき，動機づけという視点が一つのヒントになるかもしれません。

☀ 本章のポイント

1. 親密な友人関係を築くうえでは自律的な動機づけが重要となる。また，友人関係に対する自律的動機づけは，学習活動を阻害するよりも，むしろ仲間との学習活動を促す働きをする。
2. 積極的に友人に働きかけるためには，うまくかかわることができるという社会的効力感が必要となる。社会的効力感は，学習に対する効力感や仲間との相互作用を活発にする。
3. 友人関係が学習に及ぼす影響の違いは動機づけの観点から考えることができ

る。学習を促す友人関係の形成を支えるためには，児童・生徒の動機づけに注目することが有意義である。

> 📖 理解を深めるために

『コンピテンス――個人の発達とよりよい社会形成のために』速水敏彦（監修）陳　恵貞・浦上昌則・髙村和代・中谷素之（編）　2012年　ナカニシヤ出版
『セルフ・エフィカシーの臨床心理学』坂野雄二・前田基成（編）　2002年　北大路書房
『改訂版　やる気を育む心理学』伊藤崇達（編）　2010年　北樹出版
『友だちとのかかわりを促すモチベーション――自律的動機づけからみた友人関係』岡田　涼　2013年　北大路書房

■引用文献

Atkinson, J. W., Heyns, R. W., & Veroff, J. (1954). The effect of experimental arousal of the affiliation motive on thematic apperception. *Journal of Abnormal and Social Psychology*, **49**, 405-410.

Bandura, A., Barbaranelli, C., Caprara, G. V., & Pastorelli, C. (1996). Multifaceted impact of self-efficacy beliefs on academic functioning. *Child Development*, **67**, 1206-1222.

Berndt, T. J., & Keefe, K. (1995). Friends' influence on adolescents' adjustment to school. *Child Development*, **66**, 1312-1329.

Boggiano, A. K., Klinger, C. A., & Main, D. S. (1986). Enhancing interest in peer interaction: A developmental analysis. *Child Development*, **57**, 852-861.

Ladd, G. W., Herald-Brown, S. L., & Kochel, K. P. (2009). Peers and motivation. In K. R. Wentzel & A. Wigfield (Eds.), *Handbook of motivation at school*. New York: Routledge. pp.323-348.

Ojanen, T., Sijtsema, J. J., Hawley, P. H., & Little, T. D. (2010). Intrinsic and extrinsic motivation in early adolescents' friendship development: Friendship selection, influence, and prospective friendship quality. *Journal of Adolescence*, **33**, 837-851.

岡田　涼（2008）．友人との学習活動における自律的な動機づけの役割に関する研究．教

育心理学研究, **56**, 14-22.

Patrick, H., Hicks, L., & Ryan, A. M. (1997). Relations of perceived social efficacy and social goal pursuit to self-efficacy for academic work. *Journal of Early Adolescence*, **17**, 109-128.

Patrick, H., Ryan, A. M., & Kaplan, A. (2007). Early adolescents' perceptions of the classroom social environment, motivational beliefs, and engagement. *Journal of Educational Psychology*, **99**, 83-98.

Rabiner, D., & Coie, J. (1989). Effect of expectancy inductions on rejected children's acceptance by unfamiliar peers. *Developmental Psychology*, **25**, 450-457.

Richard, J. F., & Schneider, B. H. (2005). Assessing friendship motivation during preadolescence and early adolescence. *Journal of Early Adolescence*, **25**, 367-385.

Ryan, R. M., & Deci, E. L. (2009). Promoting self-determined school engagement: Motivation, learning, and well-being. In K. R. Wentzel & A. Wigfield (Eds.), *Handbook of motivation at school*. New York: Routledge. pp.171-195.

Santor, D., Messervey, D., & Kusumakar, V. (2000). Measuring peer pressure, popularity, and conformity in adolescent boys and girls: Predicting school performance, sexual attitudes, and substance abuse. *Journal of Youth and Adolescence*, **29**, 163-182.

Senécal, C., Julien, E., & Guay, F. (2003). Role conflict and academic procrastination: A self-determination perspective. *European Journal of Social Psychology*, **33**, 135-145.

Shipley, T. E., & Veroff, J. (1952). A projective measure of need for affiliation. *Journal of Experimental Psychology*, **43**, 349-356.

Wei, M., Russell, D. W., & Zakalik, R. A. (2005). Adult attachment, social self-efficacy, self-disclosure, loneliness, and subsequent depression for freshman college students: A longitudinal study. *Journal of Counseling Psychology*, **52**, 602-614.

Wentzel, K. R., Barry, C. M., & Caldwell, K. A. (2004). Friendships in middle school: Influences on motivation and school adjustment. *Journal of Educational Psychology*, **96**, 195-203.

Wheeler, V. A., & Ladd, G. W. (1982). Assessment of children's self-efficacy for social interactions with peers. *Developmental Psychology*, **18**, 795-805.

Column

「学びあい」の成立と教育実践
鹿毛雅治

「協同学習」に懐疑的な学生たち

　大学の授業で「協同学習」に対する意見を学生に求めると，その評判は必ずしも芳しくありません。過去に体験した「グループ学習」や「班活動」を思い浮かべるのでしょう。「真面目な人とサボる人の格差」「責任の押しつけあい」「学習と無関係な雑談」といったネガティブな思い出から「無駄な時間になりがちだ」と結論づける人が少なくありません。

　彼らが協同学習に懐疑的なのも無理はないでしょう。協同学習を意図した多くの授業が失敗に終わっているという残念な現実があるからです。教師がグループに学習を「丸投げ」する授業がいかに多いことでしょうか。確かに少人数だと話しやすくなるかもしれません。しかし，グループやペアを組織したからといって学びあいが成立するとはかぎりません。

　そもそも少人数形態を利用した授業展開には物理的な困難さがあります。授業中に学習者間で同時多発的に生じるコミュニケーションプロセスはそれぞれ異なっているにもかかわらず，教師の身体は一つきりです。いくら周到に授業準備をし，細心の注意を払って「机間指導」したとしても，全グループの様子を教師がモニターしつつ的確な指導をすることなど不可能に近いのです。教師の教育的意図にもとづく臨機応変な指導が十分に行えず，結局は子どもたちに学習プロセスを「丸投げ」せざるをえないのです。

　むろん，ここで「協同学習など非現実的だ」と主張したいわけではありません。むしろ逆です。筆者自身，授業中に子どもたち同士が学びあう光景に数多く出会ってきました。必ずそこには，自らの考えや思いを表現したい，さらにはそれらを互いに伝え合いたい，聴き合いたいという子どもたちの意欲的な姿がみられました。特筆すべきは，いわゆる一斉授業形態であってもこのような学びあいが生じる点です。グループやペアといった学習形態が問題にされがちですが，協同学習の本質はそこにはないのです。

「学びあい」の心理的・環境的条件

　「協同学習（cooperative learning）の教育的効果を明らかにしたこと」は，教育心理学の特筆すべき功績の一つとされています（Johnson & Johnson, 2009）。協同学習の成果は「意欲の社会的な相乗効果」によって支えられた「一人ひとり」の（学業的，社会的）学習の成立とその質の高まりに見出されることがわかっています。その成果を実践的に確実なものにするためには，まず協同学習の必要条件として学習者の心理的・環境的要因に目を向ける必要があります。たとえば，三宅（2002）の指摘が参考になるでしょう。すなわち，①メンバーがゴールを共有すること，②一人ひとりが仮説をもつこと，③問題解決プロセスが外化（外的に表現）され，その情報が共有されること，④多様な学習成果を統合的な考えとしてまとめていくこと，⑤「協調する文化」をつくること，の5点が「協

調的な学習環境が満たすべき条件」だといいます。以上の5点は並立されていますが，それらを筆者なりに構造化してアレンジしたのが図1です。

学びあいを実現するために

子どもたちがゴール（「学習のめあて」など）を共有して問題解決していく過程で，一人ひとりが仮説（予想など）をもち，多様な学習成果（気づきなど）を統合して考えをまとめ（個性的な理解や認識），それらを互いに表現し合い，情報をメンバーで共有しようとするような心理現象がメンバー全員に引き起こされること。教育する側には，そのような子どもたちの心理状態が現実化するような教育環境（心理的・環境的条件）のデザイン（鹿毛，2010）が求められているのだといえるでしょう。

何よりも，ともにわかるようになったり，できるようになったりすることを喜びとするような「協同の文化」が教室に醸成されていることが大切です。問題解決プロセスは，調べてみたい，わかってうれしい，ワクワクするといった情意プロセスでもあります。「学びの喜び」が言葉，表情，ジェスチャーといった媒体を通じた相互コミュニケーションによって伝わり合うことで「意欲の社会的伝染」が生じます。そのような「教室の空気」の日常的な積み重ねによって協同の文化は醸成されていくのです。

子どもたちに学習を安易に「丸投げ」して学びあいが起こるはずはありません。学びあいの成立は，むしろ教師が信頼して「丸投げ」できるような協同的で自律的な子どもたちを育むこと，すなわち「学びあう喜び」を最大限に尊重する教育実践と表裏一体なのです。

文献

Johnson, D. W., & Johnson, R. (2009). An educational psychology success story: Social interdependence theory and cooperative learning. *Educational Researcher*, 38, 365-379.

鹿毛雅治(2010). 学習環境と授業. 高垣マユミ（編）授業デザインの最前線II・理論と実践を創造する知のプロセス. 北大路書房. pp.21-38.

三宅なほみ (2002). 学習環境のデザイン. 波多野誼余夫・永野重史・大浦容子（編）教授・学習過程論. 放送大学教育振興会. pp.111-122.

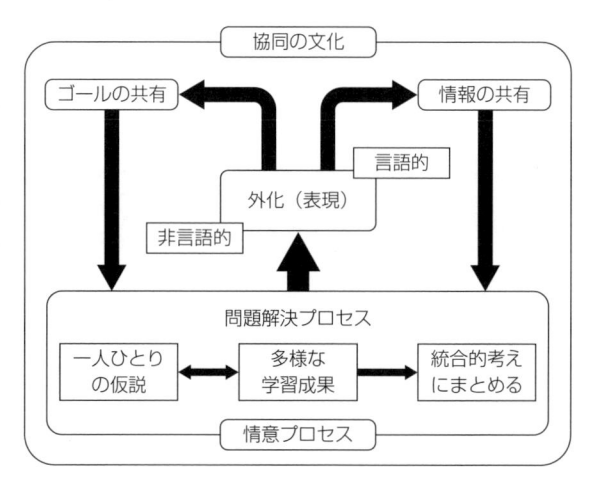

図1　「学びあい」の心理的・環境的条件

4章 何をめざして学ぶか
目標理論の視点から

中谷素之

　ある授業。ひとりの子どもが教師の提示した問題に向かい，「この問題どうやったらいいんだろう？」と頭をひねり，その横では別の子が，「そうだ，この解き方，この前やったことがある！」と気づいています。その後ろの席では，「ねえねえ，この問題ぜんぜんわからないんだけれど……」と，隣の席に声をかける子も。「学習」というと，本人の学力や能力が問題とされることが多いですが，実際には子どもたちは教室でひとり孤独にいるわけではなく，仲間とともに，しゃべったり励ましたりしながら学びを深めています。つまり教室で学ぶということは，さまざまな形で他者（ピア）と学ぶということを意味します。

　学ぶ際に重要なのが意欲，すなわち動機づけです。「なぜ」学ぶのかという意欲をもっていないかぎり，学びはその場かぎりの，表面的なものになるでしょう。学習動機づけ研究は，これまで多くの知見を積み重ねてきており，ピアとの学びに関しても，いくつかの重要な理論やメカニズムを明らかにしています。本章では，ピア・ラーニングにおいて動機づけが果たしている重要な役割について，とくに目標理論（goal theory）に焦点をあて，みていきます。

KEY WORDS
目標，達成目標，社会的目標，多面的目標，学業達成過程，他者との相互作用，教室の目標構造

1節 学習過程における目標の意義

1. 目標という概念

　何かをする際，私たちは「これをやりたい」あるいは「ここまでやろう」といった基準をもちます。学習でも目標をもつことは重要であり，「〇〇の範囲まではがんばってやろう」「〇〇大学をめざすぞ！」といった具体的な目標をもって努力することはごく一般的なことでしょう。
　しかし考えてみれば，一言で目標といっても，そこにはいろいろなレベルや内容が含まれることがわかります。たとえば，「ここまでやろう」という「目標」は，具体的な達成基準については述べていますが，どんな行動かという内容は扱っておらず，その行動の遂行レベルに焦点をあてたものです。一方で，「将来は弁護士になりたい」という「目標」は，望む将来像を表すものですが，そこにいたる個々の段階や具体的手続きについては含まれていません。このように目標は，具体性や階層性など，いくつかの異なる側面をもち合わせている複雑な概念です。

2. 動機づけ研究における目標の位置づけ

　心理学において，目標の概念は重要な意義をもってきました（Aarts & Elliot, 2012）。初期の研究では，社会心理学者のクルト・レヴィン（Lewin, K.）が，すでに環境における人間の目標の重要性に注目し，その後，マクレランド（McClelland, D. C.）やアトキンソン（Atkinson, J. W.）といった今日の動機づけ研究の基盤をつくった研究者たちも，人間の行動における目標あるいは目標志向性の役割を重視し，それぞれの理論のなかに位置づけています。
　もちろん，現代の動機づけ理論のなかでも，目標という概念は重要な意味をもっています。まず，今日の動機づけ研究で一つの主流となっている自己決定理論においても，目標という概念が動機づけ過程のなかに位置づけられています。自己決定理論の下位理論の一つである「目標内容理論」では，人

間のもつ目標（将来目標または人生目標）を内発的目標（あるいは自律的目標）と外発的目標（あるいは統制的目標）とに分類しています。そのうち，「人として成長すること」や「他者と親しくなること」といった内発的目標をもつ人は，「お金持ちになること」や「人から認められること」といった外発的目標をもつ人に比べ，精神的な健康や充実感が高い傾向にありました。

また，近年の重要な学習研究である自己調整学習理論（5章参照）でも，目標は重要な意味をもっています。自己調整学習で想定する，予見→遂行→省察という3段階の循環プロセスにおいて，予見段階の中心課題として目標設定が置かれています。これまでの研究では，課題内容の難易度（たとえば，容易な目標対困難な目標）や課題達成までの期間（たとえば，3か月後を見据えた遠隔目標か，3日後をめざした近接目標か）によって，遂行過程がどのように異なるかといった点から，学習に及ぼす目標の効果が検討されています（Zimmerman & Schunk, 2008／塚野編訳，2009を参照）。

3. 達成目標理論

「目標」という考え方を中心に据えた理論として，近年の動機づけ研究の主流の一つである達成目標理論があげられます。この理論では，個人がどのような目標志向性をもつかによって，その後の学習行動や遂行のパターン，そして学習成果が大きく影響されると考えています。

達成目標に関する研究では，ドゥエック（Dweck, 1986）などの初期の理論が提案され，その後類似したいくつかの概念が整理されていき，近年ではエリオットらによる2×2の階層的な達成目標モデルが主流となっています（Elliot & McGregor, 2001）。このモデルでは，目標志向性は2つの軸から構成されます。一つは，課題遂行に対して接近するか回避するかという次元であり，もう一つは，その課題遂行によって何をめざすか，すなわち熟達することをめざすのか，あるいは結果を出し評価を得ることをめざすのか，という次元です。エリオットは人間の根源的な欲求として接近―回避の次元を想定し，そのうえで課題において何をめざすのか，という熟達―遂行の次元を置く，階層モデルを提案しました（表4-1）。

表 4-1　2×2の達成目標の階層モデル（Elliot & McGregor, 2001）

	基準	
	個人内／絶対的	相対的
接近	熟達接近目標 （例：わかるようになりたいから）	遂行接近目標 （例：よい成績がとりたいから）
回避	熟達回避目標 （例：習得できないのがいやだから）	遂行回避目標 （例：無能だと思われたくないから）

4. 多面的目標の視点

　達成目標理論は，今日まで数多くの知見を生み出し，学業だけでなく，スポーツや対人援助，あるいは不適応への支援など，多くの課題領域で研究の成果をあげてきました。とくに近年では達成目標の階層モデルにもとづく知見が研究の主流となっています。

　達成目標の階層モデルは今日でも数多くの研究を生み出していますが，このモデルはおもに学業場面に限定されたものでした。学習が教室という社会的状況で起こっていることを考えれば，このような階層モデルを社会的場面に応用した多面的目標の視点が重要となるでしょう。階層モデルの提唱者であるエリオット自身も，社会的場面（友人場面）における社会的目標を概念化していますが（Elliotほか，2006），そこではおもに接近と回避の次元に焦点があてられており，友人関係接近目標と友人関係回避目標という2つの目標が提示されたのみであるという課題がありました。

　ライアンとシン（Ryan & Shim, 2008）は，社会的達成目標というあらたな枠組みを提案しました。具体的には，友人に対する目標について，学業場面と同様に，熟達―遂行次元に対応して，発達と呈示というあらたな次元を想定し，発達―回避を除いた3目標からあらたな概念化を行っています。発達対呈示の次元は，他者や社会に対するコンピテンス（有能さ）を発達させるか外的に呈示するかという2つの志向性の極を意味しています。すなわち，発達目標では，対人的なスキルや関係性を高めることを志向し，一方で呈示目標では，自己の（対人的）コンピテンスを外に示し，自己価値を高めることが志向されます（表 4-2）。

表 4-2 社会的達成目標の枠組み (Ryan & Shim, 2008)

	基準	
	個人内／絶対的	相対的
接近	社会的発達目標 (例：よい友だちの作り方を知りたいと思う)	社会的呈示―接近目標 (例：まわりから"人気がある"と思われたい)
回避	―――――	社会的呈示―回避目標 (例：孤独だと思われたくない)

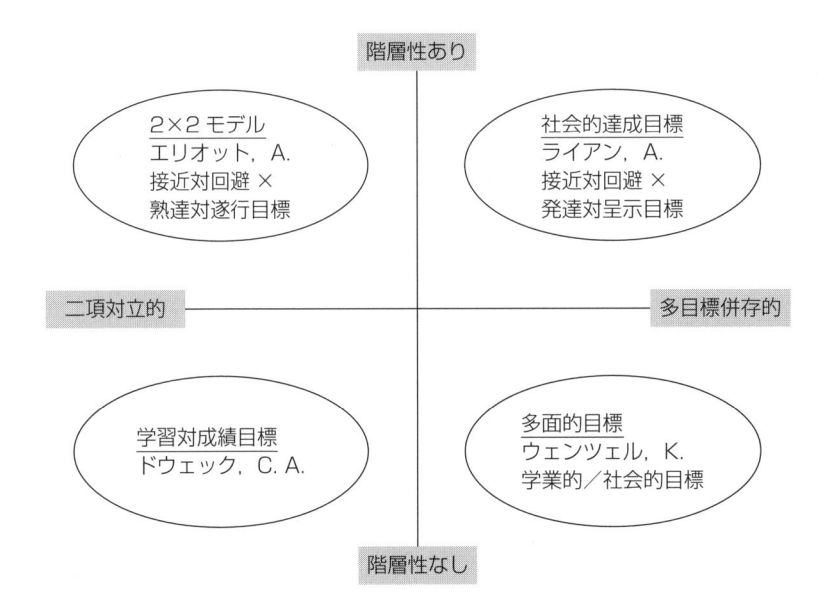

図 4-1 階層性と目標の関係性の2軸による各理論における目標概念の位置づけ (中谷, 2011)

階層性あり

2×2モデル
エリオット, A.
接近対回避 ×
熟達対遂行目標

社会的達成目標
ライアン, A.
接近対回避 ×
発達対呈示目標

二項対立的 ――――― 多目標併存的

学習対成績目標
ドウェック, C. A.

多面的目標
ウェンツェル, K.
学業的／社会的目標

階層性なし

　このように，目標研究のこれまでの議論をみていくと，目標研究を弁別する軸には2つのものがあげられることがわかります。第一には，典型的な達成目標理論にみられるように，目標を二項対立的にとらえているか，あるいは多くの目標が並存するものととらえているかという次元があげられます。このことは目標が学習領域のものかあるいは対人・社会領域にも適用されるものかにもかかわります。第二には，それらの目標が，エリオットによる2×2のように，基盤的な目標の次元と，対象に随伴した目標の次元とを区別

する階層性を仮定するか，あるいは複数の目標を並列的に扱うかという目標の階層性の有無の次元があります。中谷（2011）では，これらの2つの次元から，これまでの目標研究を分類し議論しています。目標の数と階層性という2次元でとらえることは，従来の目標研究を整理し，目標と達成行動との関連を位置づけるうえで有用なものといえるでしょう（図4-1）。

2節 目標がピアとの相互作用に及ぼす影響

1. 熟達目標は学業達成過程にどのように影響するか

それでは，子どもが目標をもつことによって，学習過程にはどのような影響がみられるでしょうか。一般に達成目標研究においては，熟達目標をもつことは，学習に対する持続的で適応的な方略や行動を導き，結果として，学習過程にポジティブな影響を与えることが知られています（Dweck, 1986）。

また，達成目標の階層モデルにもとづく研究においては，熟達接近目標が，ほかの目標に比べて，学習における効果的な方略の使用や，粘り強い学習態度にも結びついており，結果として高い学業成績や有能感に結びついていることが，多数の研究から一貫して示されています。

さらに，わずかですが，学業面の達成目標が，他者との相互作用による学習にどのように影響しているかについて検討した例もみられます。ダノンら（Darnon ほか，2007）は，実験的手続きによって，熟達目標や遂行目標をもつことと他者との相互作用による学習過程の関連を検討しました。手続きは，まずテキストが与えられ，それに関する4つの質問に，コンピュータ上で答えます。次にその答えを「パートナー」に送り，その後「パートナー」の回答も返送されます。実際にはパートナーは存在せず，本人の答えに一致した回答か（同意条件），一致しない回答か（不同意条件）の2つの反応のパターンにより，その後のテキストに関する記憶課題の成績が異なるかについて注目しました。結果をみてみると，不同意条件において，熟達目標をもつものに比べ，遂行目標をもつものでは，成績が大きく落ち込んでいたことが示されました。遂行目標では，他者の存在は社会的比較の対象であり，時

に脅威を与える存在であることから，他者から自分と異なる回答が示されると，その人は動機づけを低下させることとなり，課題成績が下がったと考えられます。遂行目標（遂行接近，遂行回避の両目標）をもつことは，他者とのやりとりを介する学習過程では，他者の存在のとらえ方の点からデメリットをもつことが推測されます。

2. 社会的目標は学業達成過程にどのように影響するか

社会的目標研究でも，社会的に適切な目標をもつことが，他者との相互作用を促すことで，学習の理解や動機づけを高めていると考えています。

パトリックら（Patrick ほか，1997）は，学力（GPA；成績平均評定値）の程度を統制した後でも，社会的目標が学業における効力感に対してポジティブな影響を与えていることを示しています。すなわち，教室のルールや規範に従おうとする責任ある目標志向性をもつことで，学習の文脈においても，教師からの指導や指示をよく聞き，友人との学業での相互作用においてよく話を聞き，自らの意見を整理して主張するなど，きまりのあるやりとりが可能となり，結果的に学習への自信を有することにつながると考えられるといえます。

また，社会的目標が対人行動や友人関係地位に及ぼす影響について検討した例としてロドキンら（Rodkin ほか，2012）があげられます。彼らは，児童における社会的発達目標と社会的呈示―接近目標が，社会的行動や友人間の地位にどのように影響するかについて，さまざまな測定方法を用いて，1年目の春と秋，そして次年度の春の3回にわたり縦断的な影響について検討しています。その結果，社会的発達目標をもつ子どもは，教師評定による向社会的行動の評価が高く，あわせて友人指名による人気や好意も高いということが示されました。一方，社会的呈示―接近目標をもつ児童は，攻撃行動が多く，友人からは好まれていませんでした。このことから，社会的発達目標をもつ子どもは，友人からの好意や人気が高くなること，その一方で社会的呈示―接近目標をもつ子どもは，友人からの好意が低まることが理解できます。

このことは，教室におけるピアとの学習においても，相手の援助や支援が

可能であるか，攻撃的になり協力ができないかという違いとなり，結果として友人関係や学業成果にも影響する可能性が考えられるでしょう。友人との円滑で良好な関係を形成することで，教室での学習の側面でも，サポーティブで好意的な関係や学習関連の情報が得られることが予想されます。

3. 学業的・社会的目標とピアとの相互作用および学業達成

このように，学業的目標および社会的目標は，学業達成にプラスの影響を与えていることが仮定されています。それでは，これらの異なる目標は，どのようにかかわりあって達成に影響しているでしょうか。

ウェンツェル（Wentzel, 1999）は，学業的目標と社会的目標のかかわりについて，図4-2のような3つの関係をモデル化しています。Aは従来の一般的な動機づけ研究の立場であり，Bは発達初期における社会的関係を重視したものだといえます。Cは達成目標研究の文脈において，達成目標（あるいは社会的達成目標）の階層モデルとして検討されてきた内容と整合するものといえるでしょう。

また中谷（2007）においても，規範遵守目標と向社会的目標という2つからなる社会的責任目標をもつことが，学習面においても学習情報の授受やサポート，互恵的な相互作用といった関係を築き，結果として学習への動機づけや学業成績にも積極的な影響をもつことが示唆されてきました。一方，

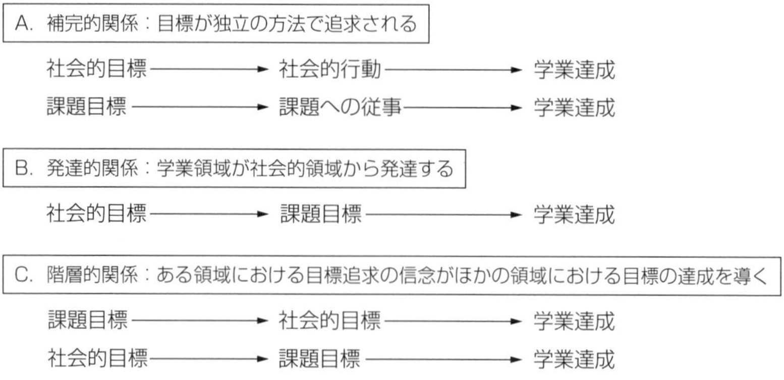

```
A. 補完的関係：目標が独立の方法で追求される
    社会的目標 ──→ 社会的行動 ──→ 学業達成
    課題目標 ──→ 課題への従事 ──→ 学業達成

B. 発達的関係：学業領域が社会的領域から発達する
    社会的目標 ──→ 課題目標 ──→ 学業達成

C. 階層的関係：ある領域における目標追求の信念がほかの領域における目標の達成を導く
    課題目標 ──→ 社会的目標 ──→ 学業達成
    社会的目標 ──→ 課題目標 ──→ 学業達成
```

図 4-2　学業的目標と社会的目標の影響過程のモデル（Wentzel, 1999）

4章　何をめざして学ぶか

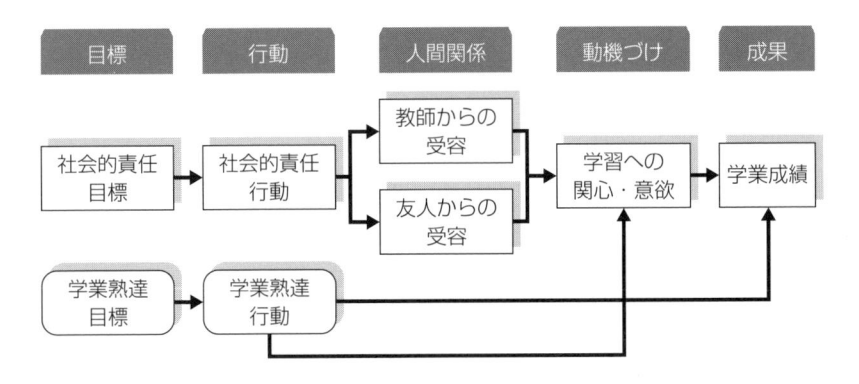

図 4-3　社会的責任目標が学業達成に影響を及ぼすプロセス（中谷，2007）

学業的目標（熟達目標）では，そのような人間関係を媒介した達成過程は示されず，直接的に学業成果に結びつくのみでした（図 4-3）。

これらのことから，ピアとの学習においても，熟達目標をもつことは，学習方略の使用など，学習面でのメリットをもたらし，一方で社会面での適応的な目標をもつことは，ピアとの相互作用や情緒的なサポートの面でメリットをもつことが考えられます。

4. 学業的・社会的目標と学業的援助要請

ピアとの学習において，学習を遂行するうえで適切な援助要請ができるかどうかは，大きな意味をもちます。子どものもつ目標は，学習における援助要請の認知や遂行に重要な影響を及ぼすことが示されています。

ルーセルら（Rousselほか，2011）は，学業場面の達成目標（接近―回避×熟達―遂行の4目標）と，友人関係への達成目標（「友人関係接近」対「友人関係回避」の2目標）が，学業における援助要請に関する認知や遂行にどのような影響を及ぼしているかを検討しました。中学生と高校生の生徒234名を対象とした調査の結果，熟達目標では，熟達接近目標および熟達回避目標のいずれも，学業における援助要請の利益を認知する傾向に結びついており，結果として実際に援助要請行動を行っていることが示されました。一方，社会的目標では，友人関係接近目標は，援助要請のコストにはマイナスの影響を及ぼしており，反対に友人関係回避目標はコストの認知を高めて

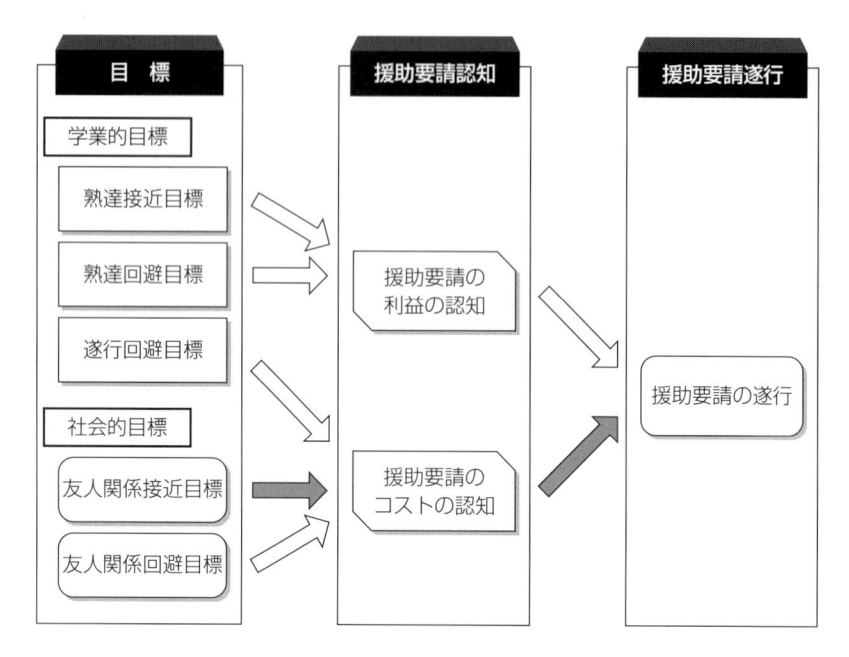

図 4-4　学業的・社会的達成目標が援助要請の認知および遂行に及ぼす影響
（Roussel, 2011 より作成, 一部省略；灰色の矢印はマイナスの影響であることを示す）

いました。あわせて，学業場面における遂行回避目標も，コストの認知を高めており，結果として，コストの認知は援助行動を抑制していることが明らかになりました。学業的目標と社会的目標の両側面を考慮して学習における援助要請との関連を検討した研究はほとんどなく，目標研究として，また実践を考えるうえでも意義ある知見といえるでしょう（図 4-4）。

3 節　目標の形成と維持を支える教師の役割

以上から，子どもの学業的および社会的目標は，適切な学習行動やピアとの相互作用を促すことで，動機づけを高め，学業成果にも積極的な影響があることが示唆されました。そこで，実践のうえで問題となるのは，子どもが適切な目標をもつために，教師はどうすればよいかということでしょう。

一つは，達成目標研究の文脈からの示唆です。エイムズ（Ames, 1992）

は，子どもの動機づけを促すためには，教室における熟達目標構造を高めることが重要であると述べています。課題，権威，評価／承認という３つの構造が，教室の熟達志向を促し，それが子どもの熟達目標を形成することで，粘り強さや適切な方略などのよりよい学習行動を導くと考えられます。

近年では，教室の熟達目標構造に関する質的なアプローチもみられます。ターナーら（Turner ほか，2002）は，熟達目標が高く，かつ課題を回避しようとする傾向が低いクラス環境に注目し，そのようなクラスでは教師は生徒にどのような働きかけをしているのかを検討しました。６年生の９つのクラスにおける算数の授業を対象に，授業観察による談話分析が行われました。教室談話は，学習指導にかかわる談話である教育的談話，学習における構造化や組織化にかかわる組織的談話，そして動機づけ側面にかかわる談話である動機づけ談話の３種類に分類されました。教室の目標と回避志向については，児童評定による質問紙によって測定されました。

熟達目標が高く回避志向の低い２クラスと，その反対の２クラスにおける教室談話を比較した結果，教育的談話や組織的談話では明瞭な違いはみられませんでした。しかし，表4-3にみられるように，動機づけにかかわる談話では，熟達目標が高いクラスが低いクラスよりもより多くなされていることが示されました。すなわち，教師が児童に対して学習に焦点化するように働きかけ，肯定的な感情をもつこと，そして仲間同士でサポートしあい，協力して課題に取り組むよう促すことで，児童は教室での熟達目標志向を認知するようになると考えらえます。

重要な点は，このような学習過程や相互作用過程に焦点をあてて価値づける教師の働きかけは，教室においてクラスや個人の熟達目標を促すと同時に，児童の社会的目標も促進する効果をもつと考えられるということです。近年の研究（Patrick ほか，2007）でも，ピア同士の相互作用や相互尊重を促し，学びを支援する教師の学習指導が，子どもの学業面および対人面での動機づけをともに高めることが示されています。

協同学習研究の枠組みから，教師の役割について論じた研究もあります。ロゼら（Roseth ほか，2008）は，協同学習に関する140の実証研究，のべ17,000名の青年期前期の生徒を対象としたデータから，どのような教室の

表 4-3　クラスの熟達目標と談話パターン（Turner ほか, 2002）

談話パターン	熟達目標の高いクラス		熟達目標の低いクラス	
	教師 A	教師 B	教師 C	教師 D
教育的談話				
足場づくり				
意味の伝達	27.96%	24.02%	26.05%	26.21%
責任の譲渡	19.11%	13.39%	7.56%	24.26%
非足場づくり	9.37%	19.17%	32.69%	13.18%
動機づけの談話				
支持的	22.53%	19.86%	6.13%	8.31%
非支持的	0.73%	1.39%	3.88%	0.87%

　目標構造が協同においてもっとも効果的であるかについて検討しました。教室の目標構造は3種類であり，個人の達成が重視される個人的目標構造，他者との比較が重視される競争的目標構造，そして他者との適切な相互依存関係が強調される協同的目標構造がありました。

　その結果，3つの教室の目標構造のうち，個人的および競争的な目標構造を有するクラスに比べ，協同的な目標構造を形成しているクラスでは，学習における子ども同士の相互作用が活発であり，学業達成も促されていることが示されました。学習において相互に援助し合い，情報や学習のリソースを共有し，相手を信頼するといった，協同的な相互作用の過程は，生徒同士の人間関係を親密で学業促進的なものとし，動機づけや学業達成を高めていることが考えられます。

　子どもの学習意欲を高めるためには，それを支える教室の社会的環境を変えねばなりません。つまり，学習内容の検討だけでなく，ピア同士が互いを尊重し，協力しながら，共通した目標に向かって努力できる教室をつくるという，人間関係的な環境づくりを考えた学級づくり，そして学習指導を実行してゆくことが重要です。教師は，子どものもつ意欲の芽を育み，引き出すための土壌をつくるという大きな教育的役割を担っているのです。

4章 何をめざして学ぶか

――✦ 本章のポイント ――

1. 学習では「何をめざして学ぶか」という目標をもつことが重要である。心理学では，目標を，内容や志向性，具体性や達成までの期間など，複数の側面からとらえる。
2. 「問題が理解できるよう努力する」などの学習に直結する目標だけではなく，「勉強で相手が困っていたら手助けする」といった対人面や「教室のルールを守ろうとする」といった社会面での目標も，ピアとの学習で重要な役割がある。教室や授業の場で助け合い，情報交換することは，理解や動機づけの面で多くのメリットを生む。
3. 学習に対してだけでなく，友だちに対して，またクラス環境に対して適切な目標をもつことは，成績や学習への自信などはもちろん，他者とのかかわりや適応感，充実感といった，学習を支えるより広い文脈に積極的な影響をもつ。そして子どもの目標を促し，維持させるうえで，教師はまぎれもなく重要な役割を果たしている。

――📖 理解を深めるために ――

『やる気を引き出す教師――学習動機づけの心理学』J. ブロフィ，中谷素之（監訳）2011年　金子書房
『モティベーションを学ぶ12の理論――ゼロからわかる「やる気の心理学」入門』鹿毛雅治（編）2012年　金剛出版
『学ぶ意欲を育てる人間関係づくり――動機づけの教育心理学』中谷素之（編）2007年　金子書房

■引用文献

Aarts, H., & Elliot, A. (2012). *Goal-directed behavior*. New York: Psychology Press.
Ames, C. (1992). Classrooms: Goals, structures, and student motivation. *Journal of Educational Psychology*, **84**, 261-271.

Darnon, C., Butera, F., & Harackiewicz, J. (2007). Achievement goals in social interaction: Learning with mastery vs. performance goals. *Motivation and Emotion*, **31**, 61-70.

Dweck, C. (1986). Motivational processes affecting learning. *American Psychologist*, **41**, 1040-1048.

Elliot, A. J., Gable, S. L., & Mapes, R. R. (2006). Approach and avoidance motivation in the social domain. *Personality and Social Psychology Bulletin*, **32**, 378-391.

Elliot, A. J., & McGregor, H. A. (2001). A 2×2 achievement goal framework. *Journal of Personality and Social Psychology*, **80**, 501-519.

中谷素之（編）(2007). 学ぶ意欲を育む人間関係づくり――動機づけの教育心理学. 金子書房.

中谷素之 (2011). 動機づけの目標理論――諸理論の概念的位置づけを中心に. 鹿毛雅治ほか 研究委員会企画シンポジウム 動機づけの教育心理学――その成果と課題. 教育心理学年報, **50**, 31-34.

Patrick, H., Hicks. L., & Ryan, A. M. (1997). Relations of perceived social efficacy and social goal pursuit to self-efficacy for academic work. *Journal of Early Adolescence*, **17**, 109-128.

Patrick, H., Ryan, A., & Kaplan, A. (2007). Early adolescents' perceptions of the classroom social environment, motivational beliefs, and engagement. *Journal of Educational Psychology*, **99**, 83-98.

Ryan, A. M., & Shim, S. (2008). An exploration of young adolescents' social achievement goals and social adjustment in middle school. *Journal of Educational Psychology*, **100**, 672-687.

Rodkin, P. C., Ryan, A. M., Jamison, R., & Wilson, T. (2012). Social goals, social behavior, and social status in middle childhood. *Developmental Psychology*. Advance online publication. DOI: 10. 1037/a0029389

Roseth, C. J., Johnson, D. W., & Johnson, R. T. (2008). Promoting early adolescents' achievement and peer relationships: The effects of cooperative, competitive, and individualistic goal structures. *Psychological Bulletin*, **134**, 223-246.

Roussel, P., Elliot, A., & Feltman, R. (2011). The influence of achievement goals and social goals on help-seeking from peers in an academic context. *Learning and Instruction*, **21**, 394-402.

Turner, J. C., Midgley, C., Meyer, D. K., Gheen, M., Anderman, E. M., Kang, Y., & Patrick, H. (2002). The classroom environment and students' reports of avoidance strategies in mathematics: A multimethod study. *Journal of Educational Psychology*, **94**, 88-106.

Wentzel, K. R. (1999). Social-motivational processes and interpersonal relationships: Implications for understanding motivation at school. *Journal of Educational Psychology*, **91**, 76-97.

Zimmerman, B. J. (2008). Goal setting: A key source proactive academic self-regulation. In B. J. Zimmerman & D. H. Schunk (Eds.), *Motivation and self-regulated learning: Theory, research, and applications*. New York: Routledge. 塚野州一（訳）目標設定──学習の自己調整の基本的能動的源．塚野州一（編訳）（2009）．自己調整学習と動機づけ．北大路書房．pp.221-243．

5章 ピアとともに自ら学ぶ
自己調整学習の視点から

伊藤崇達

　「自ら学ぶ」というとどのような学習の姿をイメージされるでしょうか。机に向かって一人で黙々と学習する姿を思い浮かべるかもしれません。それも学びの大切な姿の一つではあります。しかし，教室をはじめとする多くの学習活動の場面では，一人ひとりの学びは他者の存在によって支えられていることがわかります。わからないところは尋ね合ったり，お互いのよいところを見習い合ったりしてそれぞれの学びは深く広くなってゆきます。

　日本の学校教育では，仲間同士の「学び合い」が重視されます。一方で，教育目標として「自ら学び自ら考える力」の育成が求められています。仲間とともに学び合うことと自らの力で学んでいくことは一見相反する方向性をもつようにもみえますが，仲間同士がお互いの学びを支えながらかかわり合うことは，一人ひとりの学びの自律性を伸長していくことと深くつながっています。

　自ら学ぶ力の心理的メカニズムは，自己調整学習（self-regulated learning）に関する研究によってさかんに検証が進められています。本章では，自己調整学習の視点からピアの存在がどのように位置づけられているかについてみていきたいと思います。

KEY WORDS

自己調整学習，メタ認知，動機づけ，自己効力感，自己調整学習方略，モデリング，ピア・モデリング，学習の共調整，社会的に共有された学習の調整

1節 ピア・ラーニングと自己調整学習

1. 自己調整学習とは

　自己調整学習についてはさまざまな理論的立場から検討が行われてきています（Zimmerman & Schunk, 2001／塚野編訳，2006；Schunk & Zimmerman, 2008／塚野編訳，2009；伊藤，2009 を参照）。ジマーマン（Zimmerman, 1989）は，次のような一般的な定義づけをしています。「自己調整」とは，「学習者が，メタ認知，動機づけ，行動において自分自身の学習過程に能動的に関与していること」であり，そのようにして進められる学習活動のことをとくに「自己調整学習」とよんでいます。

　この定義に含まれている側面について詳しくみていきます。まず，「メタ認知（metacognition）」とは，「自らの認知についての認知」のことをいいます。何かを覚えたり考えたりすること（＝認知）を自ら自覚しコントロールすること，また，そうしたことに関する知識のことをさしています。学習者が，学習プロセスのさまざまな段階において計画を立てたり，進み具合などを自己モニターし自己評価をしたりすることは，「メタ認知」の働きにもとづいています。

　次に，「動機づけ（motivation）」とは，自己調整学習者が，自分自身のことを有能さ，自律性を有するものとして認知していることを意味し，また，高い「自己効力感（self-efficacy）」でもって学習に取り組んでいるかどうかといったことをさしています。「自己効力感」とは，バンデューラ（Bandura, 1977）によって提起された期待に関する概念で，ある結果を生み出すために必要な行動をどの程度うまくできるかという個人の確信のことを表しています。

　「行動」については，学習を最適なものにする社会的・物理的環境を自ら選択し，構成し，創造していることをさしています。物理的環境を最適なものにするとは，たとえば，学習参考書を準備したり机のまわりを学習のしやすい環境に整えたりして自ら学ぶ状況をつくろうとすることです。一方，社

会的環境とは，学習の進んでいるピアからサポートをしてもらう，教えあいや学びあいによって自らを高めていこうとする，といったことをさしています。自己調整の中でもこうした側面がとりわけピア・ラーニングと深いかかわりをもっているものと考えられます。

2. 自己調整学習におけるピアの役割

ジマーマンとシャンク（Zimmerman & Schunk, 2001）は，バンデューラ（Bandura, 1986）が提唱した「社会的認知理論（social cognitive theory）」をベースにして自己調整学習について説明を行っています。図5-1に示すように，個人要因（認知や感情などの個人内の心的過程のこと），行動，環境要因の三者が相互に作用をし，規定し合う関係が仮定されています。この相互作用論の考え方にもとづきますと，ピアをはじめとした人間関係は，環境要因の一つとしてあげることができます。図5-1に示してある三項関係について考えますと，たとえば，クラスメイトからの温かい励ましが，少しやる気を失いかけた子どもの学習に対する自信，すなわち，自己効力感を高めることになるということが考えられます。一方で，自己効力感が低くなってしまっている学習障害の子どもや学習困難を示す子どもの様子を見たピアは，その子どもの問題に応じたサポートを試みようとするかもしれません。これは個人要因が人間関係である環境要因を規定する例といえるでしょう。自己効力感が高い子どもほど，学習に積極的に取り組もうとするでしょうし，スキルが身についてきていることがわかれば，その子の自己効力感は高まっていくはずです。個人要因と行動は，このように相互に影響を及

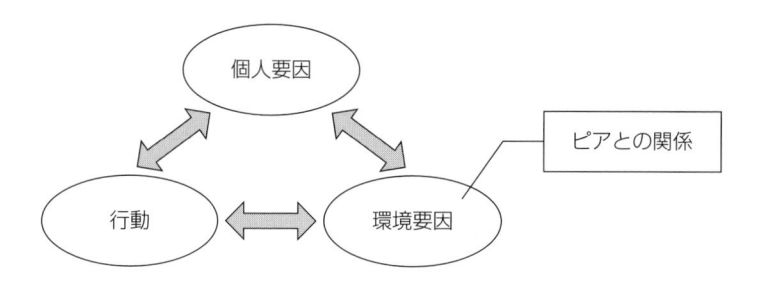

図5-1　個人要因，行動，環境要因の相互決定論

ぼし合う関係にあります。また，環境要因と行動の間にも相互に規定し合う関係があります。教室内の環境を，たとえば，グループごとに机を囲むようにしてピア・ラーニングを促すような配置にすれば，子ども同士での話し合いが活発に促される可能性が高まります。そして，子どもたちの行動の様子を見ながら，話し合いが尽くされたと判断されれば，机の配置を再び元の形に戻すようなことがあるかもしれません。ピアをはじめとした人間関係は重要な環境要因の側面と考えられ，個人要因や行動と相互に規定し合いながら自己調整学習の成立を支えているといえます。

2節　学びの方略としてのピアとの学び

1. 自ら学ぶ方略とは

　自ら学ぶ方略は，近年の教育心理学研究においては「自己調整学習方略」とよばれています。ジマーマン（Zimmerman, 1989）は，自己調整学習を支えている重要な要素としてこの方略の側面をあげています。「学習方略」とは，学習を効果的に進めるための方法，やり方のことを広くさす言葉で，「学習ストラテジー」と訳されることもあります。認知心理学の発展とともに1970年代以降，教育実践とのかかわりにおいて学習方略の問題がとりあげられてきました。辰野（1997）は，「学習の効果を高めることをめざして意図的に行う心的操作，あるいは活動」といった定義づけを行っています。自己調整学習においてとりわけ大きな役割を果たしている学習方略のことを自己調整学習方略とよんでいます。

2. 自ら学ぶ方略のリソースとしてのピア

　自己調整学習方略の具体的な内容についてみていきたいと思います。ジマーマンは，面接や調査研究によって実証的な検討を行い，「体制化と変換」「リハーサルと記憶」「目標設定とプランニング」「自己評価」「結果の自己調整」「情報収集」「記録をとることとモニタリング」「環境構成」「社会的支援の要請」「記録の見直し」といった自己調整学習方略のカテゴリーを見出し

ています（Zimmerman, 1986, 1989；Zimmerman & Martinez-Pons, 1986, 1988, 1990）。とりわけ「社会的支援の要請（seeking social assistance）」のカテゴリーにはピアから支援を求めようとする学びの方略があげられています。このカテゴリーは1章で紹介されている学業的援助要請と深いかかわりがあり、その後の研究において詳細な検討が進められてきています。

ピントリッチとデ・フロート（Pintrich & De Groot, 1990）は、動機づけと学習方略の使用を調べることで自己調整学習をとらえることを目的とした尺度（Motivated Strategies for Learning Questionnaire；MSLQ）を作成しています。この尺度では、動機づけは、①自己効力感、②内発的価値（学習をおもしろい、重要であると認知しているか）、③テスト不安の3側面で構

表5-1 ピントリッチの自己調整学習方略のリスト（Pintrichほか，1993）

上位カテゴリー	下位カテゴリー	方略の内容
認知的方略	リハーサル	学習内容を何度も繰り返して覚えること
	精緻化	学習内容を言い換えたり、すでに知っていることと結びつけたりして学ぶこと
	体制化	学習内容をグループにまとめたり、要約したりして学ぶこと
	批判的思考	根拠や別の考えを検討する　批判的に吟味してあらたな考えを得ようとする
メタ認知的方略	プランニング	目標を設定し、課題の分析を行うこと
	モニタリング	注意を維持したり、自らに問いかけたりすること
	調整	認知的活動が効果的に進むように継続的に調整をはかること
リソース管理方略	時間管理と環境構成	学習のプランやスケジュールを立てて時間の管理をすること　学習に取り組みやすくなるように環境を整えること
	努力調整	興味がわかない内容や難しい課題であっても取り組み続けようとすること
	ピア・ラーニング	仲間とともに学んだり、話し合ったりして理解を深めること
	援助要請	学習内容がわからないときに教師や仲間に援助を求めること

成されています。自己調整学習方略は，表 5-1 にあるように「認知的方略」「メタ認知的方略」「リソース管理方略」の 3 側面で構成されることが実証されています（Pintrich ほか，1993）。わからないときにピアなどに助けを求める「援助要請（help-seeking）」や，ピアとともに学んだり話し合ったりして理解を深めようとする「ピア・ラーニング（peer learning）」が重要な下位カテゴリーとして考えられています。自己調整学習においてピアの存在は学びの重要なリソースとして位置づけられています。

3. ピアによる支援と自己調整の発達

ジマーマンとシャンク（Zimmerman & Schunk, 2001）は，自己調整を行う力が社会的な支えによって発達していくと説明しています。社会的な支え手の一つにピアの存在があげられ，学習が進んでいくにつれて自己を起源とするものへと変化していくと考えられています。その変化にはレベルがあり，具体的には「観察的レベル」「模倣的レベル」「自己制御されたレベル」「自己調整されたレベル」という 4 つの順序が想定されています。「観察的レベル」「模倣的レベル」は人間関係によって支えられている段階になります。「自己制御されたレベル」「自己調整されたレベル」に至って影響の源の大部分が学習者自身の側に移行した段階になるといえます。

図 5-2 のように学習の初期段階では，モデリングが大きな役割を果たします。「モデリング（modeling）」とは，他人の行動をモデルとして観察し，観察している本人自身の行動に変化が生じることをいいます。学習の進んだ

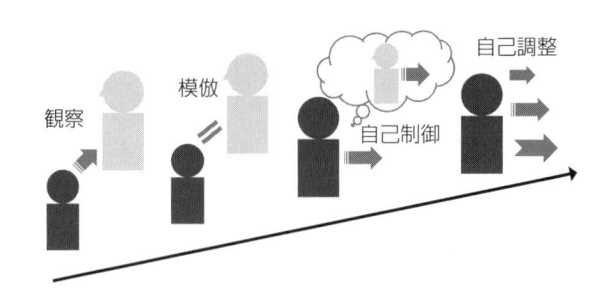

図 5-2　自己調整の 4 つの発達段階

ピアなどによる励ましや支援によってもスキルや方略の獲得が進んでいくといえるでしょう。この「観察的レベル」において、スキルや方略の主たる特徴を学ぶことになります。これらをさらに伸ばしていくためには、フィードバックを受けながら実践的に取り組んでいくことが必要になってきます。

次に、学習者の遂行がモデルの遂行の形式全般に一致するものとなったときに「模倣的レベル」に達することになります。この段階では、単にモデルのやり方をまねるというのではなく、モデルの活動の様式や型を全体として模倣します。「観察的レベル」と「模倣的レベル」のおもな相違点は、観察的な学習が、観察的レベルでの習得のみをさしており、模倣的な学習になると、これに加えて遂行能力までもともなうことになります。

モデルとなりうるのは教師や大人だけではありません。ピアも影響力のあるモデルとなりうることが実証的に明らかにされています。ピアを対象にしたモデリングのことをとりわけ「ピア・モデリング（peer modeling）」とよびます。シャンクら（Schunk ほか，1987）は、「マスタリー・モデル」と「コーピング・モデル」の違いをピア・モデリングにおいて検討しています。「マスタリー・モデル」とは、最初から高いスキルを示し、有能にふるまうモデルのことです。強い自信や能力の高さ、積極的な態度を言葉で示すモデルで、学習の進度が速く、誤りをしないことがこのモデルの特徴となります。一方、「コーピング・モデル」とは、最初は学習に困難を示したり不安を抱いたりしますが、少しずつ取り組みのレベルを向上させていき、自信を高めていくようなモデルのことです。学習に困難を抱えている子どもにとっては、自分と似通っているコーピング・モデルのほうが同一化がしやすく、望ましいといえます。「仲間ができているのなら、自分にもできるだろう」というように自己効力感も高まりやすくなります。最近では、ピアの動機づけのモデリングという観点からの研究も行われています。たとえば、伊藤ら（Ito ほか，2009）は、はじめから課題に対して興味を示して取り組んでいく内発的動機づけモデルと、はじめはいやいやながら取り組んでいきますが、次第に興味を高めていく内在化モデルの違いについて検討しています。ピア同士がお互いの動機づけに対してどのような影響を及ぼし合っているかについては今後さらに検証が求められるテーマといえます。

第三の「自己制御されたレベル」の特徴としては，同じような課題に取り組むにあたって，学習者が独り立ちしてスキルや方略を利用できるようになることです。この段階になって，スキルや方略が学習者の中に内面化されます。しかしながら，これはモデルの遂行にもとづいて形成された内的表象（内潜的なイメージや言語的な意味内容）という形をとります。学習者が独自の表象を形づくるということはありません。効率性の基準に従って自分なりに遂行を内的に調節するようなこともみられません。

　第四の「自己調整のレベル」になると，学習者は個人的条件や文脈的条件の変化に合わせて組織的にスキルや方略を適用することができるようになります。自己調整のレベルの段階にいたった学習者は，スキルや方略の利用について自ら判断を下すようになり，状況の特徴に応じて調整を加えるようになります。個人的な目標を立て，目標達成に向けての自己効力感を高めながら動機づけを維持していくことができるようになります。注意を要するのは，スキルや方略の獲得が進むにつれて社会的な影響が完全になくなってしまうというわけではないということです。自己調整のレベルにある学習者であってもスキルや方略にさらに磨きをかけるために教師やピアに支援を求めるようなことがあるでしょう。まわりの人間関係の力を借りながら，それぞれのレベルに応じたサポートを受けることで継続的に自己調整の力を高めていくことが求められます。

3節　クラスにおいてピアを介した学びの実践をめざして

1. クラス内におけるピアの存在と自己調整学習

　最近の自己調整学習研究では，学校での教室をはじめとしたクラスの中での学びあい，すなわち，クラスの文脈におけるピア・ラーニングと自己調整学習との関係について議論がなされてきています。ピア同士の学びあいの心理的なメカニズムに迫っていくためには，あらたな実践をとらえる視点が必要となってきます。

　クラスや集団での学びは，多様なニーズを抱えるピアが力を合わせながら

さまざまな課題に取り組んでいく状況といえます。そこで取り組まれている課題はすべての学習者に適合しているとはかぎりません。場合によっては，ストレスや困難な状況となることもあるでしょう。ピア・ラーニングにおいては，ピア同士でさまざまな困難を乗り越え，自分たちの力で解決を図っていくことが求められ，認知的にも社会的にも自己調整が必要となってくるものといえます。学びにおける自己調整のあり方について学習者個人のみの問題にとどまらず，ピアとの関係，ピア・グループとの関係において考えていかなければならないといえます。

このようにクラスの文脈におけるピア・ラーニングと自己調整学習との関係には複雑なプロセスが存在することが考えられますが，ハドウィンら（Hadwinほか，2011）は，学習の調整活動を「自己調整学習」「学習の共調整」「社会的に共有された学習の調整」の3つの側面でとらえていく必要があることを指摘しています。それぞれの学習の特徴を表5-2にまとめておきます。

前節でも述べたように自己調整学習（Self-Regulated Learning；SRL）とは，学習目標の達成に向けて自らの認知，行動，感情を対象としてプランニング，モニタリング，調整を行うことをさしています（図5-3を参照）。自己調整によって知識や信念，方略といった自己そのものを変化させるとともに環境のあり方についても変化をもたらすものといえます。モデリングや足場づくりといった社会的な条件についての検討がなされるとしても，また，学習が単独であれ協働によるものであれ，焦点は一個人における自己調整の機能にあるものといえます。社会的な環境は，個人の自己調整学習を促すものであるかどうか，個人の自己調整のリソースとなっているかどうかという観点から分析されることになります。

「学習の共調整（Co-regulation of Learning；CoRL）」とは，自己とピアの間で自己調整が一時的に整合することをさしています。図5-4にその関係を図示しておきます。学習の共調整において重要な点は，ピア同士の相互作用が創発することにあり，これを通じて方略，モニタリング，評価，目標設定，動機づけといった調整活動が相互に媒介し合うところにあります。ピア同士がそれぞれの学びにとって意味のある機会をつくったり応答的に足場

表 5-2 自己調整学習，学習の共調整，社会的に共有された学習の調整の対比
(Hadwin ほか，2011 をもとに作成)

	自己調整学習 SRL	学習の共調整 CoRL	社会的に共有された学習の調整 SSRL
課題の文脈	単独／協働での学び	単独／協働での学び	協働での学び
目標	調整活動において個人として適応すること，自立すること	(自己調整学習の手段として) それぞれの学習者の適応や調整力を媒介すること	協働プロセスを集団として調整すること，適応すること
メカニズム	モデリング，フィードバック，道具的サポートを提供するためにより有能なピアの存在が必要となる	(状況としてのアフォーダンスや制約を含めて) 専門的な知識や技術をもたらすことで自己調整学習に影響を及ぼす必要がある	チームメンバー間 (ピア同士) の公平さと共同構成の創発が求められる
研究資料	個人と文脈に関するデータ	相互作用と媒介プロセスに関するデータ	集団レベルのデータ
研究手法	自己報告，観察，追跡データ	マイクロアナリティックな談話分析法／活動システムや社会文化的な影響の分析	マクロレベルの調整活動のエピソードによって文脈化されたマイクロアナリティックな談話分析／個人の目標，認知，評価のキャリブレーション

をつくり合ったりして各々の学習方略の獲得を促していくダイナミックなプロセスが「学習の共調整」であり，このような相互作用を通して自己調整学習が成立していくものと考えられます。ピアとピアとの学びの共調整は，お互いの自己調整プロセスの内在化をもたらすことになるのです。

　ピア・ラーニングを集団レベルでとらえてゆけば，多様なピアがお互いに学びを調整し合う，さらに複雑なプロセスが存在することが想定されます。それぞれの学習者は，ピア・グループでのやりとりを通じてお互いに「促し」や「想起の手がかり」を与え合うことで，共有された目標に向かって自律的に活動するようになっていきます。「社会的に共有された学習の調整 (Socially Shared Regulation of Learning；SSRL)」とは，調整の過程や信

5章　ピアとともに自ら学ぶ

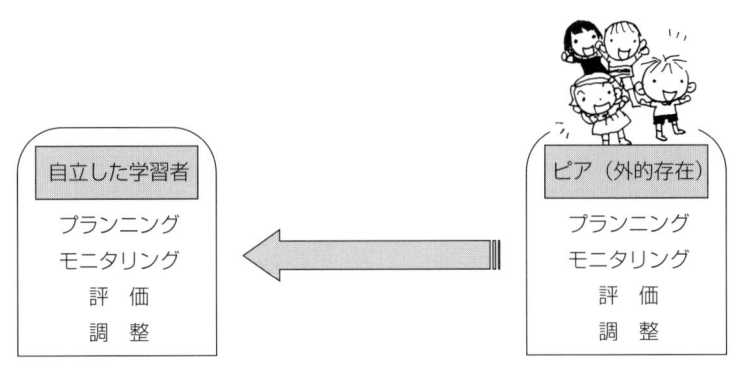

図 5-3　自己調整学習の概念図（Hadwin ほか，2011 をもとに作成）

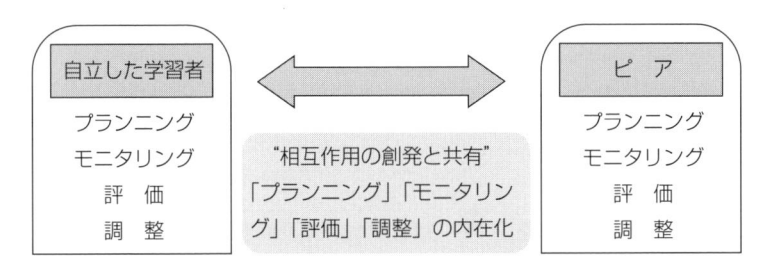

図 5-4　学習の共調整に関する概念図（Hadwin ほか，2011 をもとに作成）

念，知識を相互に依存し合いながら集団として共有することをさしています。このような学びのあり方は，学習上の成果を共同で構成し，共有することを通じて形成されていくものといえます。図 5-5 に図示したように，多様な自己調整を行うピアが個人として存在するのですが，集団としては同じ学習目標の達成に向かって方略，モニタリング，評価，目標設定，プランニング，動機づけを共同で構成し，統合していくことがめざされます。

「社会的に共有された学習の調整」は，ピア・ラーニングに関する心理的なメカニズムに迫っていくうえで欠かせない視点といえます。ピア同士で学び合う集団が育っていくプロセスは，学びのねらい，学びの手立てをともに分かち合い，ともに支え合うプロセスそのものであるといえます。自己調整学習研究の流れは「自己」を中心とした問題からこうした「社会的な相互作用」をさらに深く組み込む学習論へとパースペクティブの拡張が図られてき

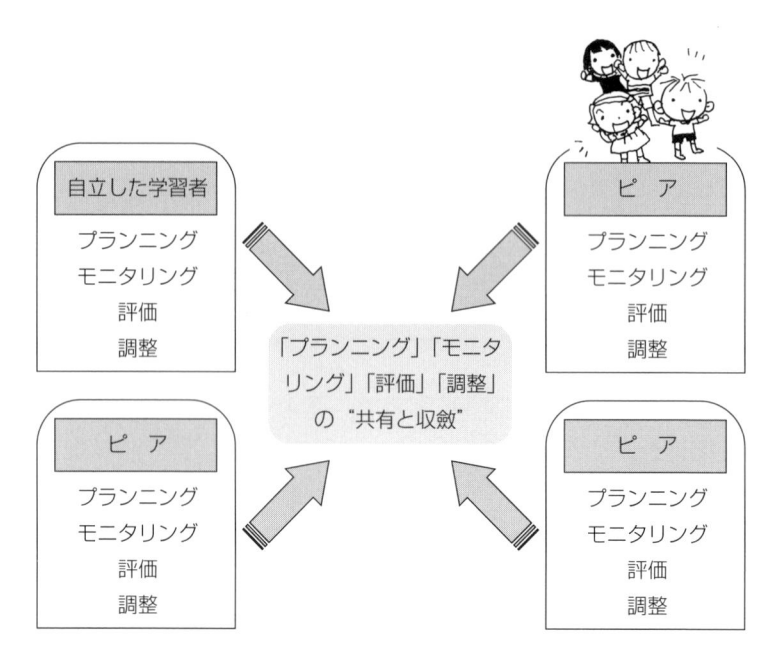

図 5-5　社会的に共有された学習の調整に関する概念図
（Hadwin ほか，2011 をもとに作成）

ているといえるでしょう。

2. ピア・ラーニングと自己調整学習研究の今後に向けて

　前項で紹介したハドウィンら（Hadwin ほか，2011）とは少し別の角度からも同様の議論がなされてきています。ターナーとパトリック（Turner & Patrick, 2008）は，ロゴフ（Rogoff, 1995, 2003）による「個人」「対人」「コミュニティ」の3つの分析の水準をつないでいくというヒューリスティックを用いてクラスでの学びのあり方にアプローチしようとしています。こうした視点に立てば，学習者がピアとともにクラスの活動にどのように参加しているかについてさらに重層的に明らかにしていくことが期待できるでしょう。このアプローチは，「個人」と「環境」，「認知」と「社会」といったように別々の要素に分けてとらえていこうとするのではなく，現象そのものを全体として扱い，「活動」や「出来事」を分析の単位としてとりあげてい

こうとするところに特徴があります。同一の学びの現象について3つの水準から明らかにしていくことができます。

第一に「個人の水準」からとらえてゆけば，個人が対象となっている活動にどのように取り組んでいるか，どんな貢献をしているか，どのように対応しているかについて明らかにしていくことができます。第二の「対人の水準」からとらえてゆくと，参加者の間で「活動」がどのように調整され，コミュニケートされているか，「活動」がどのように参加を支えたり妨げたりしているかについて明らかにしていくことが可能となります。第三にあげられている「コミュニティの水準」からとらえてゆけば，目前の参加者から視野を広げて，制度的な実践や文化的価値がどのように展開していき，現在の「活動」や「出来事」にいかに反映してくるかについて検討がなされることになります。

自己調整学習研究の射程範囲をクラスや集団におけるピア・ラーニングの問題にまで拡張し，アプローチしていくためには，こうした一つの現象を多角的な視座からとらえ，立体的に浮かびあがらせようとする方法論も今後さらに求められてくるものといえます。教育の現場においては学びあいの共同体の構築が求められています。「自ら学ぶ力」のみならず，共同体として自律的に学び合い高め合うピア・グループをどのように育んでゆけばよいかについて実践上の示唆を得るためには，ターナーら（Turnerほか，2008）が指摘している3つの水準からのアプローチとともに，自己調整学習が社会的に共有された学習の調整へと統合されていくプロセスについてさらに実証的に検討を重ねていくことが求められるものといえるでしょう。

― ☀ 本章のポイント ―

1. 「自己調整」とは，「学習者が，メタ認知，動機づけ，行動において自分自身の学習過程に能動的に関与していること」であり，そのようにして進められる学習活動のことをとくに「自己調整学習」とよぶ。
2. ピアをはじめとした人間関係は重要な環境要因の側面と考えられ，個人要因や行動と相互に規定し合いながら自己調整学習の成立を支えているといえ

る。また，自ら学ぶ方略は「自己調整学習方略」とよばれ，認知的方略，メタ認知的方略とともに援助要請やピア・ラーニングが重要なカテゴリーとして位置づけられている。
3. クラスの文脈におけるピア・ラーニングと自己調整学習との関係を明らかにしていくために学習の調整活動を「自己調整学習」「学習の共調整」「社会的に共有された学習の調整」の３つの側面でとらえていく視点が求められる。

理解を深めるために

『学ぶ意欲を育てる人間関係づくり──動機づけの教育心理学』中谷素之（編）2007年　金子書房

『自己調整学習と動機づけ』D. H. シャンク，B. J. ジマーマン，塚野州一（編訳）2009年　北大路書房

『自己調整学習の成立過程──学習方略と動機づけの役割』伊藤崇達　2009年　北大路書房

■引用文献

Bandura, A. (1977). *Social learning theory*. New Jersey: Prentice Hall.

Bandura, A. (1986). *Social foundations of thought and action: A social cognitive theory*. New Jersey: Prentice Hall.

Hadwin, A. F., Järvelä, S., & Miller, M. (2011). Self-regulated, co-regulated, and socially shared regulation of learning. In B. J. Zimmerman & D. H. Schunk (Eds.), *Handbook of self-regulation of learning and performance*. New York: Routledge. pp.65-84.

伊藤崇達（2009）. 自己調整学習の成立過程──学習方略と動機づけの役割. 北大路書房.

Ito, T., Nakaya, M., Okada, R., & Ohtani, K. (2009). Peer modeling of motivation and children's achievement behaviors. Paper presented at the American Psychological Association 117th Annual Convention.

Pintrich, P. R., & De Groot, E. V. (1990). Motivational and self-regulated learning components of classroom academic performance. *Journal of Educational Psychology*,

82, 33-40.

Pintrich, P. R., Smith, D., Garcia, T., & McKeachie, W. J. (1993). Reliability and predictive validity of the motivated strategies for learning questionnaire (MSLQ). *Educational and Psychological Measurement*, **53**, 801-813.

Rogoff, B. (1995). Observing sociocultural activity on three planes: Participatory appropriation, guided participation, and apprenticeship. In J. V. Wertsch, P. D. Rio & A. Alvarez (Eds.), *Sociocultural studies of mind*. Cambridge, UK: Cambridge University Press. pp.139-164.

Rogoff, B. (2003). *The cultural nature of human development*. New York: Oxford University Press.

Schunk, D. H., Hanson, A. R., & Cox, P. D. (1987). Peer-model attributes and children's achievement behaviors. *Journal of Educational Psychology*, **79**, 54-61.

Schunk, D. H., & Zimmerman, B. J. (Eds.) (2008). *Motivation and self-regulated learning: Theory, research, and applications*. New York: Lawrence Erlbaum Associates. 塚野州一（編訳）(2009).自己調整学習と動機づけ.北大路書房.

辰野千壽（1997）.学習方略の心理学――賢い学習者の育て方.図書文化社.

Turner, J. C., & Patrick, H. (2008). How does motivation develop and why does it change?: Reframing motivation research. *Educational Psychologist*, **43**, 119-131.

Zimmerman, B. J. (1986). Becoming a self-regulated learner: Which are the key subprocesses? *Contemporary Educational Psychology*, **11**, 307-313.

Zimmerman, B. J. (1989). A social cognitive view of self-regulated academic learning. *Journal of Educational Psychology*, **81**, 329-339.

Zimmerman, B. J., & Martinez-Pons, M. (1986). Development of a structured interview for assessing student use of self-regulated learning strategies. *American Educational Research Journal*, **23**, 614-628.

Zimmerman, B. J., & Martinez-Pons, M. (1988). Construct validation of a strategy model of student self-regulated learning. *Journal of Educational Psychology*, **80**, 284-290.

Zimmerman, B. J., & Martinez-Pons, M. (1990). Student differences in self-regulated learning: Relating grade, sex, and giftedness to self-efficacy and strategy use. *Journal of Educational Psychology*, **82**, 51-59.

Zimmerman, B. J., & Schunk, D. H.(Eds.) (2001). *Self-regulated learning and academic achievement: Theoretical perspectives*. New Jersey: Lawrence Erlbaum Associates. 塚野州一（編訳）(2006).自己調整学習の理論.北大路書房.

6 章
「一人で読む」を超えて
ピアは理解をどう変えるか
犬塚美輪　清河幸子

　「ピアと読むこと」について考えてみましょう。このようにいうと，「国語の話ですね」といわれます。しかし，「読むこと」は国語に限定される活動ではありません。教科書や学術書（本書のような）を読むことについて考えると，国語よりもむしろほかの教科での重要性のほうが高いかもしれません。教科書や学術書は概念について解説する説明文や，自分の主張を展開する意見文によって構成されています。学習を進める際には，説明文や意見文のような論理的文章を「読むこと」が重要です。このようにお話しすると，今度は，「学校教育の話ですね」といわれてしまいますが，私たちが何かを学ぶのは学校でだけではない，ということも大切です。先生のいないなか，「読むこと」を通じて新しい知識を身につけていく機会は，むしろ，学校を出てからのほうが多いでしょう。あらたな知識を身につけるために，私たちは「読む」のです。

　また，「読むことは一人静かに行うものではないか」と思われるかもしれません。しかし，心理学の研究からは，ピアとともに読むことの意義がみえてきます。本章では，「ピアとともに読む」ことで理解がどのように変わるか，考えましょう。

KEY WORDS

読解プロセス，モデリング，メタ認知（モニタリング，コントロール），説明，相互教授法，相互説明，ダイナミックジグソー

1節 読むことの認知プロセス

　まず,「読む」とはどのような活動なのでしょうか。認知プロセスの観点から,簡単に説明します。重要な点は,読むこと,読んで理解することは「読みあげる」ことと同じではない,ということです。読むことは,「文章全体の意味表象を構築する主体的な営み」と定義することができます。

　「文章全体の意味表象を構築する」ということは,書いてある内容のコピーを作成することとは違います。「読んで理解した」というとき,人は書かれていることと自分のもっている知識をつなぎ合わせた表象を構築しています。キンチュ (Kintsch & van Dijk, 1978, Kintsch, 1998) は,このような既有知識とつながった理解表象を「状況モデル」とよび,テキストに書いてある内容の要約的な理解(テキストベース)と区別しました。この理論に即していうと,読んで理解することは自分の知識を活用した状況モデルを構築することであるといえます。

　したがって,どのような知識をもっているか,またその知識をどのように用いるかが読んで理解することに影響を与えます。たとえば,「私の住んでいた町では,成人式は8月の第二日曜日に行われています」という文を読んだときのことを考えてみましょう。この文を読んだとき,「20歳の若者の多くが大学などに通っていたり仕事に就いていたりするだろうから,1月半ばではいなかに帰りにくいのだろうな」などと考えたのではないでしょうか。この一文を読んだとき,私たちは「成人の日は1月の半ばであること」「お盆休み」や「大学の授業スケジュール」,さらに「出身地を離れて都会にいる若者も多いこと」といった知識を活用し,理解をしているのです。このように知識を活用して構築された状況モデルは,ほかの状況での応用可能性が高い活きた知識となることが知られています。

　「主体的な営み」という点も重要です。読んで理解するために,人はさまざまな工夫を行っています。「よくわからないな」と感じたらそこを繰り返し読んでみるでしょうし,意味がわからない言葉があれば調べたり推測したりするでしょう。図にしたり,文章にまとめなおしてみたりすることもある

かもしれません。こうした文章を理解することを目的とした思考や行動を「読解方略」とよびます（レビューとして犬塚, 2010）。読解方略を適切に用いることが，文章を理解するうえで重要な役割を果たしています。

　こうした方略の活用は，中等教育期以降その重要性を増します。たとえば小学校低学年では，読むこと自体が学習の中心的テーマで，単純で短い文章を読みあげることが活動の中心になります。一方，高校生にもなると，自分で読んで理解し，その結果を活用することが必要になります。読む文章もより長く複雑なものになるでしょう。そのため，よりよく読むことが重要なテーマになるのです。

　方略を適切に用いるためには，自分の理解状況を把握し，適切な方向に自分の行動を導いていく必要があります。こうした働きを「メタ認知」とよびます。メタ認知とは「自分の理解状態についての理解」と定義することができます。メタ認知的モニタリングとメタ認知的コントロールという2つの側面をもち，前者が認知的活動の適切さをチェックし評価する機能を担い，後者がその評価にもとづいてより適切な活動を選択する機能を担うと想定されます（三宮, 2008に詳しい）。読む際には，自分の理解状況をモニターし，理解が不十分である（現在の方略がうまくいっていない）と評価されるときには，方略の使用や変更を行います。この方略の使用や変更の調節がコントロールの側面にあたります。

　このように，文章を読んで理解するプロセスは，自らの知識と文章内容の表象を統合していく過程としてとらえることができます。そして，その過程において，自らの表象構築の進行状況をモニターし，方略の適用が適切なものとなるようコントロールするというメタ認知の機能が重要な役割を果たすのです。

2節　ピアとともに読む

　「読むこと」は前節に述べたような活動を個人が実行していくこととして位置づけられてきました。しかし，ピアの存在によってよりよく読むことができるようになる，ということがいくつかの知見から示されてきました。

1. 相互教授法

ピアの存在によって読解成績が向上することを示した研究の代表的な例として,「相互教授法（Palincsar & Brown, 1984）」があげられます。読むことが苦手な小学4年生を対象として,まずは教師が彼らに4つの方略（「要約」「質問生成」「あいまいな意味の明確化」「次の内容の予測」）とその意義や用い方を指導しました。次に,教師がこれらの方略を用いて読んでいる様子を声に出して示しました。読みながら教師は対象者にも同様の活動をやってみるよう促し,教師と対象者が対話する形で,方略を用いながら文章を一緒に読み進めていきました。

その後,対象児童が交互に読解をリードしていく教師の役割を担い,グループで対話しながら方略を用いた読解を進めていきました（表6-1）。文章をいくつかのパートに分け,パートごとにリーダー役を交代し,リーダー役を中心とした対話を続けながら全員で読み進めていくのです。この活動の結

表6-1 相互教授法のシナリオ例（Carrほか, 2004 Figure7Qをもとに作成）

用いる方略	発言者	発言内容
予測	リーダー役の生徒①	「タイトルから考えると,『最初にアメリカに来た人たち』についての文章だと思います」
	全員	音読
要約	リーダー役の生徒①	「ここまでの内容をまとめると,アメリカの歴史とは,国や人々の暮らしがどんなふうに変わってきたかということについて明らかにするものです」
質問	リーダー役の生徒①	「今のアメリカは昔のアメリカと違っていると思いますか？」
	指名された生徒	「そう思います」
予測	リーダー役の生徒②	「これまでの内容から考えて,次に初めのアメリカ人についての説明があると思う」
	全員	次のパートの音読
明確化	リーダー役の生徒②	「わからない言葉がありますか？」
	生徒	「『平原』ってどういう意味ですか？」
	リーダー役の生徒②	「『平原』というのは,平らな土地で,アメリカ西部に広がっています」

果，対象児童の読解成績が向上し，かつその向上が長期にわたって維持されました。

2. 相互説明

また，清河・犬塚（2003）では，「相互説明」という手法が開発されています。これを用いた指導実践では，方略の指導ののち，学習者が指導者の1人とペアになり，自分が読んだ文章の内容を互いに説明し合うという活動が行われました（図6-1）。まず，それぞれが担当する文章の内容を自分で読みます。このとき，それぞれが読む文章は異なる内容（同じ文章の異なる部分）であったため，説明前に相手が読んだ文章の内容を知ることはできませんでした。その後，ペアのうち1人は，自分が読んだ文章の内容を説明し（「読解活動」役），もう1人はその内容について質問をします（「メタ認知的活動」役）。一方の担当箇所についての説明とそれに対する質問が終わり，両者が内容をよく理解できたと考えたら，役割を交代します。もう1人の指導者は「他者」役として位置づけられ，ペアのやりとりを評価し，説明の中でわかりにくかったところの補足や説明のよさと改善点についてのフィード

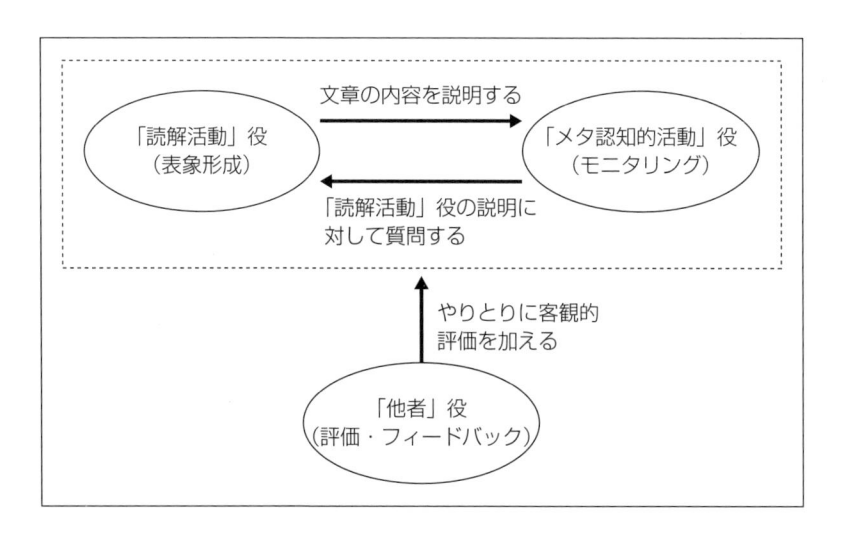

図 6-1 「相互説明」の枠組み（清河・犬塚，2003 をもとに作成）

バックを行いました。

　この指導を実施していくなかで，学習者はより適切に内容をとらえた説明ができるようになりました。また，要点にかかわる質問をすることができるようになっていきました。文章要約課題における要約のよさを，指導実施前と後で比較すると，要点を含めた簡潔な要約が作成できるようになったことも示されました。

　清河・犬塚（2003）では，1人の学習者に対して2人の指導者が介入を行っている点に特徴があります。ペアとなった指導者がわざと不適切な説明をすることで，学習者の質問を引き出すことが可能になった点は指導の効果を高めたと考えられます。では，ピアとともに読む場合ではどうでしょう。

　犬塚（2010）は，相互説明の枠組みを大学生に適用し，複数の「読解活動」役と「メタ認知的活動」役のペアと，1人の評価者という構成で指導を実施しました。この構成でも相互説明による指導の効果は発揮され，相互説明のやりとりのなかでは，とくに「不明点を明示する」という質問役の活動のあり方に変化がみられました。また，指導後の変化としては，論文の「目的」や「方法」「わかったこと」についてより的確に把握できるようになっていました。事後に得られた自由記述からは，対象者がより全体像や構造に目を向けるようになったことや読解に対するより積極的な姿勢が読みとれました。

3. ダイナミックジグソー

　より広い学習の文脈のなかでのピアとの読解活動として，三宅らのダイナミックジグソーに注目してみましょう（Miyake & Shirouzu, 2006；図6-2）。三宅らは認知科学について学ぶことを目的とした大学2年生対象の授業のなかで，キーとなる知見をまとめた24の文献を用意しました。隣り合う番号の文献は共通点が多く類似性が高くなるように作成され，大きく3つの領域によって構成されていました。

　学習者はまずそのうちの1つの文献に関する「エキスパート」となることを要請されました。彼らは，上級生などの支援を受けたり，ツールを活用したりしながら，1つの文献の理解を深めていきます。次に，隣り合う番号の

文献を読んだ学習者とペアになり，互いの読んだ文献内容について説明し合います。その後，ペアで議論しながら，読んだ内容を統合していきました。ダイナミックジグソーの基本的な活動は，このように「自分の理解した内容をピアに説明し，互いの内容を吟味し，統合すること」から成り立っているといえます。

　はじめのペアでの説明活動の後，それぞれが隣の番号のペアと相手を交換し，はじめのペアと構築した理解表象について説明を行います。ここで4つのテキストの内容について理解し，統合していくことがめざされます。この後，さらに隣のペアと相手を交換し，これまでに統合してきた4つのテキストに関する理解を説明し合います。はじめに述べたように，テキストは全部で24あり，3つの領域に分かれているため，この段階で，各学習者は1つの領域に関する統合的知識を構築することがめざされました。その後，領域の異なるテキストを読んだ学習者をあらたなペアとして，領域間の内容の説明が交換されました。図6-2に，はじめに⑫番の文献を読んだ学習者が，どのように異なる内容を統合していくかを示しました。隣り合う文献から1つの領域へ，そして複数の領域間と学習内容が拡大されていくことがわかります。

　このように，ダイナミックジグソーでは，はじめに自分が理解した内容を核とする体系的な理解表象を構築していくことがめざされています。その過

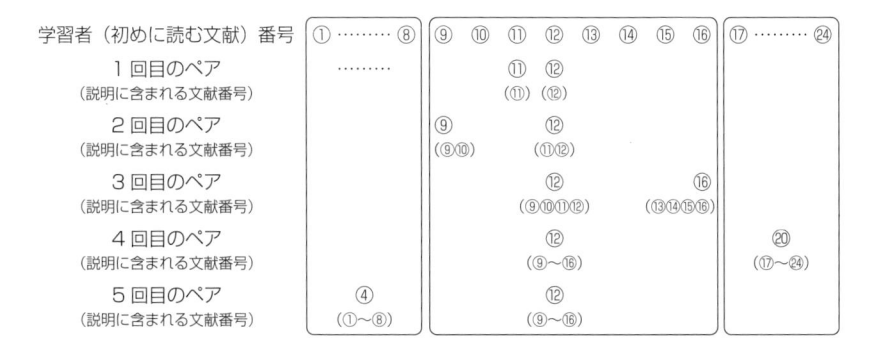

学習者（初めに読む文献）番号	①……⑧	⑨ ⑩ ⑪ ⑫ ⑬ ⑭ ⑮ ⑯	⑰……㉔
1回目のペア (説明に含まれる文献番号)	………	⑪ ⑫ (⑪)(⑫)	
2回目のペア (説明に含まれる文献番号)	⑨ (⑨⑩)	⑫ (⑪⑫)	
3回目のペア (説明に含まれる文献番号)		⑫　　　　　⑯ (⑨⑩⑪⑫)(⑬⑭⑮⑯)	
4回目のペア (説明に含まれる文献番号)		⑫ (⑨〜⑯)	⑳ (⑰〜㉔)
5回目のペア (説明に含まれる文献番号)	④ (①〜⑧)	⑫ (⑨〜⑯)	

図6-2　ダイナミックジグソーのペアと説明に含まれる内容の拡大
（⑫の学習者を例として）

程で，異なるピアに説明を繰り返し，吟味と統合を繰り返しています。

　本節では，ピアで読むことに焦点をあてた3つの枠組みを紹介しました。いずれも，ただピアがそこにいるというだけではなく，対話を通して読解が進められるという点が共通しています。一方で，その対話の構造は，相互教授法ではかなり明確化されているのに対して，ダイナミックジグソーでは「ピアと説明し合い，2人の説明を統合する」という目的が提示される以外に対話の仕方は指示されていません。こうした違いとその影響について明確に示した研究はみられませんが，相互教授法が読解を苦手とする児童を中心に展開されているのに対して，ダイナミックジグソーの対象は専門的な内容について批判的読解を行うことを目標とする大学生である点を考慮することは重要でしょう。読み手の発達段階や読解における熟達度は，取り組みの有効性を大きく左右する要因となるためです。実践においては，読み手と目的から，どのような取り組みが有効かを検討することが重要だといえます。

第3節　ピアとのやりとりが何を引き出すか

　2節では，ピアとともに読むことの効果を示してきました。次に，そのような効果が生まれるメカニズムについて考察してみましょう。

1. モデリング

　ピアと読むことによって読解成績が向上することの理由として，まず指摘されるのは，ピアがモデルを呈示することの効果でしょう。モデルを観察することで行動が変化することをモデリングとよびます。バンデューラ(Bandura, 1986)は，モデリングの働きとして，あらたな行動の獲得や学習した行動の遂行促進，行動のコントロールが促されることをあげています。相互教授法では，教師やピアがお手本として読み方を示すことで，学習者が読解方略を獲得し，それを用いて読解を行うことを促進するよう図っていると考えることができます。

　こうしたモデリングの効果に関しては，自己調整学習の研究において詳しく検討されており，学習者に近い存在がモデルとなることの有効性が示され

ています。たとえば、ジマーマンら（Zimmerman & Kitsantas, 2002）は、作文指導において、間違いや失敗に対処しながら課題を遂行していくモデル（コーピング・モデル）を観察することで、学習者の方略の獲得や遂行成績の向上がみられることを示しました。学習者が、自分と同一視しやすいモデルが示されることで、モデリングがより効果的になると考えられます。ピアによるモデリングが有益であることが示唆されたといえるでしょう。

また、モデリングが自己効力感や信念といった情動的側面に影響することに注目した研究も多数行われています。算数のスキル獲得をめざした指導において、ピアのモデルを観察することについて検討した研究（Schunk & Hanson, 1985）からは、ピアがモデルを示すことによって、成績だけでなく自己効力感が向上することが示されています。この研究では、大人のモデルを呈示する条件も検討されましたが、モデルなしの条件と比較して、遂行成績は向上したものの、その向上はピアのモデルが呈示された条件より小さく、また自己効力感の明確な向上はみられませんでした。情動的側面においても、自分と同一視しやすいモデルを観察することによる効果が大きいと考えられます。

2. 認知的活動とメタ認知的活動の分担

次に、協同において生じるメタ認知的活動の促進が想定できます。読みにおいてメタ認知的活動が重要であることは上述しました。しかし、自発的にメタ認知を働かせるのは難しいものです。そのため、メタ認知的活動を促す介入が先行研究によって行われ、効果をあげています。たとえば、内容に関する説明を行いながら読むこと（McNamara, 2004）や質問をつくってみること（秋田, 1988）を通して、自分の理解状況をモニターする働きが高められることが示されています。

ここで指摘したいのは、ピアと読むことでメタ認知的活動が高められるということです。メタ認知的活動が困難なのは、認知的活動とメタ認知的活動の両レベルを1人で受けもたなければならないことに一因があると考えられます。ピアと読むことによって、本来は個人内で行われるはずのメタ認知的活動をピアが担当し、読み手が認知的活動を担当するという形での分業が可

能になります。すなわち，1人の読み手が認知的活動に集中する一方で，ピアがその読み手のメタ認知的活動を「肩代わり」できるのです。

こうした可能性を示唆する研究として，清河（2002）を紹介しましょう。清河（2002）は，実験参加者に，思いこみによってつくられやすい表象を変化させる必要のある課題（地図構成課題）に取り組ませました。そのとき，1人で取り組む条件と，ペアで相談しながら取り組む条件を設けました。ペアで相談する条件では，一方がペンをもって課題遂行を中心的に行う課題遂行役となり，もう一方はペンをもたずにパートナーである課題遂行役の様子を見てアドバイスしたり意見を言ったりする相談役となるように指示されました。課題成績を両条件で比較すると，ペアで取り組んだ条件のほうが，1人で取り組んだ条件よりも，必要な表象変化に成功し課題を解決していることが示されました。清河（2002）は，ペアのやりとりを分析し，相談役が課題遂行役の作成した地図イメージを評価したり，方針を提案したりするといった活動により多くかかわっていることを示しました。こうした相談役のかかわり方は，メタ認知におけるモニタリングとコントロールの機能とたいへんよく類似しています。ここから，協同問題解決において，相談役がメタ認知に特化した働きを担うことで，1人で課題に取り組むときには働きにくいメタ認知的モニタリングが，ペアとして実現されることが示唆されます。

この知見から相互説明やダイナミックジグソーをみてみましょう。すると一方の読み手が課題遂行役として内容の理解と説明を行い，もう一方がそれを聞き，質問やコメントを通して，評価や情報を関連づけるための方向性を示唆したりしているということに気がつきます。つまり，聴き手となるピアがメタ認知的活動をおもに担うようになることで，読み手のメタ認知にかけるべき負荷が軽減され（かつメタ認知的活動が十分になされる！），結果として読み手の理解度が向上するということが起こっている，と考えることができるのです。

3. 説明の促進

こうした相互教授法や相互説明，ダイナミックジグソーといった活動で

は，「説明」という活動が中心的な役割を果たしていることにも注目する必要があります。

上述のマクナマラ（McNamara, 2004）では，文章の内容について「説明」を行う条件と音読する条件で読解成績の比較を行っています。その結果，内容についての説明を行うことが，とくに文章理解の成績が低い学習者のテキストベースの理解を促進することが示されました。この研究では，清河（2002）で示されたような「認知的活動とメタ認知的活動の分業」がなされるような構造があるわけではありません。それでもなお，ピアに「説明すること」によって理解が促進されることが示されているのです。

「説明」の効果は，まず，メタ認知モニタリングの観点から考えることができるでしょう。説明するためには，一貫した表象が構築されている必要がありますが，普段の読解では，表象の一貫性にあまり注意が払われません。表象の一貫性を評価するのはメタ認知的モニタリングの働きですが，文章を理解するという活動と並行して行うには負担が大きいのです。しかし，「説明」を課されることで，読み手は否が応でも自分の理解表象の一貫性を試されることになります。理解表象の一貫性の確認が解決すべき問題として示されることで，読み手のメタ認知モニタリングが促進され，それにより理解が促進されるというプロセスととらえることができます。ピアがメタ認知の働きを分担するという働きをもつ場合は，ピアが読み手の理解状態の確認や不備の指摘をしていました。しかし，説明をするという活動自体が，読み手自身の理解状態の確認，すなわちメタ認知的モニタリングを促進する可能性が考えられるのです。

また，「説明」によって会話のスキーマが活性化される，という考察も可能です。作文の指導においては，書くべきことを引き出すためのパートナーがいることで，書き手がアイデアをスムーズに話すことができ，それが作文を向上させると提案されています（Daiute & Dalton, 1993）。話している相手に自分のもっている情報を伝える，という行為は，私たちが発達の初期から行っていることです。私たちは自然と「会話とはどのようなものか」を理解し，その枠組み（スキーマ）を用いてコミュニケーションを行っています。会話のスキーマが活性化されることで，私たちは相手に伝えるために，

頭の中にある未整理な情報を相手に伝えられる形に整理しようとします。ピアと読むことで，私たちの会話スキーマが活性化されると，読み手が相手に伝えるために情報の整理をしようとすると考えられます。そのような働きが，ひいては，読みによって構築された表象の精緻化を促すのではないでしょうか。

　ピアとともに読むことは，さまざまな形態で「説明」を促すことにつながります。プログラムされた説明活動の場合もあれば，知識の共同構築をめざすなかで自然と発生する説明もあるでしょう。いずれの場合でも，説明を行うことが，読み手自身のメタ認知的モニタリングを促したり，情報の整理を助けたりする機能をもつ可能性があります。この場合，ピアはメタ認知的活動を分担するだけでなく，読み手自身のメタ認知的活動のきっかけ（あるいは情報の整理）となる「説明」を促す文脈として機能すると考えられます。

　目の前に存在しない他者に対して説明を行うよう教示したり，あるいは，自分自身に対して説明を行わせるといった形で，説明を促すことも可能です。しかし，ピアというリアリティのある存在が，「説明する」ことに対する動機づけを高めると考えられます。特定の内容について知らず，知りたいという欲求を示している相手がおり，自分がその内容について情報をもっていることが明らかであるなら，相手にその情報を伝えることの必然性が自然と理解されると考えられるからです。

4節　実践への提言：ピアとの読みを効果的なものとするために

　本章では，ピアと読むことで理解が促進されたり深まったりする様子を紹介してきました。しかし，学習者の特徴や課題，ピアの相互作用のあり方によっては，ピアが理解を促進しない（阻害する）こともありえます。たとえば，協同での課題遂行に関しては，「社会的手抜き」が生じることが知られています。これは，集団で課題を行うと，個人で課題に取り組む場合より，一人ひとりの遂行量や作業量が減ってしまうという現象を示したものです。社会心理学を中心に，ほかの人と一緒に取り組むことがかえってマイナスになることを示した知見は少なくありません。

教育場面において協同活動が多く取り入れられるようになっていますが，ただ無計画に「一緒に読みなさい」というだけでは，ピアによる理解促進効果より，集団で課題に取り組む際のマイナス面が目立ってしまうかもしれません。本章で紹介した，相互教授法，相互説明，ダイナミックジグソーでは，ピアによる理解促進効果が高められるよう注意深くデザインされていました。ピアにどのような役割を期待するか，どのような対話を導くか，といった指導者による構造化が必要だと考えられます。

◆ **本章のポイント**
---

1. ピアとともに読むことで読解を促進することができると考えられ，その利点を活かした指導枠組みが提案されている。
2. ピアが読解を促進するプロセスには，モデリング・認知的活動とメタ認知的活動の分担・説明がかかわっていると考えられる。
3. 読解の指導において，ピアによる促進を導くためには，ピアに期待する役割を引き出すための構造化が必要である。

📖 **理解を深めるために**

『説明の心理学――説明社会への理論・実践的アプローチ』比留間太白・山本博樹（編）2007 年　ナカニシヤ出版

『文章理解の心理学――認知，発達，教育の広がりの中で』大村彰道（監修）2001 年　北大路書房

『メタ認知――学習力を支える高次認知機能』三宮真智子（編）2008 年　北大路書房

『学びあいが生み出す書く力――大学におけるレポートライティング教育の試み』鈴木宏昭（編）2009 年　丸善プラネット

■引用文献

秋田喜代美（1988）．質問作りが説明文の理解に及ぼす効果．教育心理学研究，**36**，307-315．

Bandura, A. (1986). *Social foundation of thought and action: A social cognitive theory.* Englewood Cliffs, New Jersey: Prentice Hall.

Carr, E., Aldinger, L., & Patberg, J. (2004). *Teaching comprehension: A systematic and pragmatic framework with lessons and strategies.* New York: Scholastic Thinking Resources.

Daiute, C., & Dalton, B. (1993). Collaboration between children learning to write: Can novices be masters? *Cognition and Instruction*, **10**, 281-333.

犬塚美輪（2010）．文章の理解と産出．市川伸一（編）現代の認知心理学5　発達と学習．北大路書房．pp.201-226．

Kintsch, W. (1998). *Comprehension: A paradigm for cognition.* New York: Cambridge University Press.

Kintsch, W., & van Dijk, T. A. (1978). Toward a model of text comprehension and production. *Psychological Review*, **85**, 363-394.

清河幸子（2002）．表象変化を促進する相互依存構造：課題レベル——メタレベルの分業による協同の有効性の検討．認知科学，**9**，450-458．

清河幸子・犬塚美輪（2003）．相互説明による読解の個別指導——対象レベル－メタレベルの分業による協同の指導場面への適用．教育心理学研究，**51**，218-229．

McNamara, D. S. (2004). SERT: Self-explanation reading training. *Discourse Processes*, **38**, 1-30.

Miyake, N., & Shirouzu, H. (2006). A collaborative approach to teaching cognitive science to undergraduates: The learning sciences as a means to study and enhance college student learning. *Psychologia*, **49**, 101-113.

Palincsar, A. S., & Brown, A. L. (1984). Reciprocal teaching of comprehension-monitoring activities. *Cognition and Instruction*, **1**, 117-175.

三宮真智子（編）（2008）．メタ認知——学習力を支える高次認知機能．北大路書房．

Schunk, D. H., & Hanson, A. R. (1985). Peer models: Influence on children's self-efficacy and achievement. *Journal of Educational Psychology*, **77**, 313-322.

Zimmerman, B. J., & Kitsantas, A. (2002). Acquiring writing revision and self-regulatory skill through observation and emulation. *Journal of Educational Psychology*, **94**, 660-668.

7 章
子どもはピアに援助をどう求めるか
被援助志向性研究からみたピア・ラーニング
水野治久

「明日のテストの範囲教えてよ！」「数学のノート，どういうふうにとっているの？　これでいいの？」

みなさんの中学生，高校生の頃を思い出してください。テスト範囲，宿題の確認，問題の解き方……実にさまざまなことを友人に教えてもらったと思います。級友の中に「あの人に聞くと何でも知っている」という人はいませんでしたか？　学級の中に一人はいた「物知り」「情報通」の人は，日頃から友人や教師にいろいろなことを尋ね，情報を集めている人でした。しかし一方ではあまり情報をもっていない人もいます。このような情報の差にはさまざまな要因が考えられますが，人に相談することの難しさが関連している可能性があります。質問したり相談したりすることは，自身の理解力のなさや問題解決能力のなさを相手に露呈することになり，自尊心が傷つきます。「聞くは一時の恥，聞かぬは末代の恥」ということわざがありますが，人に聞いたり相談したりすること自体，恥ずかしいことだと感じることが多いことを意味します。

この章では，「人に相談する」という援助要請行動，被援助志向性の研究成果から，ピア・ラーニングについて考えてみましょう。

KEY WORDS

ソーシャルサポート，被援助志向性，援助要請，援助ニーズ，呼応性，学級集団のアセスメント，援助要請スキル，ピアサポート，接触仮説

1節 ピアからのサポート

　子どもが学級でピアとの関係性を深めていくことは必要です。これは，学業成績，学校適応にも影響を及ぼします。わが国で行われた研究でも同様の結果が見出されています。たとえば，吉原・藤生（2005）は高校生を対象に，友人関係のあり方がストレス反応を軽減する可能性を指摘しています。水野・三野輪（2010）は，中学生584名を対象に学級内の人間関係を測定する社会的適応が心理的適応，さらには身体的適応に影響することを見出しています。海外においてもそのような知見を示す研究があります（Juvonenほか，2000）。

　子どもが誰からサポートを受けているのかを測定する概念にソーシャルサポートがあります。南ら（1987）は，ソーシャルサポートを「特定の個人が，特定時点で，彼／彼女と関係を有している他者から得ている，有形無形の諸種の援助」と説明しています。つまり，ピアからの学習面，心理面，社会面の援助はソーシャルサポートとしてとらえることができます。ソーシャルサポートには，個人が抱えている問題そのものを直接ないし間接的に解決することに役立つ道具的サポートと，個人の心理的不快感を軽減したり自尊心の維持・回復を促したりする情緒的サポートの2種類があります（福岡，2007）。ピアからの学習面のサポートを考えたとき，わからない問題の解法を教えたり，宿題や試験の範囲を教えたりすることは道具的サポートといえます。一方で，テストでよい点がとれなかったことに対して愚痴を聞いたり，努力を続けられるように精神的に支えたりすることは，情緒的サポートといいます。

　学校において，ソーシャルサポートの視点が重要になるのは，ソーシャルサポートが，子どもをとりまくピアからの援助，教師や保護者などからの援助についての実証的なデータを提供してくれるからです。水野・石隈（2004）は，子どもを対象にしたソーシャルサポートの研究を展望し，家族やピアからのソーシャルサポートは子どもの適応に一定の効果があるという研究が多かったと結論づけています。さらに，子どもの年齢が高くなると教師や家族

よりも，友人から多くサポートを受ける可能性があると指摘しています。

　石毛・無藤（2005）は中学3年生263名を対象に受験前，受験後のストレス反応をレジリエンス，ソーシャルサポートの観点から研究しています。石毛・無藤（2005）は，女子においては，個人の自己回復力を意味するレジリエンスよりピアからのソーシャルサポートがストレス反応に対して大きな影響力を示していたと指摘しています。さらに，細田・田嶌（2009）は中学生305名を対象に調査し，友人からのサポートが自己肯定感と関連があると指摘しています。

　ソーシャルサポートの研究からみてもピアからの援助は効果があるといえます。もちろん援助を求めても友人などの援助者が援助を提供しなければ，援助の効果は発揮されません。援助を求めないという人もいます。石隈（1999）は，中学生1,469名を調査し，「成績を伸ばしたい」「勉強方法を知りたい」など学習面の9項目について誰に相談するのかを尋ねています。そのうち「誰にも相談しない」と回答したのは，24〜50％でした。中学生のなかには勉強の問題を認識しても誰にも相談しない子どもが2割程度から，問題によっては半数程度も存在する可能性のあることがわかります。子どもたちがお互いに相談し合わなければ，そこでの学びは生まれません。

　筆者は，相談のニーズがある人が自分で問題を解決しようとしても解決できない場合，周囲の友人，教師，保護者，カウンセラーにどのように援助を求めるかを「被援助志向性」というキーワードで研究してきました。次節では中学生対象の被援助志向性研究について概観してみたいと思います。

2節　子どもが援助を求める意識

　筆者ら（水野ほか，2006）は，中学生477名を対象に，担任・教科担当教員（以下教師），養護教諭，友だちに対する援助を求める意識を被援助志向性としてとらえ調査しています。被援助志向性とは，子どもが学校生活でさまざまな問題を経験したときに友人や教師，カウンセラー，家族などにどのように援助を求めるかについての意識を意味します（水野・石隈，1999）。この調査では，あらかじめ設定された学習面，心理面，社会面，進

路面,身体面の問題状況について「自分で問題を解決しようとしても解決できない場合,どの程度相談するか」を友人,保護者,教師,養護教諭,スクールカウンセラーごとに1項目(5件法)で尋ねました。図7-1に友人,保護者,教師についてのデータを示しました。

その結果,中学生の教師に対する被援助志向性は,友人,保護者と比較して低いことがわかりました。保護者は学校にはおりませんので,中学生が学校で相談するのは,友人ということがわかります。中学生477名というかぎられた対象者ではありますが,この調査結果をみるかぎり,ピアからのサポートが得られる学習環境をつくり,子ども同士で学び合うことが子どもの被援助志向性にマッチしたものである可能性を意味します。さらに,教師は中学生の被援助志向性の特性を活かして授業を展開し,学習活動を企画すべきです。教師は友人に相談しやすい状況を学級でつくり出す必要があります。

では,友人に対する被援助志向性を高め,援助ニーズのある子どもが学習

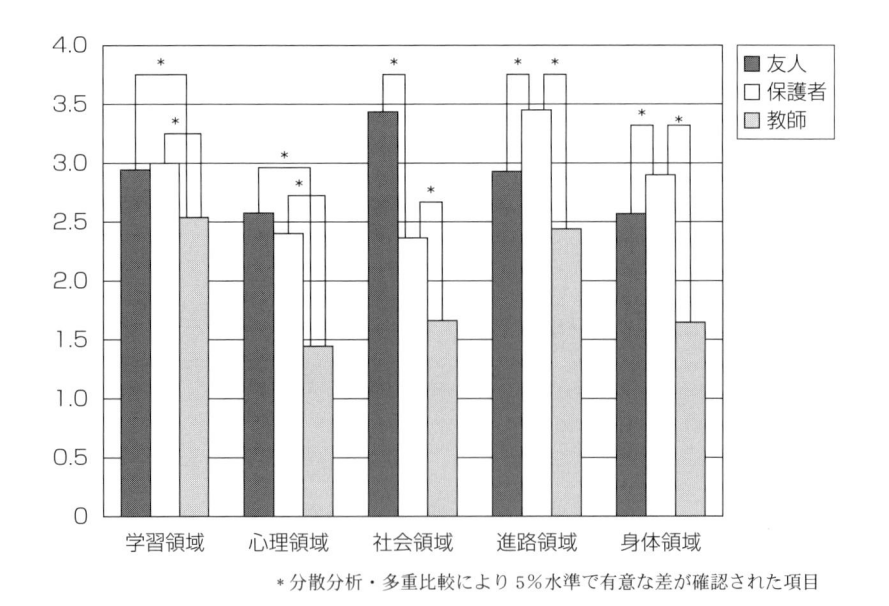

＊分散分析・多重比較により5%水準で有意な差が確認された項目

図7-1 問題領域ごとの友人,保護者,教師への被援助志向性の平均値

面で援助を求められるようになるためには，どうしたらよいのでしょうか。先ほどと同じ調査データにおいて，先行研究で確認された変数との関連を確認した結果（水野ほか，2006），友だちに対する被援助志向性には，友人が自分の相談にきちんと応えてくれるという「呼応性の心配」と「友人からのソーシャルサポート」が影響していました。このことは，友だちに悩みの相談をしたときに友人が相談した悩みに対して呼応的に対応してくれるという認知を高めること，友だちからの援助を増やすことが，友人に対する被援助志向性を高めることにつながる可能性があります。呼応性とはディーヌとチャンバーレイン（Deane & Chamberlain, 1994）やクシュナーとシャー（Kushner & Sher, 1989）が提出した概念で，友だちに相談したら，友人は自分の相談を理解し，解決してくれるという意識を意味します。ここでは呼応性の心配を測定していますから，得点が高いと，「友人が自分の相談を理解してくれない，わかってくれない」と思っています。学習場面においては，班で活動し，学習者同士の相互作用を高めることで，友人から援助的なかかわり，つまり，ソーシャルサポートが提供され，友人に対する被援助志向性が高まる可能性があります。

では教師はどのように，友人の相談に対する呼応性の心配を低め，友人からのサポートを増やしたらよいのでしょうか？　学校において，ピアからのサポートを高めそれを学びに変えていくという方法は従来から取り組まれていましたし，現在でも教師がめざしている方向性の一つです。教師は，子ども同士が学級の中で支え合い，承認し合うような学級づくりをめざしますし，こうしたことを測定する質問紙によるツールも開発されています。

たとえば河村（1999）は，学級集団の状態をアセスメントするために「たのしい学校生活を送るためのアンケート（Q-U）」を開発しています。Q-Uは3つの尺度から成り立っていますが，その中心的な尺度である「いごこちのよいクラスにするためのアンケート（学級満足度尺度）」のなかに級友からの承認という項目群があります。教師の学級経営はピアとの関係性を発展させていくために，取り組んでいるといっても過言ではありません。事実，永井（2009）が小学生355名を対象に実施した調査によると，承認得点が友人への援助要請意図に影響を与えているとしています。さらに永井・新井

(2007) は，中学生1,062名を対象に，ポジティブな効果，否定的反応，無効性，秘密漏洩，自助努力，問題の維持からなる「相談行動の利益とコスト尺度」が，友人に対する相談行動にどのように影響しているのかについて，河村（1999）の承認，被侵害不適応尺度とともに，共分散構造分析で検討しました。その結果，学習・進路的問題の相談行動については，悩みの程度，ポジティブな効果が友人に対する相談行動に影響していましたが，承認得点は関連を示しませんでした。しかし，心理・社会的問題の相談行動については，承認得点は友人に対する相談行動に影響を示しました。

　つまり教師が，承認感に満ちあふれた学級経営をすることが，ピアからの援助を高め，ひいてはピア・ラーニングが醸成されると考えられます。承認感にあふれた学級をつくるためには，河村（2012）も指摘しているとおり，ルールとリレーションによる学級経営が重要です。ルールの確立とは「人を暴力や言葉で傷つけない」「人の嫌がることはしない」などの対人関係の基礎的なルール，「授業が始まったら教科書・ノートを準備する」「授業中発言したいときは，手をあげて教師から指名されるのを待つ」といったような授業に関する基礎的なルールがあります。もちろん，このほかにも学級にはさまざまなルールがあります。ルールが確立されていなければ，クラスメイトに援助を求めることができません。ルールが共有されていませんから，相談しても，級友から援助的に接してもらえない可能性があるのです。相談相手とルールが共有され，リレーションが形成され，はじめて自分の悩みや本音を話せるのではないでしょうか。

　しかし，それでも子どもの被援助志向性は多様であり，援助を求められない子どもも少なからず存在します。筆者はピアに援助を求めるには，援助を求めるためのスキルが必要だと感じています。阿部ら（2006）は，中学生462名を対象に質問紙調査を行い，友人に対して援助を求める際には，表7-1のような言語的援助要請スキルが必要だと指摘しています。つまり，学習がわからないなどの援助ニーズがあっても，誰が相談に乗ってくれるのか，タイミングはどうなのかといったことを自分で考え，適切に援助を求めなければなりません。ピアに助けを求めない子どもに助けを求めるスキルを教示することも重要です。

表 7-1　言語的援助要請スキル尺度の項目

私は相談したいとき，タイミングを考えて相手に相談することができる
私は話しているとき，相手の反応を見ることができる
私は自分のつらい気持ちをどう表現してよいのかわからない（逆転）
私は不安になったとき，それを誰かに話すことができる
私は困った状態を伝えるとき，身振りや表情なども使っている
私は大事な話を，整理して伝えることができる
私は，からだの調子が悪いとき，自分の状態を言葉で伝えることができる
私は人に頼むとき，話し方や態度を工夫できる
私は自分で頼めないときは，誰かに言ってもらうことができる

　しかし小学校や中学校に数時間身を置けばわかりますが，子どもたちが他者に対していつもサポーティブな行動をしているわけではありません。そこにはさまざまな相互作用があります。昨今，いじめ問題が世間の話題となることが多いのですが，こうした否定的な関係性も残念ながら存在します。
　しかし，一方で，対人葛藤を自己解決したり，仲介役が出てきたりと，子どもたちの中でも葛藤を解決しようとする力が働いていることもまた事実なのです。そこでピア・ラーニングの基礎となるような，援助的人間関係を学級の中に構築しようとする取り組みが行われております。それが，ピアサポートです（戸田，2007）。

3節　ピア・ラーニングを促進する仕組み：ピアサポートの導入

　森川は，ピアサポートを「子どもたちの対人関係能力や自己表現能力等，社会で生きる力がきわめて不足している現状を改善するための学校教育活動の一環として，教師の指導・援助のもとに，子どもたち相互の人間関係を豊かにするための学習の場を各学校の実態に応じて設定し，そこで得た知識やスキル（技術）をもとに，仲間を思いやり，支える実践活動」（森川，2002，p.30）と説明しています。この定義を読むと学級になじめない不適応の子どもの援助のためのシステムかと思う読者もいるかも知れません。しかしながら，それだけではありません。当然，援助活動は授業中にも展開され，援助的な人間関係が教室に展開されることでもあります（広島県立教育

センター，2004)。なぜ授業でわざわざ友人に対する援助活動を展開する必要があるのかと思う読者もいるかも知れません。子どもが自分で問題を解けるような力をつけられる授業を展開するという考え方もあります。戸田 (2001) も指摘しているとおり，ちょっとした相談が「あたりまえ」にできない場にとって，ピアサポートのような実践の導入が大きな意義をもつと考えられます。算数や数学の時間のちょっとした友人の一言がヒントとなり子どもの理解が促進されることもあるのです。

中学校で，ピアサポーターが昼休みに保健室に常駐して相談を受けたり，「相談室便り」のような媒体を発行してそれに匿名で相談を投稿してもらってピアサポーターが回答したりする取り組みがあります。水野・戸田 (2006) では，友人に対して援助を求めるときの意識の一つである「呼応性」が，ピアサポートとして面談形式ないし紙上相談において援助を求めるときと，友人に援助を求めるときでは，どのように異なるかを中学生 442 名を対象に質問紙調査によって検討しました。

友人に対する呼応性の項目，紙上相談と保健委員の面談相談に対する呼応性の項目は表 7-2，表 7-3 に示したとおりです。得点が高いほど援助に対しては肯定的であり，援助を求めると解釈されます。

では，友人に対して援助を求める意識と，ピアサポートの面談や紙上相談に対して援助を求める意識はどの程度関連があるのでしょうか。友人に対する呼応性尺度得点，紙上相談に対する呼応性尺度得点，面談に対する呼応性尺度得点の相関係数を算出しました (図 7-2 参照)。その結果，友人に対する呼応性得点と面談に対する呼応性得点の相関係数は .281，紙上相談に対する呼応性得点との相関係数は .302 であるのに対し，面談に対する呼応性得点と紙上相談に対する呼応性得点は .815 と高い相関係数を示しました。この結果は，中学生のピアサポーターの面談に対して呼応性の高い人は紙上相談に対しても呼応性が高いことを意味します。しかしながら，友人の相談に対する呼応性との相関は高くありませんでした。これは，友人に対して相談することとピアサポーターに対して相談することはその意識が異なる可能性を意味します。つまり，友人に対する相談行動を高める活動とピアサポートを同時に行うことも可能であるし，ピアサポートを行うと友人に対する相

表 7-2　友だちに対する呼応性尺度項目

1．友だちは，私が相談した気持ちをわかってくれる
2．友だちは私が相談した問題を解決してくれる
3．友だちに相談すると，悩みの解決のきっかけになる
4．相談したことを秘密にしてほしいと頼むと，友だちはその約束を守ってくれる

表 7-3　紙上相談（心の保健箱）に対する呼応性尺度項目および面談形式（保健委員）に対する呼応性尺度項目

1．保健委員は，私が相談した気持ちをわかってくれる
2．保健委員は私が相談した問題を解決してくれる
3．保健委員に相談すると，悩みの解決のきっかけになる
4．相談したことを秘密にしてほしいと頼むと，保健委員はその約束を守ってくれる

```
 友人に対する        .281**      面談形式のピアサポート
 呼応性得点 ───────────── に対する呼応性得点

         .302**            .815**
        紙上相談形式のピアサポート
         に対する呼応性得点
                                    **p<.01
```

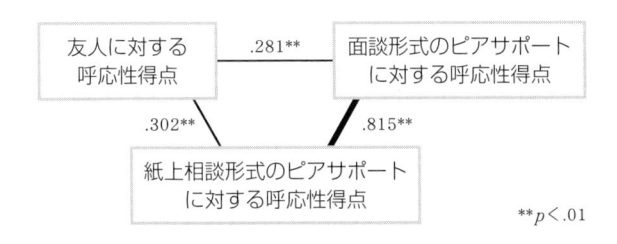

図 7-2　友人，面談によるピアサポート，紙上相談の
　　　　ピアサポートに対する呼応性得点の相関係数

談行動が低くなったり逆に高まったりしないともいえます。友人同士の助け合いとピアサポートを同時に行う必然性も認められます。

　ピアサポートシステムへの援助要請行動を高めるためには，直接的な相談行動では敷居が高い可能性があります。そのため紙上相談に援助要請してもらうことをまず第一と考えたとき，どうしたらよいのでしょうか。図 7-3 は，紙上相談が掲載されている「紙上相談だより」をどの程度読むかということと，紙上相談に対する呼応性の得点を明らかにしたものです。分析の結果，「紙上相談だより」を「よく読んでいる」「ときどき読む」と回答した生徒は「まったく読まない」と回答した生徒より，紙上相談に対する呼応性が高いことが示されました。「紙上相談に相談しましょう」というより，紙上

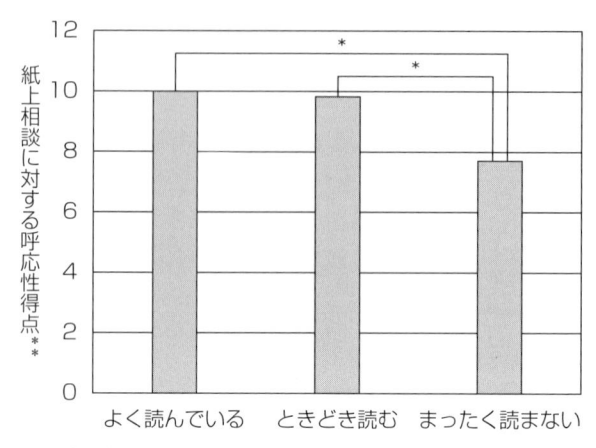

```
                           *
                     ┌──────────┐
  12            ┌────┴─┐        │
紙           10 │      │  *     │
上              │      │┌───────┤
相            8 │      ││       │
談              │      ││       │
に            6 │      ││       │
対              │      ││       │
す            4 │      ││       │
る              │      ││       │
呼            2 │      ││       │
応              │      ││       │
性            0 └──────┴┴───────┘
得             よく読んでいる ときどき読む まったく読まない
点
**
```

＊分散分析・多重比較により5％水準で有意な差が確認された項目
＊＊得点が高いほど援助を求める傾向

図7-3 「紙上相談だより」を読む頻度による紙上相談に
　　　対する呼応性

相談だよりを読むように勧めるほうが紙上相談への態度を肯定的に変化させる可能性があります。

　このように，援助者と被援助者の接触経験が援助を求める意識と関連があるということは，接触仮説（Fischer & Farina, 1995）とよばれています。もともと接触仮説はメンタルヘルスの専門家やカウンセラーとの接触場面が増加すれば，こうした人たちが提供する援助に肯定的態度を示すというものですが，この結果をみるかぎりピアサポーターに対する相談も接触場面をもうけることで，サポーターに対する意識を肯定的に変容させる可能性があります。

　このようにピアサポートを導入し援助を求めやすい土壌を学校につくることはピア・ラーニングにとっても大事なことです。前述した調査の結果のように，もしピアサポーターに相談する意識と友人に相談する意識に大きな関連がないということは，ピアサポーター，友人に対する相談機会をもうけることを同時に取り組まなければならないことを意味します。また，子どもには援助を求める方略というものがあります。学習活動にあたっては，わからないところを質問して，互いに助け合って学習するということを活動の中

にすることで，援助要請のスキルや援助要請をした経験が子どもに積みあがり，結果的に被援助志向性が高まる可能性もあります。このあたりは実証的な研究成果を待たなければならないと感じています。

4節　おわりに

以上，ソーシャルサポート，被援助志向性の研究からピア・ラーニングについて解説しました。筆者は不登校，いじめの予防・解決という観点から学校にかかわっていますが，学級が落ち着くことでいじめ被害や不登校の児童数が減少することを目のあたりにしています。学級において，子どもたちがお互いに学び合う環境を構築していくことがとても大事です。昨今教育現場は苦戦を強いられています。教師は実にさまざまなタイプの子どもに同時に接していかなければなりません。学習指導と同時に生活指導，支援も必要です。しかし教育現場にはこうした高度な実践活動を展開している教師もたくさんいます。ぜひ，学校現場に足を運んで，実際の現場をみながら学ぶ姿勢をもち続けてほしいものです。

本章のポイント

1. 中学生は友人に学習の問題を相談しやすいが，まったく相談しない人も少なからず存在する。
2. 中学生の被援助志向性を高めるためには，子ども同士が学級内で支え合うような学級づくりをめざすべきである。
3. ピアサポートプログラムという子ども同士が支え合う取り組みがある。こうしたプログラムを導入することも子ども同士が学び合うためには大切である。

理解を深めるために

『学校心理学——教師・スクールカウンセラー・保護者のチームによる心理教育的援助サービス』石隈利紀　1999年　誠信書房

『よくわかる学校心理学』水野治久・石隈利紀・田村節子・田村修一・飯田順子（編）2013年　ミネルヴァ書房

『学級集団づくりのゼロ段階——学級経営力を高めるQ-U式学級集団づくり入門』河村茂雄　2012年　図書文化社

■引用文献

阿部聡美・水野治久・石隈利紀（2006）．中学生の言語的援助要請スキルと援助不安，被援助志向性の関連．大阪教育大学紀要（第Ⅳ部門教育科学），**54**（2），141-150.

Deane, F. P., & Chamberlain, K. (1994). Treatment fearfulness and distress as predictors of professional psychological help-seeking. *British Journal of Guidance & Counseling*, **22**, 207-217.

Fischer, E. H., & Farina, A. (1995). Attitudes toward seeking professional psychological help: A shortened form and considerations for research. *Journal of College Student Development*, **36**, 368-373.

福岡欣治（2007）．ソーシャルサポートとは何か——理論的導入．水野治久・谷口弘一・福岡欣治・古宮　昇（編）カウンセリングとソーシャルサポート——つながり支え合う心理学．ナカニシヤ出版．pp.17-33.

石毛みどり・無藤　隆（2005）．中学生における精神的健康とレジリエンスおよびソーシャル・サポートとの関連——受験期の学業場面に着目して．教育心理学研究，**53**，356-367.

石隈利紀（1999）．学校心理学——教師・スクールカウンセラー・保護者のチームによる心理教育的援助サービス．誠信書房．

Juvonen, J., Nishina, A., & Graham, S. (2000). Peer harassment, psychological adjustment, and school functioning in early adolescence. *Journal of Educational Psychology*, **92**, 349-359.

広島県立教育センター（2004）．学校におけるピア・サポート活動（生徒指導資料集　教育相談編）．広島県立教育センター．

細田　絢・田嶌誠一（2009）．中学生におけるソーシャルサポートと自他への肯定感に関する研究．教育心理学研究，**57**，309-323.

河村茂雄（1999）．生徒の援助ニーズを把握するための尺度の開発(1)——学校生活満足度尺度（中学生用）の作成．カウンセリング研究，**32**，274-282.

河村茂雄（2012）．学級集団づくりのゼロ段階——学級経営力を高めるQ-U式学級集団づ

くり入門．図書文化社．

Kushner, M. G., & Sher, K. J.（1989）. Fear of psychological treatment and its relation to mental health service avoidance. *Professional Psychology Research and Practice*, **20**, 251-257.

南　隆男・稲葉昭英・浦　光博（1987）．「ソーシャル・サポート」研究の活性化にむけて――若干の資料．哲学（三田哲学会），**85**, 151-184.

水野治久・石隈利紀（1999）．被援助志向性，被援助行動に関する研究の動向．教育心理学研究，**47**, 530-539.

水野治久・石隈利紀（2004）．わが国の子どもに対するソーシャルサポート研究の動向と課題――学校心理学の具体的展開のために．カウンセリング研究，**37**, 280-290.

水野治久・石隈利紀・田村修一（2006）．中学生を取り巻くヘルパーに対する被援助志向性に関する研究――学校心理学の視点から．カウンセリング研究，**39**, 17-27.

水野治久・三野輪敦（2010）．学校心理学的適応尺度の構造――学校心理学の援助サービスの展開のために．学校心理学研究，**10**, 63-72.

水野治久・戸田有一（2006）．中学生はどのように保健委員（紙上相談・面談）に相談するか？　2006 年度 SCS 研究会配布資料．

森川澄男（2002）．ピア・サポートとは（理論編）．中野武房・日野宜千・森川澄男（編）学校でのピア・サポートのすべて――理論・実践例・運営・トレーニング．ほんの森出版．pp.21-35.

永井　智（2009）．小学生における援助要請意図――学校生活満足度尺度，悩みの経験，抑うつとの関連．学校心理学研究，**9**, 17-24.

永井　智・新井邦二郎（2007）．利益とコストの予期が中学生における友人への相談行動に与える影響の検討．教育心理学研究，**55**, 197-207.

戸田有一（2001）．学校におけるピア・サポート実践の展開と課題――紙上相談とオンライン・ピア・サポート・ネット．鳥取大学教育地域学部紀要，**2**, 59-75.

戸田有一（2007）．ソーシャルサポート整備としてのピア・サポート．水野治久・谷口弘一・福岡欣治・古宮　昇（編）カウンセリングとソーシャルサポート――つながり支え合う心理学．ナカニシヤ出版．pp.55-64.

吉原　寛・藤生英行（2005）．友人関係のあり方と学校ストレッサー，ストレス反応との関係．カウンセリング研究，**38**, 128-140.

Column

子ども同士の協同を支える
教室環境の創造
松尾　剛

子ども同士の協同と授業

そもそも，なぜ子ども同士の協同が必要なのでしょう。この問いに対する答えは多様にあります。教師から伝えられた知識について自分たちなりのわかり方をつくりあげるよさも，そのひとつです。

筆者の協同研究者である前田一誠氏（広島大学附属小学校）が「直径10cmの半円の弧と，直径6cmの半円の弧および直径4cmの半円の弧の合計が等しくなる理由を考える」という算数の授業を実践しています。この授業ではAさんが$6×3.14÷2+4×3.14÷2$の答えが$10×3.14÷2$の答えと一致するからという考えを最初に述べました。しかし，前田学級の子どもたちはこの意見を「理由」とは認めません（Aさんもこの発言の後に「理由はわかりません」と言っています）。子どもたちはAさんの意見をほかの考え方と比較しながら最終的に$(a+b)×3.14=a×3.14+b×3.14$という考え方を「理由」として認めました。子どもたちは話し合いのなかで，最終的に提案された式は，個別の状況に制約されず，簡潔で効率的である，といったよさがあることに気づいていきました。

協同による学びは子ども同士の話しあいの質に大きく影響されます。そこで以下では，話の聴き方を育むという観点から教室環境について考えてみましょう。

協同を支える教室環境

(1) 話しあいの過程を見せる板書

ほかの子どもの発言から学ぶためには，「Aさんの考え方はこういう場合にはあてはまらないのでは」「Bさんの考え方と比べると自分はこんなところが足りなかったな」「BさんとCさんの考え方はここが違うな」といったように，結論だけではなく考え方にも注意を向けて話を聴くことが大切になります。

このように，考え方を聴くことを促すツールとして板書を位置づけることが可能ではないでしょうか。たとえば，国語の授業の中で「○○という文章を読んで自分は△△と思った」といった子どもの発言を板書するとします。その際，結論だけでなく，根拠となった文章や，読みの視点などを一緒に記しておきます。

複数の発言をこのように板書していくと，「どの文章が授業のポイントになっているのか」「同じ文章でも異なる立場で読むと異なる解釈ができる」「同じ気持ちを複数の文章から読みとることができる」といった，発言の相違点や話し合いの流れが少しずつみえてきます。話の聴き方や話し合いへの参加の仕方のモデルを板書が示しているともいえます。

授業を子どもの発言から展開していこうとすると，教師の計画どおりにいかないことがよくあります。そのようなときは，授業の流れを受けながら教師も子どもも一緒になって豊かな学びの可能性を探索していかなければなりません。そのような状況では，板書を見ながら話し合

いの過程をふり返ることも可能です。
(2)教師による子どもの発言への応答
　子どもに対する教師のかかわりも，子どもの協同を支える大切な教室環境のひとつです。たとえば，多くの教師が何気なく「Aさんの言いたかったことは○○ということかな？」というような言い換えと確認は，何気ない応答ですが，それによって発言をした子どもが自分の考えをふり返る機会が生み出されています。また，「Bさんの意見とCさんの意見はどこが違っているかな？」と質問するだけでも，子どもたちは複数の意見を比較して聴くことが必要となります。
　このような教師の応答の仕方は，子どもたちの聴き方のモデルになると考えられます。以下に「ああどこかから」という詩を教材とした3年生の授業における班でのやりとりの一部を示します。この時期，学級担任は子どもの発言をていねいに聴くことを心がけていましたが，そんな教師と同様のかかわりを子どもたちのやりとりにもみることができます。

Tさん　（手紙がこないと聞いて）虫たちはたぶんがっかりしたと思います。
Oさん　不安みたいになったってこと？
Tさん　ショック。
Yさん　がっかりして，ショックを受けて，あーあ，ってこと？
Tさん　そのショックを受けて，……
Yさん　心配っていうか，悲しくなったのね。

(3)授業を支える学級の規範
　子どもたちは，「授業」とはどのような営みであり，自分たちはどのように行動すべきであると思っているのでしょう。学級や子どもによってその内容は違っているかもしれません。たとえば，最初に示した前田学級の子どもたちの話し合いの姿からは，この学級における算数の授業を「正しく計算をして，正解をみつける営み」ではなく「日常生活とのつながりの中でよりよい（文脈に制約されない普遍性をもつ）考え方を発見する営み」とする理解が学級の子どもたちに共有されていると推測できます。
　このように授業という営みは多様な暗黙の理解（規範）に支えられており，これも教室環境の一側面と考えることができます。このような理解を構成するひとつの要因が日々の教室でのやりとりです。たとえば，教師のさまざまな応答が規範を伝える暗黙のメッセージとなっていることや，子どもの話し合いの過程を教師がふり返り，意味づけていくことの重要性などが指摘されています。

教室環境の創造と教師の聴く力
　ここで示した教室環境は，教師が子どもの発言を聴く力を基盤として成立しているという共通点をもっています。たとえば，子どもの発言を確認するような教師の応答も，授業の流れやポイントと関係なくひっきりなしに行われたのでは，かえって子どもの主体的な学びを妨害しかねません。子ども同士の協同を支える教室環境の創造を考えるにあたって，まずは教師の話の聴き方を見つめなおす必要があるのではないでしょうか。

第 2 部

ピア・ラーニングを促進する過程

8章

協同による問題解決過程

藤村宣之　橘　春菜

　料理のレシピと異なる人数や容器で料理を作るときに材料の分量はどのように調整するとよいか，得になるように上手な買い物をするにはどの商品を選ぶとよいか，メディアで紹介されたグラフからいかに意味を読み取るか，日常生活には多様な知識を結びつけて考えることでより効果的な判断を可能にする事象が多くあります。学校の授業で学んだ内容を日常の多様な場面で活用するには，どのような学びが有効となるでしょうか。近年のリテラシーに関する国際比較調査の結果からは，日本の子どもは概念的理解を要する非定型的な問題解決に不十分さがあることがうかがえます。概念的理解の中心となる，多様な知識を関連づけて構造化する力，それを表現する力を育てるうえで，仲間との協同的な学びはどのような意味をもつのでしょうか。また，仲間との協同の学びを一人ひとりの学びの深まりに結びつけるにはどのような工夫が効果的なのでしょうか。

　この章では，ペアやグループ，クラス単位の協同による問題解決に焦点をあて，子どもの問題解決のプロセスと成果についての知見を紹介します。そして，協同による問題解決が算数・数学を中心とした教科学習にどのような効果をもつか，考えましょう。

KEY WORDS

協同，問題解決，手続き的知識，概念的理解，学習観，他者の役割，社会的相互作用，認知的葛藤，知識の相互構築，説明活動，学びあい，協調的学習環境，探究学習，教科学習，学力，リテラシー

1節 協同過程と友人の役割

1. 個人による問題解決の特徴：定型的・非定型的問題解決と学習観

　学校教育で獲得した知識やスキルを日常場面で活用する力（リテラシー）を，高校1年生を対象として2000年から3年おきに測ってきている国際比較調査に，OECDによる学習到達度調査（PISA）があります。その結果では，日本の生徒の数学や科学に関するリテラシーの得点は国際的にみて上位にはあるものの，2000年以降，低下傾向がみられてきました。2009年調査では低下傾向に歯止めがかかっていますが，得点は横ばいです（国立教育政策研究所，2010）。以上のような総得点の傾向とは別に，PISAなどの国際比較調査の結果や，2007年度から小中学生を対象に国内で実施されている全国学力・学習状況調査などの結果を，問題解決のプロセスに着目して心理学の視点から分析すると日本の子どもの問題解決の特質がみえてきます。

　まず，日本の子どもは，解法が一つに決まるような定型的な問題に対して，一定の手続きを適用して正答を導いたり，定義や性質などを暗記して，覚えたとおりに再生したり，選択肢から正答を選んだりする課題に対しては，高い正答率を示します。このような定型的問題に対して特定の手続き的知識やスキルを適用して解決する力を，ここでは「できる学力」と表現します。たとえば，PISA2003年調査における「身長」の問題（問1）は，「1980年からみると，20歳の女子の平均身長は2.3cm伸びて，現在170.6cmです。1980年の20歳の女子の平均身長はどのくらいでしたか」という質問で，答えのみを問う問題です（国立教育政策研究所，2004）。この問題に対する日本の生徒の正答率は78％で，OECD平均（67％）を上回っていました。

　一方で，解法や解釈が多様であり，概念的理解を要するような記述形式の問題，すなわちさまざまな知識を関連づけて多様に考えることが可能な非定型的な問題に対して，判断の理由などを自分のことばや図式で説明したりす

ることで解決を導くことに関して，日本の子どもの正答率は国際的にみても高くありません。このような非定型的問題に対して，概念的理解にもとづいて知識を関連づけ，思考プロセスを表現して解決する力を，ここでは「わかる学力」と表現します。たとえば，PISA2003年調査における「身長」の問題（問2）は，ある国の男子と女子の10歳から20歳の平均身長を示した曲線のグラフを提示し，「12歳以降の女子の平均身長の増加の割合が低下していること」がグラフ上にどのように示されているかを説明させる問題です。「グラフのカーブがなだらか（平ら）になっている」，「変化率が減少している」のように答えたり，12歳前後における任意の区間の両端の値を読み取り1年あたりの伸びを実際に計算して比較したりすると正答になります。この問題に対して，日本の生徒の正答率は43％で，OECD平均（45％）と同程度である一方，日本の生徒の無答率は29％と高く，OECD平均（21％）を上回っていました。

　概念的理解を必要とする非定型的問題に対して日本の生徒の無答率が高い傾向はほかの問題にもみられ，その背景には一つの可能性として学習観の問題が推測されます（藤村，2008）。学校や学校外で，手続き的知識の獲得とその適用（できる学力）が過度に重視されると，「正しい解法と答えはただ一つであり，それを暗記し，思い出して書かなければならない」といった「暗記・再生」型の学習観が形成されると考えられます（Schoenfeld, 1985は，これに関連して，生徒が数学に対してもつ信念を指摘しています）。この「暗記・再生」型の学習観をもっていた場合には，以前に学習した手続きを適用して解決できない問題に対しては，解法をあらたに考案しようとしないために，記述形式の問題に対して無答となると考えられます。一方，この「暗記・再生」型の学習観に対立するものとして想定される学習観が，概念的理解や思考のプロセスを重視する学習観です。その学習観は，「解や解法，またそれらの表現方法は多様である。自分自身の知識や他者が示したあらたな情報を活用しながら自由に考えを構成し，そのプロセスを自分のことばや図式で表現して他者と共有することが学習である。そして，そうした知識の構成プロセスを通じて物事の本質を理解することが重要である」と考えるもので，「理解・思考」型の学習観と表現されます。

以上のように，日本の子どもの個人の問題解決には，手続き的知識を適用した定型的問題解決（できる学力）には優れているが，概念的理解にもとづき，多様な知識を関連づけて思考プロセスを表現する非定型的問題解決（わかる学力）には相対的な不十分さがあること，その背景には，「理解・思考」よりも「暗記・再生」を重視する学習観の影響が推察されます。

2. 他者との協同が問題解決に果たす役割

　こうした非定形的な問題解決に取り組む力を育てるうえで，他者との協同は効果的な作用があると考えられます。先行研究では，他者との協同が個人の問題解決に促進的にはたらくことが指摘されてきました（たとえばShirouzuほか，2002）。では，なぜ他者との協同が有効なのでしょうか。協同的問題解決にかかわる諸研究の知見より，他者が個人の問題解決の促進に果たす役割は，以下のように整理することができます。

　第一に，他者が能動的聴取者としての役割を果たす際，他者は自己説明の対象となります。自分自身への説明を行うこと（自己説明）は，問題解決における理解を深めることが示されています（Chiほか，1994）。聞き手となる他者がいることで自己説明が活性化され，説明が精緻化すると考えられます（Okada & Simon, 1997）。また，聞き手が必要とする情報やその場の状況を配慮して，自分の考えを工夫して伝える必要性も認識されやすくなります（Korzenik, 1977）。

　第二に，他者が情報提供者としての役割を果たすとき，個人は他者からあらたな情報や発想を得ることができます。学校の授業では，さまざまな児童・生徒の説明を聞き，学び合う機会があります。たとえば，授業での話し合いは，個人の推論に影響をもたらします（Reznitskayaほか，2001）。その際，説明を行った児童・生徒だけでなく，それを聞いている児童・生徒も個々の思考や表現を精緻にすることがあります（Hatano & Inagaki, 1991；藤村・太田，2002）。他者からの説明を主体的に聞くことで，個人のメタ認知が活性化され，概念的理解が深められると考えられます。

　第三に，他者が知識の協同構築のパートナーとしての役割を果たすこともあります。他者とともに多様な知識を提供し合い，相互に関連づけることで

あらたな知識の枠組みが創出されます。リンとシー（Linn & Hsi, 2000）は，理科の授業で生徒が協同で熱と温度の仕組みについて考える場面で，生徒がほかの生徒の意見を用いて自分の考えを説明し，さらにそれが別の生徒の科学的な説明を促す様子を，発話事例にもとづき検討しています。

　これらのことを通じて，他者との協同は，個人の思考プロセスの表現を促し，多様な知識を関連づけ，統合する過程を導くと考えられます。その過程においては，他者との取り組みでは，多様なとらえ方を意識する機会が増え，問題解決状況を相対化してモニタリングする認知的活動が生じやすくなること，個人での取り組みのときと比べ，多様な視点を調整するために，より抽象的な表象が生じやすくなる（Schwartz, 1995）ことも効果的に作用していると考えられます。

　こうした経験の積み重ねは，「暗記・再生」よりも「理解・思考」を重視する学習観を育てることにつながるとも考えられます。他者との協同過程が，概念的理解にもとづき思考プロセスを表現する非定型的な問題解決への取り組みを促進する可能性について，今後詳細な検討が求められます。

2節　ペアやグループの協同による問題解決

1. どのような相互作用が協同的問題解決を促すか

　仲間との協同での取り組みは，単独での取り組みよりも問題解決を促進することが多くの先行研究によって示されてきました。ここでは，どのような相互作用によって協同が効果的にはたらくかという観点から，ペアやグループでの協同的問題解決の特徴について整理します。

　まず，相互作用のなかで社会認知的葛藤が生じる場合に事後の認知的変化が促進されることがあげられます。異なる認知的方略をとる子どものペアでは，同一の認知的方略をとる子ども同士のペアよりも，社会認知的葛藤が生じやすく，事後テストのレベルが向上することが指摘されています（Mugny & Doise, 1978）。社会認知的葛藤を解決する過程を通じて，個人の内的な均衡化が促されると考えられます。

相互作用における説明活動の効果も指摘されています。大学生を対象に，科学的発見課題を用いて協同過程を検討した結果，仮説を想起したり，その根拠を考察するという仮説の吟味活動や，互いに説明を求め合い，それに応えて説明を生成するという説明活動が問題解決に有効な手続きの発見に結びつくことが示されています（Okada & Simon, 1997）。

課題を遂行する役割とそれをモニターする役割を交替する相互作用を通じて各自の理解が再構築されることも明らかにされています。課題遂行役とモニター役が頻繁に入れ替わる過程で，モニター役はより抽象度の高い視点から課題遂行者の作業を点検するため，さらに進んだ提案ができることが示されています（Miyake, 1986）。

そして，知識を相互に構築する協同過程を通じて，個人の概念的理解が深められることがあげられます。これは，互いに共有された知識に，自分の既有知識を加えて整合化した説明を他者と相互に行い，知識を構築していく協同過程をさします。以下では，この協同での知識構築過程に関する具体的な研究事例を紹介します。

2. 知識の相互構築過程を通じた概念的理解の深まり

協同の成果として，知識の量的増加やパフォーマンスの向上を指標とするだけでなく，児童・生徒の協同を通じた個人の概念的理解過程に焦点をあてて検討した研究はまだ多くはありません。「わかる学力」の中心となる既有知識の再構造化や，ある文脈での学習を日常生活に活用するメカニズムを探究するうえで，他者との協同が個人の概念的理解の深化過程にどのような影響をもたらすかを検討することは重要であると考えられます。

橘・藤村（2010）では，高校生のペアでの協同過程を通じて，個人がどのように概念的理解を深めるかを検討しました。ここでは，概念的理解の深まりを複数の知識を別々に説明する方略から，複数の知識を関連づけて包括的に説明する方略へと問題解決方略が質的に変化することとしてとらえました。こうした質的変化を検討し得る問題として，「1つの正方形を，3本までの線分を用いて4つの合同な図形に分けるにはどのようにすると良いか」という数学的問題をとりあげました。この問題では，典型的な等分方略（た

とえば，正方形の頂点を結び4つの合同な直角二等辺三角形を作る分け方など，個々の分け方を別々に提案する）から，非典型的な等分方略（2本の線分を正方形の中心で直交させた状態を保ち回転させると分け方は無限にあるとし，個々の分け方を包括的に説明する）へと概念的理解を深める過程を検討することができます。

　実験は，事前課題（個別探究），介入課題（協同条件：ペアでの探究，単独条件：個別探究），事後課題（個別探究）の順に実施されました。その結果，協同条件では単独条件よりも事前から事後にかけて解決方略の質的変化（典型的等分方略から非典型的等分方略への変化）が生じやすいことが示唆されました。さらに，協同場面で正方形の分け方に共通する要素（たとえば，「（どの分け方も）2本の線分が90°で交わる」「線分が正方形の中心を通る」等）を複数あげ，それらを関連づけて説明する人ほど方略の質的変化が生じやすいことが示されました。

　さらに，方略変化の促進をめざして，介入課題において，分け方の共通要素を複数提案する過程と，共通要素を関連づける認知過程とを段階的に活性化する段階的教示を行いました。その結果，段階的教示のもとでは，方略の質的変化がより生じやすく，とくに協同条件でその促進効果が顕著であることが示されました。そして，方略の質的変化が生じる協同過程では，ペアで相互に知識を構築する協同過程がみられることが示されました。すなわち，ペアの一方が説明するだけでなく，互いに共有した内容に一方が知識を付加してより整合的に説明する，さらに他方もその説明に考えを付加して整合的にするといった，相互に説明を構築し，高次化する過程が認められました。

　これらのことから，理解の深まりとしての方略の質的変化の過程には，複数の多様な知識を抽出し，それらの知識を包括的に関連づける過程があり，協同場面でこれらにもとづく段階的な問いを設定することで，知識の相互構築過程を促し，個々の理解を深める可能性が示されました。

　以上のことは，算数・数学を中心とした教科学習における協同的実践で，問題解決の認知過程を考慮した段階的な問いの設定の有効性を示すものと考えられます。たとえば，個人で考える時間を設定し，班や隣同士で意見を出し合う段階，それらの意見の共通点を多く見出す段階，意見の共通点をさら

に関連づける段階等が想定されます。このような段階的な問いが設定されることで，児童・生徒は取り組みにおける下位目標を設定しやすくなり，協同での取り組み場面での議論が焦点化され，知識を相互構築する協同過程を生起させやすくなると考えられます。それにより，協同を通じた個人の理解の深まりを促す可能性が考えられます。

3節 クラス単位の協同による問題解決と，これからの算数・数学の授業

1. 国際比較にみる日本の算数・数学授業の特徴

1節でみたように，日本の子どもの手続き的知識・スキルの適用（できる学力）の水準が，概念的理解や思考プロセスの表現（わかる学力）の水準に比べて相対的に高いことから，日本の授業は教師による一斉指導が中心に思われるかもしれませんが，国際比較研究の結果をみると，その様相は異なっています。

日本の教育，とくに小学校の算数教育などでは，多様な解法が想定される問題を提示し，それに対して一人ひとりが個別解決を行った後，集団討論を行って解法を「練りあげる」という授業が以前より実施され，そのような問題解決型の学習は，授業過程の国際比較研究において日本の授業の特徴であることが指摘されてきました（Stevenson, 1995など）。中学校の数学についても，第3回国際数学・理科教育調査（TIMSS）の付帯調査「ビデオテープ授業研究」の研究対象となった3か国（日本，アメリカ合衆国，ドイツ）の間で顕著な差異がみられたデータ（中学校2年生の数学授業の記録）が検討された結果，日本の授業の特徴として，生徒による問題解決を中心に据えた授業展開の構造，その過程での複数の解法の提示などが指摘されています（清水，2002）。

また，授業のディスコース（発話のやりとり）を通じて子どもの意見を評価する基準がどのように教授され，学習されるかを日米で比較した研究（Inagakiほか，1999）では，日本6学級，アメリカ合衆国7学級の小学校

5年生の分数の授業がビデオ録画されて分析されました。その結果，アメリカの教師は児童の意見に対して直接評価を行うことで評価基準をじかに教えることが多いのに対し，日本の授業では児童はクラスに対して意見を発表したり他者の意見を評価したりすることを促されることが多く，評価基準が間接的に教授されていました。また，アメリカの教師は個人に向けてフィードバックを行うことが多いのに対し，日本の教師は集団全体に対してフィードバックを行うことが多いという特徴もみられました。

それでは，以上のように日本では一つの問題についての解法などをクラス全体で協同で検討するような問題解決型の学習がみられるにもかかわらず，どうして日本の子どもの「わかる学力」（概念的理解や思考プロセスの表現）の水準は国際的にみて高くなく，また理科や数学といった教科に対する関心が国際平均に比べて低いのでしょうか。

その理由としては，第一に，クラス集団での協同解決で扱われている問題が多くの子どもにとって難しく，その解法の検討が一部の子どもと教師の間でのみ行われている可能性が推測されます。自分ではまったくアプローチできないような問題について他者の解法が示されても，自他の知識が関連づけられず，その解法の手続きの模倣にとどまることが予想されます。第二に，協同場面での解決が個人の理解の深化に結びついていないことが推測されます。クラスで多様な解法が発表されても，解法の正誤や優劣が問題とされたり，一つの正しく最適な解法の手続きの「練習」に授業が収束したりすると，結局，一定の手続き的知識・スキルの獲得という「できる学力」の育成に向かうのではないかと予想されます。第三に，クラス集団での協同解決の場面が単元の導入時などにかぎられていることが推測されます。導入場面で多様な考えが検討されても，それ以降の時間がスキル練習が中心になると，子どもの「できる学力」は高まっても「わかる学力」は高まらないのではないかと考えられます。

第一，第二の問題を解決するには，クラスの多数の子どもが多様な既有知識を活用して解法を個別に探究し，何らかの形で正解を導けるような導入問題の設定が必要でしょう。また多様な解法の比較検討の場面では，解法間にどのような関連性があるのかを協同で探究することが重要であると考えられ

ます。さらに，クラス場面での多様な解法を関連づける協同探究の直後に一人ひとりの子どもが解法を自分で選択・統合し，本質的理解を深める機会としての展開問題を実施し，再度，個別探究を行わせることも有効ではないかと考えられます。そして，第三の問題の解決には，以上の学習方法の継続的な実施が有効であり，それが「わかる学力」の育成のみならず，「理解・思考」型の学習観の形成にもつながると考えられます。

2. 概念的理解を深めるには：協同と探究の重要性

　日本の子どもに弱さのみられる「わかる学力」，すなわち概念的理解や思考プロセスの表現の中心は，子どもがもつ多様な既有知識とあらたな知識を関連づけて構造化することです。したがって，概念的理解を促進するためには，子ども自身が探究を通じて多様な知識を関連づけること（個別探究）や，他者と協同することで自分や他者のもつ多様な既有知識を活用して関連づけること（協同探究）が有効と考えられます。またそのようなプロセスを経験することや，そのような学習経験が理解の促進に有効であることを自覚することを通じて，「暗記・適用」型の学習観から「理解・思考」型の学習観への変容がはかられるのではないかと推測されます。

　以上に示した背景や，2節で紹介したペアやグループの協同による問題解決の研究の知見などを生かして，個別探究過程と協同探究過程を重視した学習方法が考案され，「協同的探究学習（Collaborative Inquiry Learning）」と名づけられて，小学校，中学校，高校の教員と協同で学習方法の開発と検証が進められてきています（藤村，2012を参照）。協同的探究学習は，個別探究にもとづきクラス全体での協同探究へと進むスタイルの点では，従来の問題解決型の学習と共通点があります。一方で，協同的探究学習が従来の問題解決型の学習と異なる点は，以下の3点に整理されます。第一に，多数の生徒が既有知識を活用して解決可能な課題，すなわち，多様な解法や表現が可能な課題を限定して実施すること（既有知識活用型教材構成）です。第二に，自身の思考プロセス，とくに判断の理由づけなどを自己説明するための個別探究の時間をクラスでの集団討論の前だけでなく集団討論の直後に確保すること（継続的な個別探究の組織）です。そして，第三に，クラス全員で

多様な考えを比較検討し，自分の考えと他者の考え，あるいは他者の考えどうしを関連づけることを重視していること（協同探究における関連づけの重視）になります。

3. 協同の学びのプロセスと個の学びの深まり：協同的探究学習による授業の効果

小学校算数における協同的探究学習による授業から，協同の学びとそれを通じた個の学びの深まりのプロセスをみてみましょう（藤村・太田，2002）。小学校高学年の単位あたり量の導入に際して，一般に教科書では公園などの混み具合を比較する場面を用いて，①面積が共通，②人数が共通，③面積も人数も異なる，の順で三段階に問題が提示され，人数÷面積で混み具合が判断できることが説明されます。①②と比べて③が急に難しくなり，多くの子どもにとって既有の倍数操作方略（倍や半分に依拠した方略）を反映しにくい展開となっている点に課題があります。そこで，協同的探究学習による授業では，多くの子どもに既有の倍数操作方略でも，またあらたに獲得する単位あたり方略（人数÷面積など）でも解決可能な問題（200m^{2}に15人いるプールと400m^{2}に45人いるプールの混み具合の比較）を導入問題として設定しました（既有知識活用型教材構成）。そして，子どもの多様な方略を授業場面で発表させて，その方略間の関係について議論させ（関連づけを重視した協同探究），さらに，単位あたり方略を利用することで解決可能な展開問題を個別に実施しました（継続的な個別探究）。

協同的探究学習による実際の授業では導入問題に対して倍数操作方略と単位あたり方略をそれぞれ2人の子どもが発表し，その違いや共通点などについてクラスで討論がなされました。解法の発表・検討場面について，通常の問題解決型学習による授業との間で発話が比較された結果，発言数，発言者数ともに，協同的探究学習による授業のほうが多く，また，ふだんの授業ではあまり発言しないような多数派の児童がさかんに発言するという特徴がみられました。さらに，授業の翌日に単位あたり量に関する深い概念的理解を測る事後テストを行った結果，授業後の混み具合の理解度は，協同的探究学習による授業のほうが通常の三段階型の問題解決型学習による授業に比べて

高いことが明らかになりました。

　それでは仲間と協同で学習する授業を通じて一人ひとりの子どもはどのように「わかる学力」（概念的理解）を高めていったのでしょうか。導入問題と展開問題において子どもがワークシートに記入した内容，授業での発言の有無をもとに，概念的理解の深化の道すじを問題解決方略の変化として示したのが図8-1です。導入問題では70％（27名中19名）の児童が，既有の方略である倍数操作方略を用いて課題を解決し，あらたな方略である単位あたり方略を用いたのは11％（27名中3名）の児童でした。クラスでの討論直後に実施された展開問題では，既有の倍数操作方略では解決できないために，討論時に一部の児童が示した単位あたり方略を78％（27名中21名）の児童が用いていました。

　展開問題に対する解決方略（単位あたり方略）のワークシートへの表現の仕方は2通りに分かれました。1つは「一人あたりの面積を求める」など計算の目的を書いた後に単位あたりの計算を行い，判断の理由と答えを書くタイプ（意味理解型）であり，もう1つは計算の式と答えのみを書くタイプ（手続き適用型）です。前者は他者の示した解法の意味に着目し，課題の目

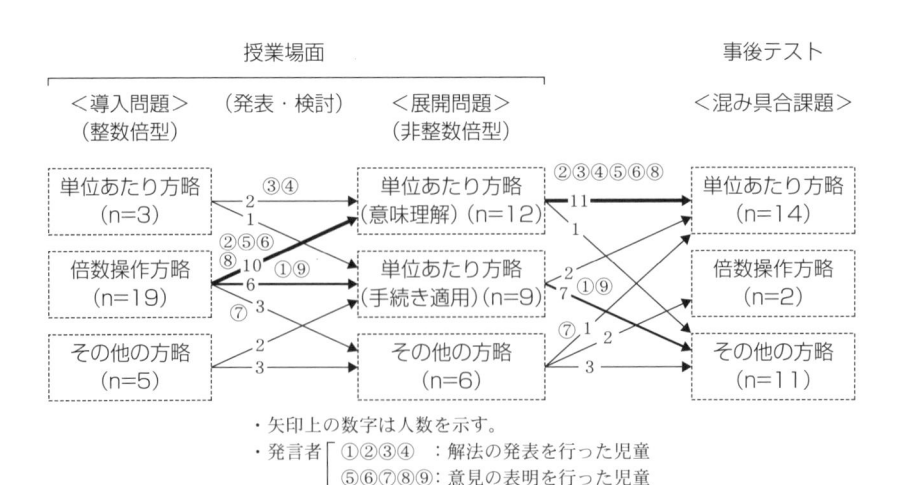

図8-1　協同的探究学習を通じた概念的理解の深化プロセス：授業時の発言，他者の方略の利用タイプと個人内変化との関連（藤村・太田，2002より作成）

的に応じて自分のことばで言い換えて解法を構成しているのに対し，後者は解法の手続き的側面（大きな数値を小さな数値で割るなど）に着目していると考えられます。混み具合についての深い理解を測る事後テストでは，授業時に意味理解型であった児童は単位あたり方略を用いて正答する者が多く，手続き適用型であった児童には単位あたり計算を試みても比較判断の時点で誤りとなるタイプなどが多くみられました（図8-1参照）。さらに意味理解型の児童は速度や濃度といった未習の内容についても手続き適用型の児童よりも概念的理解を深めていました。これらの結果は，討論場面で他者の考えに触れたとしても，その利用の仕方によって授業後の概念的理解が異なることを示しています。

授業時の討論場面での発言の有無に関しては，授業後の混み具合課題に正答した者の割合は発言者が非発言者に比べてやや高かったものの，速度や濃度については非発言者も発言者と同様に理解を深化させていました。このことは，授業で発言しない者のなかにも内的には討論に主体的に参加し，自己内対話を通じて自身の理解を深めている者がいることを示しています。

4. よりよい協同とは：個の学びの深まりのために

以上の研究をまとめると，個の学びの深まりにつながるような，仲間とのよりよい協同について次のようなことがいえるでしょう。まず，多くの子ども一人ひとりが，自分なりのアプローチで多様に解決できる導入問題を設定することが出発点になります。次に，一人ひとりの子どもがその問題について個別に探究する時間を保障した後で，仲間との協同場面を組織します。そこでは，個別探究を通じて一人ひとりが考案したアイデアを関連づけることを重視します。先ほどの個別探究が十分にできていれば，この協同場面において発言しない子どもの場合も討論過程において自己内対話が成立すると考えられます。そして，再度，展開問題のような問題を設定して個別探究を行わせることにより，クラス全体としての協同場面における理解の深まり（協同の学び）が，一人ひとりの理解の深まり（個の学び）につながると考えられます。

---本章のポイント---

1. 個人の概念的理解にもとづく非定型的な問題解決（わかる学力の育成）を促すうえで，他者との協同を通じて多様な知識を関連づけることが有効である。
2. ペアやグループの協同的問題解決に有効な相互作用の特徴として，社会認知的葛藤の生起，説明活動の活性化，課題遂行役とモニター役の役割交替，知識の相互構築過程の生起などがある。
3. 日本の算数や数学の授業において，児童・生徒の多様な既有知識を活用した教材の構成，継続的な個別探究過程，多様な考えを関連づける協同探究過程の3点を重視した学習方法を組織することで，個人の概念的理解の深まりや思考プロセスの表現の向上が期待される。

---理解を深めるために---

『数学的・科学的リテラシーの心理学――子どもの学力はどう高まるか』藤村宣之 2012年 有斐閣
『教育と学びの心理学――基礎力のある教師になるために』速水敏彦（編）2013年 名古屋大学出版会
『認知発達を探る――問題解決者としての子ども』A. F. ガートン，丸野俊一・加藤和生（監訳）2008年 北大路書房

引用文献

Chi, M. T. H., de Leeuw, N., Chiu, M. H., & LaVancher, C. (1994). Eliciting self-explanations improves understanding. *Cognitive Science*, **18**, 439-477.
藤村宣之・太田慶司（2002）．算数授業は児童の方略をどのように変化させるか――数学的概念に関する方略変化のプロセス．教育心理学研究，**50**，33-42.
藤村宣之（2008）．知識の獲得・利用とメタ認知．三宮真智子（編）メタ認知――学習力を支える高次認知機能．北大路書房．pp. 39-54.
藤村宣之（2012）．数学的・科学的リテラシーの心理学――子どもの学力はどう高まるか．有斐閣．

Hatano, G., & Inagaki, K. (1991). Sharing cognition through collective comprehension activity. In L. B. Resnick, J. M. Levine, & S. D. Teasly (Eds.), *Perspectives on socially shared cognition.* Washington, D. C.: American Psychological Association. pp. 331-348.

Inagaki, K., Morita, E., & Hatano, G. (1999). Teaching-learning of evaluative criteria for mathematical arguments through classroom discourse: A cross-national study. *Mathematical Teaching and Learning*, **1**, 93-111.

国立教育政策研究所（編）(2004). 生きるための知識と技能2　OECD生徒の学習到達度調査（PISA）2003年調査国際結果報告書. ぎょうせい.

国立教育政策研究所（編）(2010). 生きるための知識と技能4　OECD生徒の学習到達度調査（PISA）2009年調査国際結果報告書. ぎょうせい.

Korzenik, D. (1977). Saying it with pictures. In N. D. Perkins & B. Leondar (Eds.), *The arts and cognition.* Baltimore: Johns Hopkins University Press. pp. 192-207.

Linn, M. C., & Hsi, S. (2000). *Computers, teachers, peers: Science learning partners.* Mahwah, New Jersey: Lawrence Erlbaum Associates.

Miyake, N. (1986). Constructive interaction and the iterative process of understanding. *Cognitive Science*, **10**, 151-177.

Mugny, G., & Doise, W. (1978). Socio-cognitive conflict and structure of individual and collective performances. *Journal of Social Psychology*, **8**, 181-192.

Okada, T., & Simon, H. A. (1997). Collaborative discovery in a scientific domain. *Cognitive Science*, **21**, 109-146.

Reznitskaya, A., Anderson, R. C., McNurlen, B., Nguyen-Jahiel, K., Archodidou, A., & Kim, So-young. (2001). Influence of oral discussion on written argument. *Discourse Processes*, **32**, 155-175.

Schoenfeld, A. H. (1985). *Mathematical problem solving.* New York: Academic Press.

Schwartz, D. L. (1995). The emergence of abstract representations in dyad problem solving. *The Journal of the Learning Sciences*, **4**, 321-354.

清水美憲（2002）. 国際比較を通してみる日本の数学科授業の特徴と授業研究の課題──TIMSSビデオテープ授業研究の知見の検討. 日本数学教育学会誌（数学教育）, **84**, 2-10.

Shirouzu, H., Miyake, N., & Masukawa, H. (2002). Cognitively active externalization for situated reflection. *Cognitive Science*, **26**, 469-501.

Stevenson, H. W. (1995). Mathematics achievement of American students: First in the world by the year 2000? In C. A. Nelson (Ed.), *Minnesota symposia on child psychology: Vol. 28. Basic and applied perspectives on learning, cognition, and development.* Mahwah, New Jersey: Lawrence Erlbaum Associates. pp. 131-149.

橘　春菜・藤村宣之（2010）．高校生のペアでの協同解決を通じた知識統合過程――知識を相互構築する相手としての他者の役割に着目して．教育心理学研究, **58**, 1-11.

9章

ピアを介した概念変化のプロセス

高垣マユミ

　本章では,「概念変化」をテーマとしてとりあげるため,章のはじめに,概念変化について定義します。

　概念変化とは,「既存の知識体系の大規模な再構造化」のことを意味しますが,概念変化の形態は,変化が自発的に生じるものか,教授によって引き起こされるものかによって2つに大別されています。

　①自発的に生じる概念変化：生活世界の中で子どもが経験を積むことによってゆっくりと漸次的に生じる,いわば局所的でボトムアップ的な変化(たとえば,地球の形に対する考え方は,水平から球形へと徐々に変化していく〈Vosniadou & Kyriakopoulou, 2006〉)。

　②教授にもとづく概念変化：学習者自身が概念的知識の不十分さを自覚し,認知的葛藤を引き起こすことによって急進的に生じる,いわば目標志向的でトップダウン的な変化。社会的・教育的要因が促進効果をもつ学童期以降に,有効な教授法を取り入れ,体系的な骨の折れる過程を経て達成される(たとえば,ニュートン力学に橋渡し方略の教授法を取り入れ,力の作用・反作用の働きを理解させる〈Clement, 2000〉)。

　なお,本章では,後者に焦点をあてた研究をとりあげていきます。

KEY WORDS

認知的／社会的文脈を統合した学習環境,参加者の構造,足場づくり,IRE談話から科学的談話への転換,教室談話の質的分析,ピアを介した概念変化のプロセス分析,相互作用のある対話(トランザクティブディスカッション),仮説検証型討論,GIsML

本章では，「ピアを介した概念変化のプロセス」を概説するにあたり，まずは1節・2節において，これまでにどのような背景にもとづきながら研究が行われてきたのか，その理論的前提を整理しながら展望を行います。次に，それらの理論をふまえ，3節においては，いかに実際の教育実践場面における理科授業へ適用するかという観点から，いくつかの実践事例を紹介していきます。

1節 ピアを介した概念変化を促す教授デザイン

1. 教授デザインの条件

　科学教育に関する心理学的研究を支えるもっとも基本的な研究動向は，以下の2つの流れに要約できます。1つ目の流れは，20世紀半ばからの情報処理アプローチによって，個人の頭の中に閉じられた形での表象や知識構造の解明，いわば「認知的文脈」に焦点をあてた知見が蓄積されてきました。2つ目の流れは，20世紀後半からの社会文化的アプローチによって，教室の問題状況場面においては，他者とどのようにコミュニケーションをとりながら問題を解決していくのか，といった「社会的文脈」に焦点があてられ，これまで暗黙の前提となっていた知のあり方が問い直されてきました。

　現時点において，認知的文脈，社会的文脈のもとでの理解過程がどのような役割を担うのかに関して，稲垣・波多野（2005）は，「社会的文脈」における集団討論を含む社会的交渉活動において，多様な異なる視点が提供され不整合な情報に晒されるという経験は，「概念的くさび」として働き，「認知的文脈」における個人内の主観的な「真理値（どれだけ強く真理であると信じられているか）」を揺さぶり，既存の知識体系における不一致や協調欠如の認識を生み出す源になり，可能な解決法の情報源ともなり得るため，個人内の概念変化に寄与する，ということを指摘しています。

　すなわち，概念変化は，個人的な経験にもとづくものですが，多くの場合，その経験は社会や文化において共有されているものであることから，人間の認知は個人に閉じたものではなく，認知的／社会的に価値ある文脈に根

本的な成立基盤をもちます。本来、この2つの文脈は、個別独自の関係ではなく相互補完の関係にあるべきものといえるのです。これまではそれぞれの文脈が二分法的に個別に論じられ、それぞれに独自な学習環境がデザインされてきていましたが、今後重要となる課題は、「認知的／社会的文脈を統合する」という理論的想定を検討することになるでしょう。

近年、わが国においても、「認知的／社会的文脈」を統合した視点から、教授法の具体的な提案がなされ始めています。筆者の一連の研究（研究成果は高垣、2009にまとめられている）では、個々の教科・単元のカリキュラムの特殊性、学習者の領域固有の先行概念、発達段階などを考慮した「認知的文脈」のもとでの教授方略を、協同的探求活動を促す教師の足場づくり、他者とのインタラクション（相互作用）、参加者の構造による機能的分化などを考慮した「社会的文脈」のもとでの学習環境と統合して枠組みを広げ、「認知的／社会的文脈を統合した学習環境」をデザインし、その学習環境下における理解過程の詳細な分析が試みられています。実践事例については、3節で具体的に紹介していきます。

2. 協同学習における参加者の構造

社会的文脈から協同学習をとらえた場合、科学的探究活動を促す学習環境には、「参加者の構造」における役割の分化が密接に関係することが示されています。この点に関して、参加者の構造における多様な相互作用状況が集約的にモデル化されています（図9-1：Granott, 1993）。このモデルは、2つの変数から成り（水平次元：ペアを組むメンバー間の協同性の程度＝低・中・高、垂直次元：認知的熟達度の程度＝同程度・多少の開き・明確な上下関係）、異なる領域、文脈、年齢、知識水準にも適用できる包括的なモデルです。たとえば、協同性がもっとも高いゾーンにおいては、「参加者が共通の操作目標をもって同一の課題に働きかけている」という点では共通しているが、認知的熟達度の程度の違いに応じて、「足場づくり（scaffolding）」、「非対称的な協同（asymmetric collaboration）」、「互恵的な協同（mutual collaboration）」というように、学習する主体のリーダーシップやイニシアチブのとり方が異なっています。また、このモデルは、知識が同等の参加者

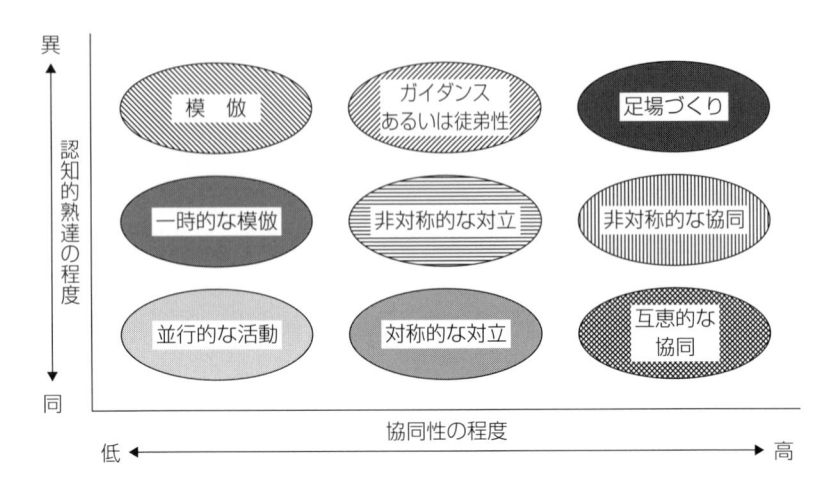

図9-1 社会的相互作用における学習状況 (Granott, 1993)

同士の相互作用状況にあっても，メンバー間の協同性の程度によっては，「並行的な活動 (parallel activity)」，「対称的な対立 (symmetric counterpart)」，「互恵的な協同 (mutual collaboration)」と変化していく可能性を示唆しています。

3. 協同学習における足場づくり

「足場づくり」とは，ヴィゴツキー (Vygotsky, L. S.) の発達の最近接領域の概念にもとづき，子どもが独力では遂行できない問題を解決しようとしている状況において，大人（親や教師）が一対一で適切な足場をかけてあげることで，自分で目標に到達できるようにサポートすることを示す概念です。具体的には，課題に対する見通しや目的意識をもたせる，課題に対する動機づけや活動を方向づける，進行とともに課題の遂行状況を示し目標とのズレを明確化する，などの足場をかけます。

学び手の共同体においては，足場づくりの概念を含む「互恵的学習 (reciprocal teaching)」が開発されています。互恵的学習とは，生徒と教師が共通の課題を成しとげていくなかで，学習方略の洗練に対して責任を共有しながらオンゴーイングにかかわっていく，対話による学習です。本来は，

熟達者の個人内（＝intramental）で行われる処理を，生徒たちの個人間（＝intermental）の役割として外化し，教師から適宜援助やフィードバックを受けながら生徒間でやりとりを行わせます。具体的には，読解力をつけるために，熟達者がとる学習方略である「質問する（文脈についてわからないところを質問することから議論を始める）」，「要約する（内容の骨子を確認しながら読み進めていく）」，「明瞭化する（概念や語句などについて間違った理解をしていた場合，意味を認識し直す）」，「予測する（手がかりをもとにしながら後続の文章の予測を立てる）」を，役割を交代しながら相互に教え合う互恵的学習を実施します。互恵的学習の実証的研究が積み重ねられた結果，読解成績の向上とその持続的な効果は，広範な年齢層の子どもたち，あるいは学力不振児や学習能力に障害のある子どもたちに対しても，広く適用することが実証的に確認されています（Palincsarほか, 1993）。

2節　ピアを介した概念変化のプロセスの分析

1. IRE談話から科学的談話へ

　1節でみてきたように，いくつかの実証的研究で協同学習の効果が模索されつつありますが，科学教育の授業場面で概念変化を促し，科学的概念が協同構築されていく背景には，どのようなメカニズムが働いているのでしょうか。この解明については，「IRE談話から科学的談話への転換」が有力な仮説になると思われます。

　従来，典型的な教室の学習において，教師－生徒間にしばしばみられる談話の構造は，I-R-Eシークエンス（Mehan, 1979）として構造化されてきました。これは，答えを知っている教師が生徒に発問や質問をし（initiation），それに生徒が返答し（response），教師がその返答を評価する（evaluation）というシークエンスを示すものであり，教師から生徒への知識伝達型の授業に特有の談話構造といえます。ただし，このI-R-Eシークエンスの談話構造は，生徒の発話（response）に対して，ほかの生徒が質問したり，評価したり，自らの考えを提示したりするという，いわゆる友人を介した生徒同士

の話し合いの可能性が閉ざされてしまうクローズド・システムといえます。

こうした教室談話の問題を鑑み，近年，特権化されたクローズド・システムとしてのIRE談話の構造を，対話的・創造的なオープン・システムとしての科学的談話の構造へととらえ直そうとする取り組みがなされています。科学的談話の実証的研究に取り組んだ研究としては，科学的談話において，生徒たちが協同で問題を中心に据えた「知識の不足・問いの創出・説明構築」といった友人を介した説明的構築活動に従事することが，個人内／個人間の認知的葛藤を引き起こし，概念変化を促す重要な役割を果たすことが実証的に示されています（Chan, 1996）。また，科学的談話は，あらゆる観察可能な現象を説明し得る理論の構築という最終目標に向かって，徹底的に考えるという知的営みの中で行われる際に生成され，そうしたプロセスにおいては，実証性・一貫性・妥当性等の視点から論証が繰り返し行われていることが確認されています（Brewerほか，2000）。

2. 教室談話の構造分析

近年，科学教育の領域では，豊かな社会的相互作用をともなう「アーギュメントの実践」を重要なものとみなす，研究の対象にする顕著な動きをみることができます（例として，AAAS, 2001；文部科学省，2008）。こうした立場では，①「科学する（doing science）」こととは，科学的知識やスキルを獲得することではなく，友人を介して科学を語らせ，科学的談話のプロセスに参加させる，②アーギュメントを通して科学者のような意志決定をさせ，科学的探求活動の意味を協同的な営みとして理解させることに科学教育の意義がある，というアーギュメントの実践の学習観を共有しています。

教室という時間と空間を共有する場において，学習は，友人を介してアーギュメントの実践を行うなかで可視的になります。友人を介して展開されている「アーギュメントの実践」に参加していく過程では，いかに科学的談話が促進され，科学的理解が協同構築されていくのでしょうか。本節では，ここ数年間の教室におけるアーギュメントの実践に主眼を置いた研究をとりあげ，これらの研究を以下の2つのタイプに区別します。1つは，アーギュメントの構造を吟味する研究であり，もう1つは，アーギュメントの質を吟味

する研究です。前者については本項で，後者については次項で述べたいと思います。

まず，第一のタイプに属する研究においては，アーギュメントの様相を可視化し，構造化するための判断基準として，アーギュメントの6つの要素（Toulmin,1958）を部分的に採用しているものが多く見受けられます（福澤，2002）。

①主張（claim）：結論として述べたいこと。
②データ（data）：主張の正しさを支える実証可能な根拠となる対象または事実。
③論拠（warrant）：データがなぜ主張の根拠となりうるかを示す理由づけ。
④裏づけ（backing）：論拠の妥当性を支持するための一般的な法則や原理。
⑤限定語（qualifier）：主張がどの程度の確率で真といえるかの蓋然性の程度。
⑥反証（rebuttal）：論拠の効力に関する保留条件および適用範囲を特定するもの。

こうした主張，データ，論拠などのアーギュメントの機能的な「修辞的手段」を，認知的スキーマとして獲得することによって，個人内の既有の知識と提示されたあらたな情報との間で効率的かつ合理的に吟味・検討が行われ，アーギュメントを構造化することが可能となります。

3. 教室談話の質的分析

前項で紹介した研究は，アーギュメントで導出された構造のアウトプットに焦点があてられ，アーギュメント構造を支える個人間対話の質がどのように変化したのか，という動的なプロセスを説明しようとするものではありません。一方，本項で紹介する第二のタイプに属する研究では，個人間で展開されるアーギュメントは，静的なものではなく常に変化しており，アーギュメントの質が洗練されていくプロセスは，友人を介した質疑や説明のやりとりのダイナミックな相互規制が働く動的なものとしてとらえられます。

このタイプの教室談話の質的研究の中では，友人を介した概念変化を促すような「相互作用のある対話（Transactive Discussion；TD）」の質的分析

が，知識の協同構成場面における相互作用の状況を解明する重要な手掛かりになることが注目されています。TD がどれだけ生じたかに焦点をあて，その方向性や状況の分析が詳細に行われます。

たとえば，同性ペア（大学生）の道徳課題の討論における TD の質的分析を行った研究（Berkowitz & Gibbs, 1983）では，二者によって知識が協同的につくりあげられていく議論の方向性や認知的変化などの相互作用状況を浮き彫りにすることができ，討論過程における概念変化を引き起こす重要な要因は，他者の考えを引き出したり単に表象したりする「表象的トランザクション（representational transaction）；正当化の要請，言い換え，併置等」ではなく，互いの考えを変形させたり認知的に操作したりする「操作的トランザクション（operational transaction）；拡張，比較的批判，精緻化，統合等」の対話の生成であることが見出されています（表 9-1）。TD を用いた発話分析の実践事例については，3 節で具体的に紹介していきます。

表 9-1　カテゴリの分類基準（Berkowitz & Simmons, 2003）

	カテゴリ	分類基準
表象的トランザクション	1-(a) 課題の提示	話し合いのテーマや論点を提示する
	1-(b) フィードバックの要請	提示された課題や発話内容に対して，コメントを求める
	1-(c) 正当化の要請	主張内容に対して，正当化する理由を求める
	1-(d) 主張	自分の意見や解釈を提示する
	1-(e) 言い換え	自己の主張や他者の主張と，同じ内容を繰り返して述べる
操作的トランザクション	2-(a) 拡張	自己の主張や他者の主張に，別の内容をつけ加えて述べる
	2-(b) 矛盾	他者の主張の矛盾点を，根拠を明らかにしながら指摘する
	2-(c) 比較的批判	自己の主張が他者の示した主張と相容れない理由を述べながら，反論する
	2-(d) 精緻化	自己の主張や他者の主張に，あらたな根拠をつけ加えて説明し直す
	2-(e) 統合	自己の主張や他者の主張を理解し，共通基盤の観点から説明し直す

3節 理科授業の実践への適用

1. 仮説検討型討論における概念変化のプロセス

　高垣・中島（2004）は，仮説検討型討論の理論的枠組みを，小学校理科「力の作用・反作用」の協同学習に適用し，TD の質的分析（Berkowitz & Gibbs, 1983）に依拠して授業分析を行っています（表 9-1）。バーコヴィッツら（Berkowitz ほか, 1987）は，男女のペア（6 歳～20 歳）における道徳的ジレンマ課題の討論過程にもとづき，「振り子型モデル（oscillating model）」（図 9-2）を提示していますが，このモデルでは，友人を介した相互作用のスタイルは議論の段階が進むにつれ，①単一の理由づけ，②関連づけ，③反証，④分析の共有と，「自立・個別的」対「結合・統合的」の二項対立的なスタイル間を螺旋を描きながらシフトしていき，最終的に理想的な談話に到達することが示されています。「展開された理科授業」（図 9-3）では，①《スタイル 1》：対話者間の相互に関連しない単一の理由を述べる。

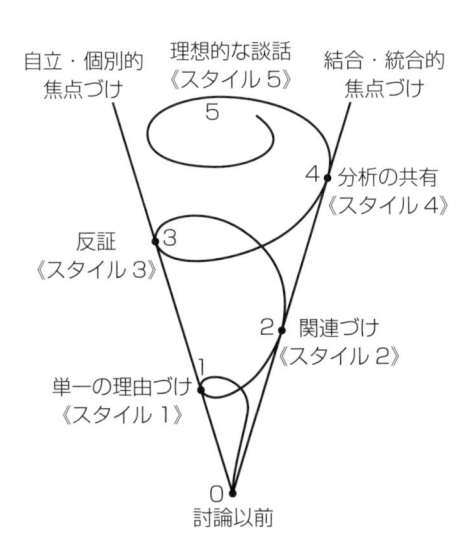

図 9-2　振り子モデル（Berkowitz ほか, 1987）

②《スタイル 2》：自己の主張と他者の主張を関連づける。③《スタイル3》：自己の主張が他者の示した主張と相容れない理由を述べながら，反証する（〈事例〉シゲの解釈「力は単独で存在する」(㊹, ㊼）と，タケの解釈「力は物体間で相互に作用し合う」(㊸, (51), (52)）との根本的な対立点が明らかにされる)。④《スタイル 4》：互いの主張を理解し，共通基盤の観点から説明し直す（〈事例〉前時の VTR 教材による学習内容を想起し（既有知識)，それにあらたな根拠をつけ加えて精緻化する（(54), (56), (57)），乖離している「力は単独で存在する」と「力は物体間で作用し合う」という解釈を力の相互作用性の観点から統合する（(59))，という《スタイル 1》～《スタイル 4》の二項対立的な相互作用間の組織的な変化を経て，知識の協同的な構成が成立していきました。このように，知識の協同的な構成を考える際には，「個別的」対「統合的」の二項対立的な相互作用のスタイル間の組織的な変化が重要であることを示した高垣・中島（2004）の結果は，教室の協同学習を考慮するうえで重要な示唆を与えるものです。

2. GIsML における概念変化のプロセス

高垣ら (2006) は，GIsML (Guided Inquiry supporting Multiple Literacies; Palincsar ほか，2000；図 9-4）の理論的枠組みを，小学校理科「振り子」の協同学習に適用し，説明活動の質的分析を行っています（表 9-2)。

適用した GIsML の学習形態は，以下の①～④のプロセスをふみます。

①探究：新しい課題や現象に直面したとき，小グループにおいて何度も実験・観察の経験を繰り返して慣れ親しみ，課題や現象に対する理解を深めたうえで，予測を生成する。

②調査：小グループにおいて，予測を検証するために必要な器具・用具が集められ，実験・観察のデータが収集，記録される。

③説明：課題や現象に対する調査結果を小グループで議論し，互いの多様な考えを取り入れながら，理論を構築する。

④報告：小グループで得られたデータやアイデアを，クラス全体の公の議論の場において，文書・描画・グラフ・表・モデルなどの多様な方法を用いて，口頭，描画化，図式化などによって説明し，理論を再構築する。

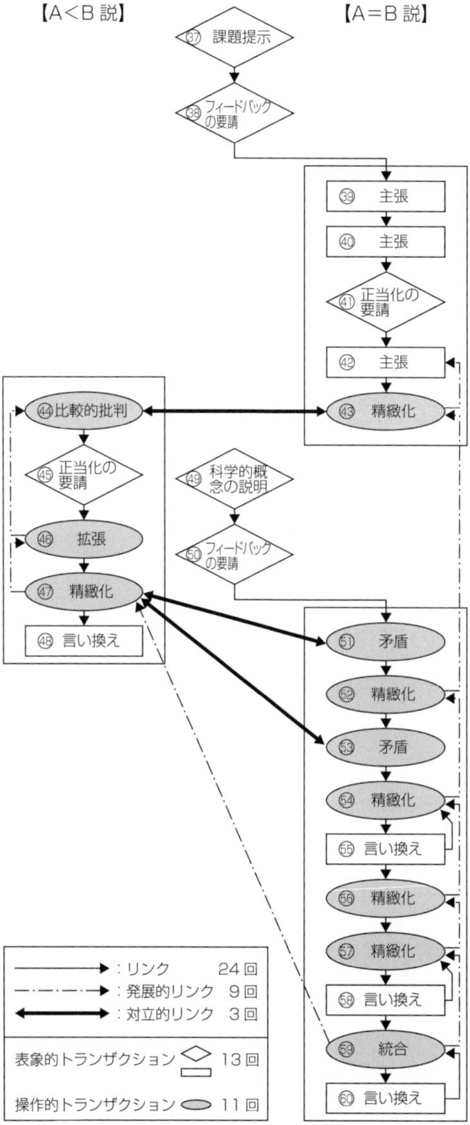

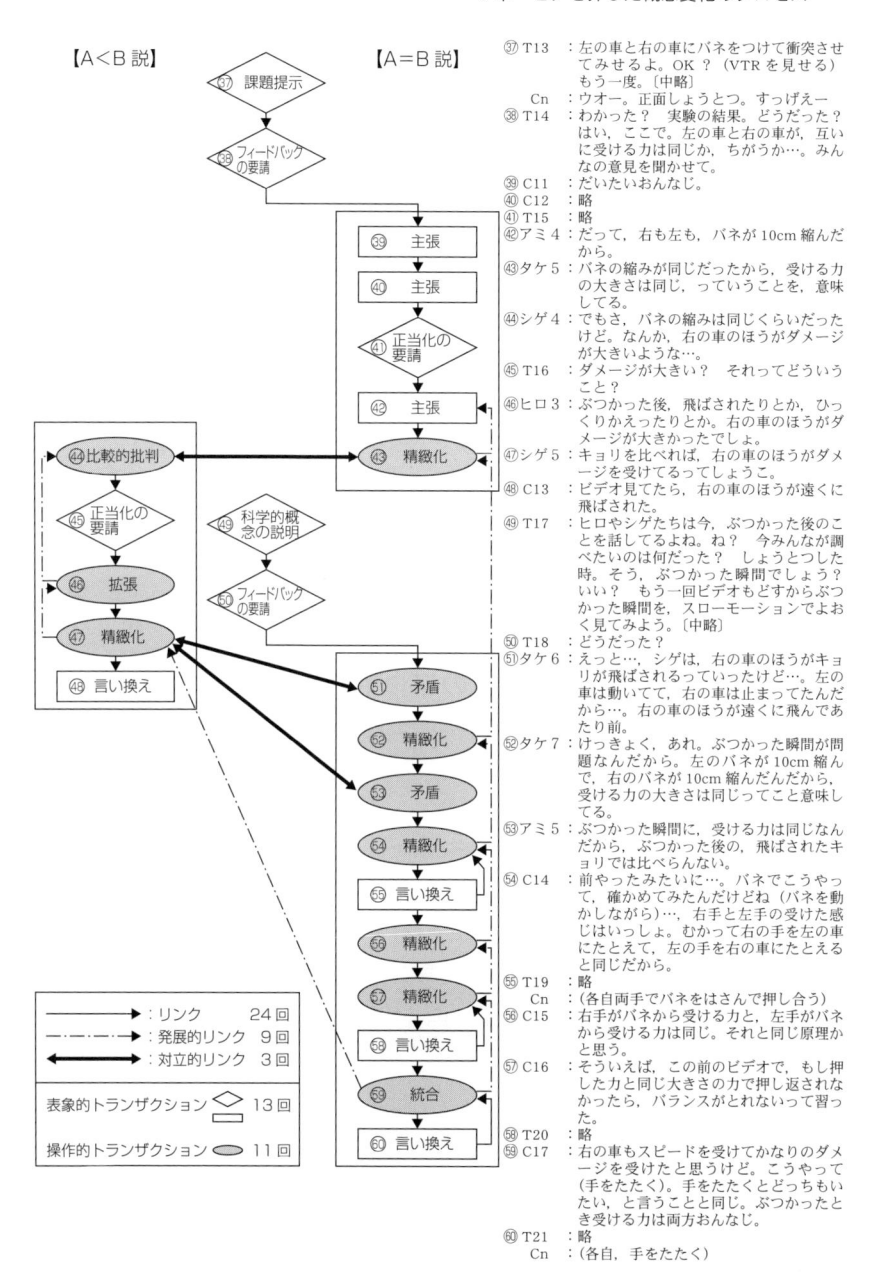

㊲ T13　：左の車と右の車にバネをつけて衝突させてみせるよ。OK ？（VTR を見せる）もう一度。〔中略〕
Cn　：ウオー。正面しょうとつ。すっげえー
㊳ T14　：わかった？　実験の結果。どうだった？　はい，ここで。左の車と右の車が，互いに受ける力は同じか，ちがうか…。みんなの意見を聞かせて。
㊴ C11　：だいたいおんなじ。
㊵ C12　：略
㊶ T15　：略
㊷アミ 4：だって，右も左も，バネが 10cm 縮んだから。
㊸タケ 5：バネの縮みが同じだったから，受ける力の大きさは同じ，っていうことを，意味してる。
㊹シゲ 4：でもさ，バネの縮みは同じくらいだったけど。なんか，右の車のほうがダメージが大きいような…。
㊺ T16　：ダメージが大きい？　それってどういうこと？
㊻ヒロ 3：ぶつかった後，飛ばされたりとか，ひっくりかえったりとか。右の車のほうがダメージが大きかったでしょ。
㊼シゲ 5：キョリを比べれば，右の車のほうがダメージを受けてるってしょうこ。
㊽ C13　：ビデオ見てたら，右の車のほうが遠くに飛ばされた。
㊾ T17　：ヒロやシゲたちは今，ぶつかった後のことを話してるよね。ね？　今みんなが調べたいのは何だった？　しょうとつした時。そう，ぶつかった瞬間でしょう？　いい？　もう一回ビデオもどすからぶつかった瞬間を，スローモーションでよおく見てみよう。〔中略〕
㊿ T18　：どうだった？
(51)タケ 6：えっと…，シゲは，右の車のほうがキョリが飛ばされるっていったけど…。左の車は動いてて，右の車は止まってたんだから…。右の車のほうが遠くに飛んであたり前。
(52)タケ 7：けっきょく，あれ。ぶつかった瞬間が問題なんだから。左のバネが 10cm 縮んで，右のバネが 10cm 縮んだんだから，受ける力の大きさは同じってこと意味してる。
(53)アミ 5：ぶつかった瞬間に，受ける力は同じなんだから，ぶつかった後の，飛ばされたキョリでは比べらんない。
(54) C14　：前やったみたいに…。バネでこうやって，確かめてみたんだけどね（バネを動かしながら）…，右手と左手の受けた感じはいっしょ。むかって右の手を左の車にたとえて，左の手を右の車にたとえると同じだから。
(55) T19　：略
Cn　：（各自両手でバネをはさんで押し合う）
(56) C15　：右手がバネから受ける力と，左手がバネから受ける力は同じ。それと同じ原理かと思う。
(57) C16　：そういえば，この前のビデオで，もし押した力と同じ大きさの力で押し返されなかったら，バランスがとれないって習った。
(58) T20　：略
(59) C17　：右の車もスピードを受けてかなりのダメージを受けたと思うけど。こうやって（手をたたく）。手をたたくとどっちもいたい，と言うことと同じ。ぶつかったとき受ける力は両方おんなじ。
(60) T21　：略
Cn　：（各自，手をたたく）

図 9-3　TD を用いた討論過程の質的分析（高垣・中島，2004）

高垣ら（2006）は，GIsMLの学習形態を用いた授業の結果，「文脈の違い（課題の困難度）」による「説明活動の質」の変化を見出しています。表9-3に示すように，課題の困難度の違いに即して，説明活動の質がダイナミックに揺れ動くことを実証的レベルで解明しています。

①困難度が低い課題の場合，物理現象を「先行概念」と関連づける説明活動。

②困難度が中程度の課題の場合，納得がいくまで何度も観察・実験を繰り返す「反復性」，物理現象を数の領域へマッピングし「数学的関係」を用いて理解する説明活動。

③困難度が高い課題の場合，シミュレーションを繰り返す過程で，何度も予測に立ち返り「予測精度」をあげながら理論を解釈し直す説明活動。

④クラス全体の討論で小集団の理論を再構築する場において，ほかのグループのデータや理論を照合する「社会的参照」，個別の理論を組織的に統合する教師の視点を受け入れる「情報の信頼性」の説明活動。

　以上の仮説検討型討論，およびGIsMLの分析結果をふまえると，瞬時瞬時に展開していく，現実的な協同学習場面における問題解決の理解レベル

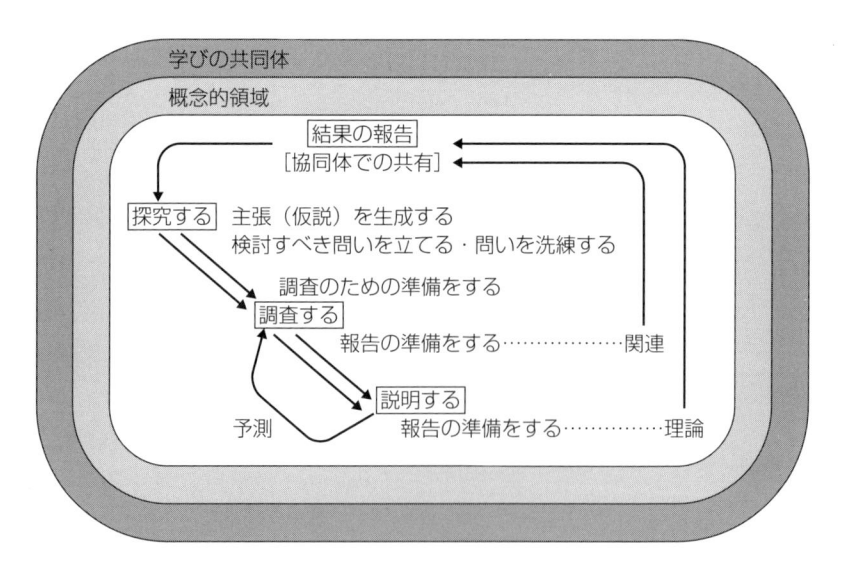

図9-4　GIsML（Guided Inquiry supporting Multiple Literacies）
　　　　（Palincsarほか，2000）

表 9-2 説明活動の質的分析と発話事例（高垣ほか，2006）

カテゴリ	内容	発話事例
(a) 情報の信頼性	情報の信頼性に言及する発話（教科書，先生の言ったこと等）	先生の実験を見てたら，振れ幅の大きさを変えても［周期が］変わらなかったから，すごく納得した。
(b) 直接体験・観察	今ここの場で自分たちが直接体験・観察することによって発見したことにのみ言及する発話	（ロープにぶら下がり）うおー，速くなったー。短くしてのったほうが，だんぜん［周期が］速い。＜直接体験＞［振れ幅が］20°のときのほうが，［振り子の］動きが速かった。＜直接観察＞
(c) 反復性	実験・観察結果の反復性についての発話	10g，15gって，おもりをどんどん重くしてみて，何回も測ったけど…。［周期は］ほとんど変わらなかった。
(d) 社会的参照	自分たちとほかの児童の実験・観察結果を比べ，一致したかどうかに言及する発話	振れ幅の大きさ［の実験結果］は，うちの班は自信がなかったけど，ほかの班と同じだったから，正しいことが確かめられた。
(e) 情報の複合性	データ等がさまざまな側面から検討されたものかどうかに言及する発話	今度は，［5gと10gのおもりをつけた］2つの振り子を同時にならべて測ってみたら，比べられるんじゃない？［直接比較できる］
(f) 予測精度	現象が正確に予測できるかどうかについての発話	10°，20°…っていって，周期は変わらなかったんだから，30°も変わらないと思う。だから，計算するまでもないよ。？？？
(g) 数学的関係	児童がデータ等に数学的な関連性を見出したことを示す発話	2倍，3倍におもりを増やしても，［周期は］1.09秒，1.09秒になったから，比例しないで，変化しないことがわかった。
(h) 先行概念	今行っている実験・観察に関係する先行体験や先行概念，少し以前に行った観察結果などについて言及する発話	X公園のターザンロープもそうだったけど，やっぱり，ロープ短くすると，［周期が］速くなる。

注．発話事例の［ ］内は，分析者による補足を示す。

表 9-3　困難度別の各課題における説明活動の出現頻度（高垣ほか，2006）

カテゴリー	理解の困難度（振り子の3要素／授業）			全体の討論 （3要素／8h）
	困難度低 （ひもの長さ／1h）	困難度中 （おもりの重さ／4h）	困難度高 （振れ幅の大きさ／7h）	
情報源の信頼性	20 (9.1)	19 (5.0)	9 (1.9)	23 (25.3)
反復性	31 (14.1)	96 (25.1)	118 (25.0)	4 (4.4)
社会的参照	40 (18.2)	20 (5.2)	21 (4.5)	25 (27.5)
情報の複合性	22 (10.0)	68 (17.8)	36 (7.6)	14 (15.4)
予測精度	33 (15.0)	19 (5.0)	122 (25.8)	4 (4.4)
数学的関係	11 (5.0)	96 (25.1)	120 (25.4)	13 (14.3)
先行概念	63 (28.6)	64 (16.8)	46 (9.8)	8 (8.7)
合計頻度	220 (100)	382 (100)	472 (100)	91 (100)

注．数値は，「ひもの長さ」「おもりの重さ」「振れ幅の大きさ」の振り子の各要素に対して，図9-2に示される理解度評定値に有意な上昇がみられた授業（「ひもの長さ」(1h)，「おもりの重さ」(4h)，「振れ幅の大きさ」(7h)）において，各々の振り子の要素に言及した発話を対象に，各発話がどのカテゴリーにあてはまるかを判定し，カテゴリー別に集計した頻度である。なお，全体の討論に該当する場合もある。また，基本的にコード化の単位は発話ターンだが，同一人物が一続きの内容あるいは同じ内容の繰り返しを複数の発話ターンにわたって発言している場合には，それらを1つの発話ターンとみなしてコード化した。なお，（ ）内の数値は，各理解の困難度における合計頻度に対する割合を示している。

は，単調に増加するのではなく多くの紆余曲折があることがわかります。それらの学習環境下における科学的談話の様相を真にとらえるためには，ダイナミックに揺れ動く対話の微視的な過程分析を通して，知識の協同構築による概念変化が生じたのは，どの過程でどの要因が効いているからなのか，といった背後にかかわるメカニズムを解明していくことが求められます。

　最後に，今後の課題をあげます。今回の学習指導要領の改善点をみてみると，理科教育においては，以下に示すような「言語活動の充実」が重要視されてきています（中央教育審議会，2008）。

　①観察・実験において，視点を明確にして，観察した事象の差異点や共通点をとらえて記録・報告する。

　②比較や分類，関連づけといった考えるための技法，帰納的な考え方や演繹的な考え方などを活用して説明する。

　③仮説を立てて観察・実験を行い，その結果を評価し，まとめて表現する。

こうした教育現場の動向をふまえると，今後，本章で示した「ピアを介した学習環境と分析手法」を現行の理科カリキュラムに適用し，理科授業の「言語活動」をよりいっそう支援していくことが望まれます。

本章のポイント
---

1. 学習者の領域固有の先行概念，発達段階などを考慮した「認知的文脈」のもとでの教授方略を，協同的探求活動を促す教師の足場づくり，および，参加者の構造による機能的分化などを考慮した「社会的文脈」のもとでの学習環境と統合した枠組みとして，「認知的／社会的文脈を統合した学習環境」をデザインすることが必要である。
2. 社会的文脈においては，伝統的な一斉授業における受け身的な参加の構造を超えて，自分の暗黙の理解の問題点や矛盾に気づく手がかりが与えられ，責任や役割の関係を変化させるような「参加者の構造」や「足場づくり」を設定することが，「IRE談話」から「科学的談話」への転換を促す手段となりうる。
3. 「認知的／社会的文脈を統合した学習環境」として，「仮説検証型討論」，「GIsML」の理論的枠組みを，理科授業に適用した実践事例をとりあげ，ダイナミックに揺れ動く対話の微視的なプロセス分析を通して，知識の協同構築のプロセスを解明した。

理解を深めるために

『授業デザインの最前線――理論と実践の知のコラボレーション』高垣マユミ（編）2005年　北大路書房
『授業デザインの最前線Ⅱ――理論と実践を創造する知のプロセス』高垣マユミ（編）2010年　北大路書房
『教育心理学へのいざない』並木　博（編）2008年　八千代出版
『授業研究法入門』河野義章（編）2009年　図書文化社

■引用文献

American Association for the Advancement of Science (2001). *Atlas of science literacy.* Washington, DC: American Association for the Advancement of Science (AAAS).

Berkowitz, M. W., & Gibbs, J. C. (1983). Measuring the developmental features of moral discussion. *Merrill-Palmer Quarterly,* **29**, 399-410.

Berkowitz, M. W., Oser, F., & Althof, W. (1987). The development of sociomoral discourse. In W. Kurtines & J. Gewirtz (Eds.), *Moral development through social interaction.* New York: J. Willy & Sons. pp.322-352.

Berkowitz, M. W. & Simmons, P. E. (2003). Integrating science education and character education. *Science & Technology Education Library,* **19**, 117-138.

Brewer, W. F., Chinn, C. A., & Samarapungavan, A. (2000). Explanation in Scientists and Children. In F. C. Keil & R. A. Wilson (Eds.), *Explanation and cognition.* Cambridge, Massachusetts: MIT Press. pp.279-298.

Chan, C. (1996). Problem-centered inquiry in collaborative learning. 認知科学, **3**, 44-62.

Clement, J. (2000). Analysis of clinical interviews: Foundations and model variability. In R. Lesh & A. Kelly (Eds.), *Handbook of research methodologies for science and mathematics education.* Hillsdale, New Jersey: LEA. pp.547-589.

Granott, N. (1993). Patterns of interaction in the co-construction of knowledge: Separate minds, joint effort, and weird creatures. In R. H. Wozniak & K. W. Fisher (Eds.), *Development in context: Acting and thinking in specific environments.* Hillsdale, New Jersey: Lawrence Erlbaum. pp.183-207.

福澤一吉 (2002). 議論のレッスン. 日本放送出版協会.

稲垣佳世子・波多野誼余夫 (著・監訳) (2005). 子どもの概念発達と変化――素朴生物学をめぐって. 共立出版. Inagaki, K., & Hatano, G. (2002). *Young children's naive thinking about the biological world.* New York: Psychology Press.

Mehan, H. (1979). *Learning lessons: Social organization in the classroom.* Cambridge, Massachusetts: Harvard University Press.

文部科学省 (2008). 小学校・中学校学習指導要領.

Palincsar, A. S., Brown, A. L., & Campione, J. C. (1993). First grade dialogues for knowledge acquisition and use. In E. Forman, N. Minick & A. Stone (Eds.), *Contexts for learning: Sociocultural dynamics in children's development.* New York: Oxford University Press. pp.43-57.

Palincsar, A. S., Collins, K., Marano, N., & Magnusson, S. J. (2000). Investigating the engagement and learning of students with learning disabilities in guided inquiry science teaching. *Language, Speech, and Hearing Services in the Schools*, **31**, 240-251.

高垣マユミ・中島朋紀（2004）．理科授業の協同学習における発話事例の解釈的分析．教育心理学研究, **52**, 472-484.

高垣マユミ・田原裕登志・富田英司（2006）．理科授業の学習環境のデザイン――観察・実験による振り子の概念学習を事例として．教育心理学研究, **54**, 558-571.

高垣マユミ（2009）．認知的／社会的文脈を統合した学習環境のデザイン．風間書房．

Toulmin, S. E. (1958). *The use of argument.* Cambridge, UK: Cambridge University Press.

中央教育審議会（2008）．幼稚園・小学校・中学校・高等学校及び特別支援学校の学習指導要領等の改善について（答申）．

Vosniadou, S., & Kyriakopoulou, N. (2006). The problem of metaconceptual awareness in theory revision. In R. Sun & N. Miyake (Eds.), *Proceedings of the 28th Annual Conference of the Cognitive Science Society.* Vancouver, Canada.

Column

相互教授法による学びあいの効果
町　岳

学校現場における協同学習の実際

　新学習指導要領の完全実施にともない，学校現場では，各教科で言語活動を充実させ，思考力・判断力・表現力の育成を図る，さまざまな取り組みが行われています。そのなかで，注目を集める実践の一つが，グループ学習をはじめとした協同学習です。しかし，学校現場で協同学習を実践しようとすると，なかなか思い通りにいかないことがあります。たとえば，一見活発な話し合いをしているように見えるグループも，よく観察すると，特定の児童しか発言していなかったり，学習にまったく関係のない会話が交わされていたり，時には言い争いが起きていたりすることさえあるのです。

　協同学習を成立しにくくさせている原因の一つが，協同学習に否定的な児童の存在です。彼らは，そもそも友だち同士で学び合うということ自体に抵抗感を示します。町（2009）は，協同学習に対して否定的な児童の「友だちとかかわる姿勢」が，表1のような特徴をもつことを，教師への半構造化面接調査から明らかにしました。協同学習を成立させるために，教師はこういった点にも配慮しながら，学習計画を立てていくことが求められているのです。

相互教授法の効果

　協同学習をうまく機能させるための，ひとつの枠組みとして，パリンサーとブラウン（Palincsar & Brown, 1984）による相互教授法があります。相互教授法は，生徒が交替で要約・質問・明確化・予測を行いながら読解方略を獲得するもので，本来は個人の頭の中で行われる処理を，個人間の役割として外化したうえでやりとりを行わせたことが有効であるといわれています。つまり自分の考えたことを自分の頭の中だけで自問自答しながら練りあげる代わりに，友だちの質問に答えながら練りあげることが，思考を深めるうえで有効といわれているのです。

　町・中谷（2012a，2012b）は，算数グループ学習に相互教授法を取り入れ，

表1　協同学習に肯定的・否定的な児童の「友だちとかかわる姿勢」(町，2009より一部引用)

協同学習に肯定的な児童	協同学習に否定的な児童
◆人とかかわることに対する喜び ・人とかかわることに対する純粋な喜び ・友だちの役に立つことに対する喜び	◆人とかかわることに対する抵抗感 ・話し合いに対する消極的姿勢 ・失敗や自分の意見を否定されることに対する，恐れや傷つきやすさ
◆スキル・リーダー性の高さ ・友だちとかかわり合うスキルやリーダー性の高さ	◆スキルの低さ・自己中心性 ・友だちとかかわり合うスキルの低さ ・自己中心性

課題に対する自分の考えを説明する説明役（1人）と、その説明がより詳しくなるような質問をする質問役（3人）に分かれ、説明役・質問役を一定時間ごとに交替していくことの効果を検討しました。

図1は、グループにおける子どもの発話を4つのカテゴリーに分類し、相互教授法の有無で、その割合を比較したものです。図1からは、相互教授法群では学習課題に関連する深い発話の割合が高く、自由に話し合いをさせた対照群では学習に関連しない発話の割合が高かったことが読みとれます。これは、相互教授法による話し合い手順の提示や役割の明確化が、グループの話し合いの質を向上させるのに有効であったことを意味しています。

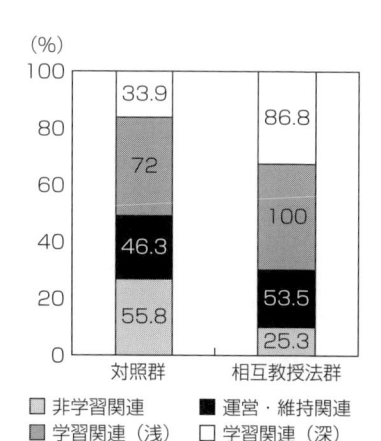

```
(%)
100 ┤
    │  33.9       86.8
 80 ┤
    │   72
 60 ┤
    │             100
 40 ┤  46.3
    │             53.5
 20 ┤  55.8
    │             25.3
  0 ┴  対照群    相互教授群
```
□ 非学習関連　■ 運営・維持関連
■ 学習関連（浅）□ 学習関連（深）

図1　相互教授法による発話内容への効果
注．グラフ内の数字はグループの平均発話数

学習理解と社会性を育む協同学習

グループで自由に話し合いをさせた対照群では、学習に関連しない発話が多く生成されましたが、その半数以上が社会性の低い児童によるものでした。しかし相互教授法群では、社会性の低い児童の、非学習関連発話は多くはありませんでした。また質問紙調査の結果、社会性の低い児童は、グループ学習を当初否定的にとらえていましたが、相互教授法によるグループ学習後には、それが肯定的なものに変化していました。つまり自由な話し合いの場では、友だちと協力して学習に取り組むことができなかった、社会性の低い児童にとって、相互教授法は、協同的な学習を成立させるための枠組みとして、とくに有効に作用したといえるのです。

学校現場において、協同学習を効果的に成り立たせることは、簡単ではありません。しかし、上記の結果からは、相互教授法によって、話し合いの手順を構造化することで、社会性の低い児童でも、喜んで協同学習に参加し、学習効果をあげる可能性があることが示されました。協同学習には、学習面だけでなく、助け合う・思いやるといった社会性を育むという面の効果も期待できます。学校生活の大半を占める授業のなかで、相互教授法のような実践を一つひとつ積み重ねていくことが、友だち同士学び合い、助け合う学級づくりへとつながるのではないでしょうか。

文献

町　岳（2009）．協同学習に否定的な認識を示す児童の理由──グラウンデッド・セオリー・アプローチによる，担任への面接調査の分析を通して．学校心理学研究, **9**, 37-49.

町　岳・中谷素之（2012a）．算数グループ学習における相互教授法の介入効果（1）──学習の相互作用における発話分析．日本カウンセリング学会第45回大会発表論文集, 185.

町　岳・中谷素之（2012b）．算数グループ学習における相互教授法の介入効果（2）──向社会的目標と相互教授法の交互作用の分析．日本教育心理学会第54回総会発表論文集, 24.

Palincsar, A. S., & Brown, A. L. (1984). Reciprocal teaching of comprehension-fostering and comprehension-monitoring activities. *Cognition and Instruction*, **1**, 117-175.

10章

メタ認知におけるピアの役割

三宮真智子

　この章では，メタ認知を中心にピアの役割をみていきます。まず，学習一般においてメタ認知がどのような役割を果たすのか，また，ピアとの学習がメタ認知をどのように促すのかを概観します。次に，ピア・ラーニングを取り入れた意見文作成授業の試みを紹介し，最後に，ピア・ラーニングのあり方について考えることにします。

　メタ認知とは，認知についての認知，言い換えれば，私たちの行う認知活動を対象化してとらえることを意味します。学習についていえば，私たちは新しいことばを覚えたり，学習内容を理解したり，考えたり，問題を解いたり，文章を書いたりします。そうした認知活動（頭を使う作業）を，ただ闇雲に行うのではなく，「これでいいのか？」「もっと効果的な方法はないのか？」という具合に高次の思考を働かせること，およびそれに役立つ高次の知識を総称して，メタ認知とよびます。

　意見文を作成する際にも，メタ認知は重要な役目を果たします。そこで，高校生を対象として，メタ認知を促すためにピア・ラーニングを活用した意見文作成授業を紹介します。また，ピア・ラーニングをより効果的なものにするために考慮すべき点を考えます。

KEY WORDS
メタ認知的知識，メタ認知的活動，意見文，ピア，ヴィゴツキー，発達の最近接領域，個人間過程

1節 学習におけるメタ認知

1. メタ認知とは何か

　メタ認知は，1970年代に，フレイヴェルやブラウンによって導入された概念です（たとえば，Flavell, 1976；Brown, 1978）。メタ認知（metacognition）とは，認知についての認知，すなわち私たちの行う認知活動を対象化してとらえることを意味します。メタ認知は，メタ認知的知識とメタ認知的活動（経験）に大きく分けることができます。メタ認知的知識はさらに，①人間の認知特性についての知識（「自分にとって重要だと感じて学習したことは，身につきやすい」など），②課題についての知識（「意見文を書く際には，主張の根拠を明示することが必要だ」など），③課題解決の方略についての知識（「ある事柄についての理解を深めるには，誰かにそれを説明することが役立つ」など）に分けることができます。一方，メタ認知的活動は，メタ認知的モニタリング，メタ認知的コントロールの2つに分けて考えることができます。メタ認知的モニタリングとは，認知状態をモニターすることです。たとえば，「この部分がよく理解できていない」といった認知についての気づき，「なんとなくわかった気がする」といった認知についての感覚，「この問題なら5分で解けそうだ」といった認知についての予想，「この解釈でいいのか」といった認知の点検などが含まれます。メタ認知的コントロールとは，認知状態をコントロールすることです。たとえば，「まずは大意を把握しよう」といった認知の目標設定，「文脈を手がかりにして意味を考えよう」といった認知の計画，「この解釈ではつじつまが合わないから，別の解釈をしてみよう」といった認知の修正などが含まれます。

2. 学習におけるメタ認知の役割

　学習を効果的に進めるには，学習方略の活用が欠かせません。また，自分の認知特性や人間一般の認知特性を知ることが，自らの学習をモニターする手がかりとなり，学習の進行状況に対する適切な評価が可能になります。こ

うしたメタ認知は，自らの学習を能動的に遂行する自己調整学習（self-regulated learning；Zimmerman, 1990）に役立ちます。

　メタ認知は，効果的な学習にとって不可欠ですが，常にメタ認知を働かせながら学習することは容易ではありません。また，メタ認知的知識が経験から誤って帰納されることや，メタ認知的モニタリング，コントロールが不適切に働く場合もあります。自分の認知状態を正しく把握できていない場合や，認知の目標設定が不適切な場合など，モニタリングやコントロールに失敗することがあります。他者とのやりとりは，メタ認知を働かせるきっかけを与えるとともに，こうした失敗に気づかせてくれるという意味で，学習者のメタ認知に対するチェック機能をもつといえるでしょう。

2節　メタ認知を促すピア・ラーニング

1. ピア・ラーニングの効果

　学習において，教師が重要な役割を果たすことはいうまでもありません。教師は教授活動を行うのみならず，あたかも工事現場で足場をつくるように，足場づくり（scaffolding）とよばれる手助けを行い，学習者の潜在的な能力に働きかけることによって，彼らの示す知的有能さの水準を押しあげる機能を果たすからです。このことは，ヴィゴツキー（Vygotsky, 1934／柴田訳, 2001）のいう発達の最近接領域（zone of proximal development）の概念に理論的な基礎をおいています。

　しかし一方では，「学習者にとっての重要な他者」として，ピア（peer）をあげることができます。学習におけるピアとは，ともに学ぶ仲間であり，ほぼ同等の立場にある他者をさします。ピアとのかかわりを通して学ぶことをピア・ラーニングとよびます。

　ピアとの学び合いが効果的であることを示した知見に，「相互教授」（reciprocal teaching；Palincsar & Brown, 1984）や，ペアのひとりが声に出して問題解決を進め，ほかのひとりが積極的な聞き手となって相手の言い分を明確化する「ペア問題解決」（pair problem solving；Lochhead, 1985）

があります。また、他者に教えることで学ぶこと（learning by teaching）という側面も、ピア・ラーニングにおいては効果的です。タンら（Tan ほか，2006）は、コンピュータを用いた学習環境の中で、現実のピアの代わりにベティ（Betty）と名づけられた擬人化されたエージェントに対して、アメリカの小学5年生の学習者が、たとえば魚と藻の関係について教えることを通して、学習者のメタ認知を促進しています。

2. 個人間過程と個人内過程

　認知過程への気づきや、気づきにもとづく調整がどのように発達していくのかという問題をことばの発達という観点からとらえたのは、ヴィゴツキー（Vygotsky, 1934／柴田訳, 2001）です。ヴィゴツキーの認知発達理論は、ことばが他者とのコミュニケーションの道具であるだけでなく、思考の道具でもあることを強調しています。子どもはまず、他者に対してことばを用い（外言：external speech）、ことばによって他者の行動が調整できることを理解します。そして次第に、この個人間過程の調整が個人内過程の調整へと向かい、自らの思考や行動を、内面化されたことばである内言（inner speech）によって調整できるようになると考えられます。

　子どもの場合、推論や証明といった高次な思考は、ほかの子どもたちとのやりとりがきっかけになります。「それは違う」「変だよ！」などといった仲間との口論が自己の内部へと移行し、内的口論という形をとるようになります。あらゆる高次心理機能は、もともと社会的（外的）な起源をもち、その後、個人的（内的）なものへと移行すると考えられます。つまり、最初は他者を説得するために行われていた「他者との対話」が、次第に「自己との対話」へと変化していきます。認知発達の最終段階では、内言が完成され、認知的な操作は内言に媒介されて、純粋に内的な過程として行われるようになります。

　こうしたヴィゴツキーの考え方からは、メタ認知を促すために効果的な教育的働きかけや環境がどのようなものかについて、考えるヒントが得られます。つまり、メタ認知促進の鍵は、「他者とのコミュニケーションによる気づき、調整」を「自己とのコミュニケーションによる気づき、調整」へと移

行させるような環境を提供することであるといえるでしょう。

3節 意見文作成授業の試み

1. 意見文作成力の乏しさ

　自分の意見をわかりやすく説得力のある形に組み立てる力は，生活の中の多くの場面で必要とされるものですが，そのための学習は，高校までの学校段階において十分ではありません。多くの高校生が，自分の意見をきちんと他者に伝えることを苦手と感じており，また，論理的に組み立て表現するトレーニングを受けていません（Sannomiya & Kawaguchi, 2008）。

　こうした事情を鑑み，ある公立高校において筆者が設計に関与した独自選択科目「コミュニケーション」（2年生から2年間，毎週2時間）の中の，全16時間分の学習活動を意見文作成の授業にあてることにしました。授業担当者は，主として情報関連科目を担当してきたベテランのA教諭です。以下，この授業について紹介します（詳しくは，三宮，2007を参照）。

2. ピア・ラーニングによる意見文作成授業

〈授業の目標〉

　この授業では，①現実的な問題に対して論理的に考え判断する，②わかりやすく論理的な組み立てで意見文を書くといった思考力・表現力の育成に加え，③他者の視点に立って問題をとらえ直す，④多様な考え方を考慮したうえで自分の意見を吟味・修正するといったメタ認知能力の育成をめざしました。

　とくにピア学習を通して期待した成果は次の2点です。

　1）自分の考えを客観的・批判的に吟味し，他者の考え方を柔軟に取り入れて考えを深める。

　2）意見の異なる他者に対して，自分の意見をどう展開すればよいかを常に考えることにより，論証する力が高まる。

〈生徒の事前状況〉

　生徒たちはもともと，意見を述べることに強い苦手意識がありましたが，一方では，自分の意見をどのように他者に伝えればよいかという問題意識は希薄な状態でした。Ａ教諭も指摘するように，他者とのやりとりを通して考えるというよりは，互いに言いっぱなしで終わるというのが，生徒たちの日常の姿でした。すなわち，一方的に考えを伝えることはあっても，ともに意見を出し合い，考えを深めていくという習慣があったとはいいがたい状況です。ましてや，意見を組み立て，まとまった形で文章を作成することなど，生徒たちにとっては，ほとんど経験すらない作業でした。

〈授業の構成〉

　意見文作成授業16時間の構成，おもな学習活動は，表10-1のとおりです。なお，意見文の修正・加筆がしやすいように，意見文作成にあたっては，必要に応じて文書作成ソフトを使用しました。

表10-1　意見文作成授業の構成

■第1段階：意見文作成授業の導入（3時間）
　プレテスト（授業前の意見文の水準を知るための事前テスト）を実施した後，意見文について説明し，プレテストの問題を用いたグループ討論を行う。これを，授業の導入として位置づける。
■第2段階：「主張」「根拠」「サポート」を含む意見文を書く練習をする（3時間）
　意見文作成エクササイズ1～2を用いて，意見文の作成とそれにもとづくグループ討論を行う。この活動を通して，「主張に根拠をもたせる」「根拠を裏づけるサポート材料を準備する」練習を行う。
■第3段階：「想定反論」「再反論」まで含む意見文を書く練習をする（5時間）
　意見文作成エクササイズ3～5を用いて，これまでの「主張」「根拠」「サポート」に加え，「想定反論」「再反論」「再反論の根拠」までを含んだ意見文を書く練習をする。第2段階と同様，意見文の作成とそれにもとづくグループ討論を実施する。
■第4段階：意見文の構成要素分析とまとめ（5時間）
　最後にエクササイズ1～5で各自が書いた意見文について，生徒自身が構成要素分析を行い，それを表およびグラフに表す。授業のまとめとして，学習者にとってより身近な問題を例にとり，意見文作成のポイントを整理する。
（＊ポストテストは，16時間の授業終了後に実施した）

〈授業で用いた教材〉

プレテスト，ポストテスト，各エクササイズの問題等は，おもに永野（1985）に紹介されたモラルジレンマ問題を，現在の日本の状況に合うように一部改変して用いました。プレテストで用いた問題を以下に示します。

> A君は，14歳の少年で，キャンプに行きたいと思っています。お父さんは，A君が自分でそのためのお金をかせげば行かせてあげる，と約束しました。そこで，A君は，新聞配達をして5万円かせぎました。
>
> ところが，キャンプに行く1週間前になって，お父さんは気持ちを変えました。お父さんの友だちが，パソコンをとても安く譲ってくれると言っているのです。でも，お父さんが自由に使えるお金では少し足りないので，お父さんはA君に，かせいだお金をわたすように，と言いました。
>
> A君がどうすればよいかについて，いろいろな考え方を考慮しながら，あなたの考えを述べてください。

このような問題を意見文作成課題に用いたのは，ジレンマに陥り判断に迷いやすいこと，いずれの主張にもさまざまな根拠づけが可能であることが討論を活発にし，討論を通して自分の意見を何度も検討する機会を与えるためです。

〈意見文の変容〉

プレテストからポストテストにかけての意見文の変容を次に示します。おもな変容が認められたのは，以下の点においてです。

1) 授業前は平均して400字詰め原稿用紙半分強程度の意見文しか書けなかったが，授業後は原稿用紙2枚弱程度の分量を書けるようになった。

2) 授業前は，せいぜい主張と根拠のみの意見文であったが，授業後は多くの生徒が，想定反論，再反論まで含めた意見文を書けるようになった。

3) 課題に対応した意見文になっていること，主張が明示されていること，根拠が明示されていること，の3点については，授業後は学習群の全員

が達成できていた。
　4）授業前は，箇条書きなど，文の羅列に過ぎない意見文も散見されたが，授業後は，接続表現を適切に用いて意見文を組み立てることができるようになった。

〈生徒のふり返り・感想〉
　授業に対する生徒のふり返り・感想には，次のような記述がありました。
　1）意見文作成練習の繰り返しや他者との意見のやりとりを通して，自分の考えを再検討，修正できるようになった。
　2）思考力，コミュニケーション力の伸びを日常生活の中で実感した。
　3）意見を述べる自信がついた。
　4）授業で学んだ意見の組み立て方や意見の伝え方を，今後の生活に生かしたいという意欲をもつようになった。
　とくに1）は，メタ認知と直接関連する内容です。本授業では，メタ認知を促すことをとりわけ強く意識していました。生徒の意見文の変容やふり返り・感想から判断すれば，その目的はかなり達成されたように思われます。それでは，授業に含まれるどのような要因が，メタ認知の促進に役立ったのでしょうか。授業で留意した点を以下にあげます。

〈メタ認知を促す要因〉
　今回の授業に際して，メタ認知を促すために次の点に留意しました。
　①ある程度の反復練習
　課題を変えながら，意見文作成や他者との意見交換を何度か繰り返すことが，意見を組み立てるという認知活動に対する学習者のメタ認知を促すと考えられます。
　②時間的なゆとり
　授業に時間的なゆとりをもたせ，学習者に深く考える余裕を与えることが，メタ認知を働かせるために必要と考えられます。
　③失敗経験からの学び
　メタ認知を促すためには，学習者に失敗を経験させることが効果的です。

初めから教師がお膳立てしすぎると失敗の機会を奪い，学習者のメタ認知を働きにくくしてしまいます。失敗から学べるように授業を設計すべきですし，また，安心して失敗できる学級風土を形成することが必要です。

④認知的葛藤

メタ認知を促すためには，認知的な葛藤をもたらす課題を用いることが効果的であるといえます。どう判断すべきか迷う課題は，より深く考えることや自分の考えを問い直すことを要求するため，メタ認知を促すことにつながります。

⑤ピアとの学びあい

ピアとの討論を通してともに考え，意見をチェックし合うという活動の中では，問題に対する自らの着眼点や解釈を相対化することになるため，メタ認知が働きやすくなります。こうしたピアとの学びあいを大切にするためにも，今回の授業では，教師は表だってガイドし過ぎないようにしました。

今回の授業では，意見を組み立てたり意見を見直したりすることを助ける手段として，討論活動を多く取り入れました。個人思考には，自分のペースで考えられるという利点があるものの，より多面的に考えたり自分の考えを問い直したりすることには限界があります。討論という共同思考は，その限界を補ってくれるものです。古くはヴィゴツキー（Vygotsky, 1934／柴田訳，2001）が主張するように，ことばによって思考を調整する過程は，他者とのやりとりによる調整を経て，やがて自力でも行われるようになります。討論がうまく機能した場合には，他者とのコミュニケーションによる思考の調整から自己内対話による思考の調整へと学習者を向かわせることが可能になるのです。

主張や根拠の異なる他者と話し合うことの効果は，相手の考えを理解するだけにとどまりません。相手に自説を展開することにより，また，相手の反論に再反論を試みる中で，「自分がなぜそう考えるのか」が，よりはっきりとみえてくるからです。とくに，複数の他者からの多様な反論（それは，さまざまな根拠やさまざまな証拠・具体例に裏づけられています）に出会うとき，私たちは，自分の考えをふり返り，よりいっそう思考を深める機会をもつことになります。

ある問題に対する自分の意見をきちんとまとめるという目標に向かって，考え，話し合い，ふり返るという作業の繰り返しから学ぶものは，単なる表現のスキルにとどまらず，他者とのコミュニケーションを通していかに考えるかという，思考の方法でもあるといえるでしょう。

4節　ピア・ラーニングの今後に向けて

1．ピア・ラーニングが効果を発揮しにくい場合

　ピア・ラーニングの利点についてはすでに述べたとおりであり，先に紹介した意見文作成授業は，まさにこの利点を活用できた事例といえるでしょう。しかし一方では，ピア・ラーニングがそれほど効果をもちえない場合もあります。

　たとえば，学習者が困難にぶつかったときに，ピアに対して援助要請ができるということが，ピア・ラーニングの大きな利点であるはずです。しかし，学習者が何を目標としているかによっては援助要請が起こりにくく，せっかくの利点が生かされない場合があります（Rousselほか，2011；4章2節4参照）。

　また，ピア・ラーニングはペアワークやグループワークを前提とするため，ペアやグループの組み方によっては，メンバーの学習ペースが合わなかったり，支配的なメンバーが自分の思うように取り仕切ったり，自分の考えに自信がもてず他者への同調が生じたり，あるいは，自分は活動に貢献せずグループの成果をそのまま受けとるというフリーライダーが出現したりすることも考えられます。

　このように，ピア・ラーニングの効果が期待しにくい場合があることもまた，心にとどめておく必要があるでしょう。

2．ピア・ラーニングにおけるメタ認知をどう見極めるか

　ピア・ラーニングは，条件を満たせば，メタ認知を促進することが期待されます。しかし，ピア・ラーニングにおいて共同で認知的な課題を仕上げる

際には，個々人におけるメタ認知の変化をどう見極めればよいのでしょうか。

イイスカラら（Iiskala ほか，2004, 2011）は，フィンランドの小学4年生のペアが算数の文章題を共同で解く際の会話を質的に分析し，共同で問題解決にあたる2人の間に生じるメタ認知をとらえて，社会的に共有されたメタ認知（socially shared metacognition）と名づけました。そして，共同作業の際にはメタ認知はそれぞれの個人内ではなく，個人間に生じるものであることを強調しています。

たしかに，ピア・ラーニングが共同作業の形をとる際には，そこで生じるメタ認知的活動は個人に帰することが困難な場合があります。しかしながら，当該の学習が，最終的には独力での問題解決をめざすものであるならば，やはり各人がどの程度メタ認知を働かせて学習を遂行しているかを見極めることも必要でしょう。個人のメタ認知と共同のメタ認知，その両者をうまく切り分けていくことが今後の課題の一つとなるでしょう。

本章のポイント

1. 認知活動を対象化したメタ認知は，メタ認知的知識とメタ認知的活動（経験）に大きく分けられる。
2. メタ認知は，ピア・ラーニングによって促進される。
3. 意見文を作成する際には，とくにメタ認知を働かせることが重要である。それゆえ，ピア・ラーニングを取り入れたトレーニングが有効である。

理解を深めるために

『ヴィゴーツキー心理学』中村和夫　2004年　新読書社
『学ぶ意欲を育てる人間関係づくり──動機づけの教育心理学』中谷素之（編）2007年　金子書房
『メタ認知──学習力を支える高次認知機能』三宮真智子（編）2008年　北大路書房

■引用文献

Brown, A. L. (1978). Knowing when, where, and how to remember: A problem of metacognition. In R. Glaser (Ed.), *Advances in instructional psychology* (*Vol. 1*). Hillsdale, New Jersey: Lawrence Erlbaum Associates.

Flavell, J. (1976). Metacognitive aspects of problem solving. In B. Resnick (Ed.), *The nature of intelligence*. Hillsdale, New Jersey: Lawrence Erlbaum Associates.

Iiskala, T., Vauras, M., & Lehtinen, E. (2004). Socially-shared metacognition in peer learning? *Hellenic Journal of Psychology*, **1**, 147-178.

Iiskala, T., Vauras, M., Lehtinen, E., & Salonen, P. (2011). Socially shared metacognition of dyads of pupils in collaborative mathematical problem-solving processes. *Learning and Instruction*, **21**, 379-393.

Lochhead, J. (1985). Teaching analytic reasoning skills through pair problem solving. In S. F. Chipman, J. W. Segal & R. Glaser (Eds.), *Thinking and learning skills, Vol.1: Research and open questions*. Hillsdale, New Jersey: Lawrence Erlbaum Associates. pp.109-131.

永野重史（編）(1985)．道徳性の発達と教育――コールバーグ理論の展開．新曜社．

Palincsar, A. S., & Brown, A. L. (1984). Reciprocal teaching of comprehension-fostering and comprehension-monitoring activity. *Cognition and Instruction*, **1**, 117-175.

Roussel, P., Elliot, A. J., & Feltman, R. (2011). The influence of achievement goals and social goals on help-seeking from peers in an academic context. *Learning and Instruction*, **21**, 394-402

三宮真智子（2007）．メタ認知を促す「意見文作成授業」の開発――他者とのコミュニケーションによる思考の深化を目指して．鳴門教育大学高度情報研究教育センター・テクニカルレポート，No.1.

Sannomiya, M., & Kawaguchi, A. (2008). A training program for improving logical communication skills of Japanese high school students. *International Journal of Psychology*, **43** (3), 694.

Tan, J., Biswas, G., & Schwartz, D. L. (2006). Feedback for metacognitive support in learning by teaching environments. *The proceedings of the 28th Annual Meeting of the Cognitive Science Society*, 828-833.

ヴィゴツキー L. S.，柴田義松（訳）(2001)．新訳版 思考と言語．新読書社．Выготский, Л. С. (Vygotsky, L. S.) (1934). *Мышление и речь*.

Zimmerman, B. J. (1990). Self-regulated learning and academic achievement: An overview. *Educational Psychologist*, **25**, 3-17.

第3部

ピア・ラーニングの展開

11章

協同による教育実践の創造

杉江修治

　新しい時代に求められる学力への関心の高まりとともに，学校教育では授業改善の動きがこれまでになく大きくなってきています。改善のポイントとして，授業過程に学習集団内での学びあい，すなわちピア・ラーニングを導入するという試みもきわめて多くなってきています。

　ただ，学びあいが単なる手法として導入された場合，その効果は必ずしも高いものとはなりません。教師は，授業を進めるにあたっての意思決定者として，めざす学力との整合性を考えたうえで授業設計をする立場にあります。手法を単純に受け入れるのではなく，学習指導の理論をふまえたよりよい実践化への挑戦が求められるのです。

　協同学習は，仲間相互の情報の交換，交流に着眼した協働や協調に加えて，グループ・ダイナミックスの研究成果を基盤においた学習指導の理論です。そこには実践者が，教科内容の習得と同時に豊かな同時学習を見込むことのできる学習指導の原理と豊かな実践事例があります。本章は，この協同学習の理論の概要と実践化のアイデアを内容としました。

KEY WORDS

協同学習，学力，学びあい，グループ・ダイナミックス，グループ学習，課題解決志向的集団，学びの見通し，学習課題，集団課題，学びのふり返り

1節 学校教育がめざすもの

　近年，授業改善のキーワードとして「学びあい」が注目されてきています。学習集団メンバー同士のピア・ラーニングの活用です。学習形態としては，多くは小集団によるグループ学習を導入しています。

　しかし，グループでの学びあいをさせれば授業はよくなるのでしょうか。これまで，グループ学習への関心の高まりは何度かあったものの，それが授業の進め方の主流になったことはありません。教師による一斉講義と板書を引き写すだけの授業への批判が一貫してなされてきていながら，なぜグループの活用が実践に定着しなかったのか，理由を明らかにしておかなくては，今は注目されている学びあいも，一時のブームに終わってしまうでしょう。

　学びあい・グループ学習は，学習の手法にすぎません。なぜそれを導入するのかというねらいがまずあって，そのねらいに適合する手法として取り入れられることが必要です。学びあいをさせればいい成果が出そうだと，ねらいを明らかに定めないままの実践では，成功は見込めません。手法を変えることが授業改善だという，安易な教育文化の見直しが必要です。

　また，その手法も，きちんとした活用のための理論的理解が欠かせません。グループ・ダイナミックスの研究成果をしっかり押さえなくてはいけません。理論的理解が実践の基盤に必要だという研究的な教育実践文化も必要です。

　学びあいが実践の手法として広がりはじめたのは，学校教育で追究すべき学力の質が変わったことによると考えられます。PISAの学力国際比較の結果などは重要な契機でした。

　学校は，健全な意味での人材育成の場です。新しい時代の社会を支える力を育てる場です。求められる学力については，さまざまな表現がなされていますが，次の3点のようにまとめても大きな異論は出ないでしょう。

①自主・自律の力
②共生社会を担う民主的態度
③確実で幅広い知的習得

学びあいの実践は，このようなねらいをしっかりと押さえて，一つひとつの実践がそれに応えるものであるかという点検をしながら進められるべきです。実践の出発点は，学びあいという手法ではなく，めざす学力にあるのです。

また，学びあいの背景に，「協同」という，学習活動を効果的にする原理があるという理解が必要です。意見交換を効果的に進めるためには，学習集団が協同の文化をもっている必要があるのです。協同学習はグループ学習のことだと理解するのは間違いです。協同学習は効果的な学習を可能にする原理であり，グループ学習はそのための進め方の一つなのです。

2節 協同学習の理解

1. 協同の意義

協同は cooperation という，グループ・ダイナミックスで用いられてきた用語の訳語です。最近，認知心理学から collaboration という類似の概念が出されてきて，協働とか協調といった訳語があてられています。

協同については，グループ・ダイナミックスの領域で研究が重ねられてきました。その成果を土台に，ピアジェ（Piaget, J.）やブルーナー（Bruner, J. S.），ヴィゴツキー（Vygotsky, L. S.）らの認知心理学的研究成果を取り入れて学習指導論に組み立てられてきたのが協同学習です。協働・協調ということばを用いた学習指導論は，協同の視点，実践でいいかえれば学級集団が発揮する力の側面よりは個人および個人間の認知的過程を重視しており，協同学習理論の中の，認知的側面の充実を図るものだと位置づけられるでしょう。

国語辞典では，協同とは「心を合わせ，力を合わせ，助け合って仕事をすること」，競争とは「勝ち負け，優劣を他人と競り合うこと」と一般に説明されています。辞典の理解は，グループメンバーの「活動のようす・姿」に注目しています。

ただ，協同と競争を集団の「活動のようす・姿」に注目して区別していた

のでは，その本質を十分理解することはできないのです。グループ・ダイナミックスの研究者として著名なドイチュ（Deutsch, 1949）は，協同と競争の定義は集団の「活動のようす・姿」ではなく，集団が「めざす目標」に関してなされるべきだと提言し，以後の実証的な集団研究では彼の定義が一貫して用いられてきています。

　すなわち，協同とはグループメンバーが全員同時に到達できるような目標が設定されている事態をいい，競争とはメンバーのうちひとりでも目標に到達したらほかの成員は目標に達することができない事態をいうとしたのです。これを学校での学習に即していいかえれば，学習集団のメンバー一人ひとりの成長が互いの喜びであるという目標の元で学習する場合が協同であり，学習集団の中で誰が一番かを目標にして個々が学ぶ場合が競争なのです。

　多くの教師や父母が，学校での学習で望ましい「よい意味での競争」と考えているものに，よきライバル，切磋琢磨があります。先のドイチュの定義にしたがった場合，これは競争なのでしょうか。切磋琢磨がめざすところは，双方が最終的にはともに育つことです。序列はつくかもしれませんが，それは二義的なものです。一方が負けて落伍するような場合は切磋琢磨とはいいません。磨き合い，ともに光を増すがゆえの表現です。競い合ってはいても，双方が大きく成長するような集団過程は協同に向かうものです。よきライバルは競争相手ではなく，協同の仲間なのです。

2. 協同学習の効果

　協同と競争が，グループの成績や個人の学習に及ぼす効果を実証的に検討した研究は数多くあります。ジョンソン兄弟（Johnson & Johnson, 1989）は，個別条件での学習の場合も含めて，1,583の研究を検討し，表11-1のようにまとめています。数字は事例の数です。

　また，協同，競争，個別の3条件で課題解決に取り組む過程で生じる同時学習の側面の一つ，自尊感情について，成果を比較した226の研究の結果を表11-2のようにまとめています。

　さらに，彼らは対人関係についての協同の効果の資料も出しています。仲

表 11-1　協同学習の効果に関する 1,583 の研究（Johnson & Johnson, 1989）

	協同が優れる	差がみられず	協同が劣る
協同条件と競争条件の比較	316	213	45
協同条件と個別条件の比較	513	432	64

表 11-2　自尊感情の成果を比較した 226 の研究（Johnson & Johnson, 1989）

	協同が優れる	差がみられず	協同が劣る
協同条件と競争条件の比較	80	61	1
協同条件と個別条件の比較	44	37	3

表 11-3　仲間への魅力の変化に関する 744 の研究（Johnson & Johnson, 1989）

	協同が優れる	差がみられず	協同が劣る
協同条件と競争条件の比較	251	151	7
協同条件と個別条件の比較	184	133	18

間への魅力の変化については，744 の研究を分析することで，表 11-3 に示すような結果がみられました。

　協同を原理とした学習では，メンバー間の学びあいを通してわからないことがわかるようになる，教えることで理解が定着するといった知的側面での効果だけではなく，同じ時間を費やすなかで，豊かな同時学習が生起していることも理解できる結果といえるでしょう。

3. 実践に求められる学習指導観の転換

　教師主導の講義の合間に，思いつき的にグループでの学びあいをさしはさむというような実践は珍しくありません。それでも一方的な講義よりはいいのかもしれませんが，しょせん教師主導の流れのなかの展開であり，自主・自律，民主的態度，幅広い知的習得が望める授業には遠いものがあります。求める学力に対応した学習指導観の転換が必要なのです。

　まず，学習者主体の授業の進め方を工夫する必要があります。学習者は，教師と比べれば勉強については素人ですから，何を学ぶべきか，どのように

学ぶべきかについてはよく知りません。学習者に何もかも任せるスタイルは，学習者中心ではなくて放任授業です。教師がすべきは，学びの枠組みづくりです。教科学習で，一つの単元を学ぶときには，その単元がなぜ大事なのか，どのように学んでいくと効果的に学べるのか，そして何がゴールか，をしっかりと知らせ，学習者が自分たちで活動できるところまでの条件づくりをして，学習活動は学習者にできるだけ多く任せていくという自律的な学習スタイルが望ましいのです。

　次に，学習者の学習意欲の理解という側面です。子どもは（いや，大人も含めて人は誰でも）自分の成長を願っており，それをめざして動き出すエネルギーをもっています。学校の学びは自分を成長させる喜びが得られる貴重な機会のはずですが，主体的な学びの姿を必ずしも常にみることができないのはなぜでしょう。学びの姿を子どもが示さないときに，大人はしばしば彼らの意欲の欠如を述べ立てます。それは正しいのでしょうか。むしろ大人が子どもに準備した学習場面の適切さをふり返ってみる必要があります。

　また，学習者に対する期待の水準についても考える必要があります。ていねいな板書を用意し，単純にそれを写させるといった活動などは，低学力の学習者にもわかるようにという教師の善意の工夫でしょうが，実際には学習者の伸びを奪っているように感じます。学習者はしばしば挑戦的な課題を好みます。教師が経験で見当づけている学習者への期待は，低すぎることが多いのです。

　学習集団についても一考が必要です。近年，子どもたちのコミュニケーション能力や対人関係能力の低下がいわれ，ソーシャル・スキル・トレーニング（SST）のさまざまなプログラムが実践の場に取り入れられてきています。ただ，そういったプログラムの実践は，人間関係の軋轢を緩和する効果は見込めても，切磋琢磨も必要な，授業における学びあいにはあまり役立っていないのです。

　SSTでめざしている人間関係とはどのようなものでしょうか。集団はその特質に関してさまざまな分類がなされますが，学校における集団を理解するための分類として，バス（Bass, 1962）が示した「人間関係志向的集団」と「課題解決志向的集団」という分け方は有用です。前者は仲よし関係で結

ばれた集団であり，後者は集団として課題をよりよく達成することをめざして結ばれた集団です。SST で培われる人間関係は前者であり，そこでは集団の成員は人間関係を維持するための気遣いに重点を置いており，高め合い，鍛え合うといった課題解決に必要な活動にまでなかなかふみ込めないのです。

学校では，授業を中心とした課題解決行動が中心となります。学習集団・学級集団が追究する学習課題では，メンバー一人ひとりが精いっぱい成長することがめざされます。そのような課題追究を効果的に行えるような集団づくりが求められます。

4. 協同学習のモデル

協同学習には，特定の進め方があるわけではありません。学級集団をおもな単位として，仲間相互が協同して学び合い，高め合うことが協同学習の基本なのですから，学習者の特性や状態，教材の種類などに応じて，進め方はその都度変わるでしょう。教師の主体的判断が求められる指導論です。

ただ，これまで，多数の研究と実践の中で，教師が使えるモデルや技法はたくさんつくりだされてきています。その成果を柔軟に応用し，使いこなすことが教師の仕事といえるでしょう。技法が多く紹介されている本として Jacobs ほか（2002）と Barkley ほか（2005）をあげておきましょう。授業モデルが示されているものとしては，Aronson ほか（1978），Johnson ほか（2002），Sharan & Sharan（1992），杉江（2011），安永（2006）の5つをあげておきましょう。洋書はそれぞれ翻訳が出されています。

3節 協同による教育実践づくり：基本と事例

1. 学習課題の工夫

学習者の側に課題意識がなくては，的確な学習活動は起きません。押しつけの情報提供は，剥落しやすい知識を伝えるにとどまります。ともに育つことをめざす協同学習では，一人ひとりの課題意識を明確にすると同時に，学

習集団内で学習課題の共有化を図る必要があります。

　明確な課題意識を引き起こすことのできる学習課題はどのように表現して，どのように学習者に伝えたらいいのでしょう。

　理科で，実験を通して二酸化炭素の性質を理解させようとする場合，「今日は二酸化炭素について学びます」では，具体的に何を学べばいいのかよくわかりません。「二酸化炭素発生の実験をしよう」といった表現では，実験をしさえすればいいのかということになってしまいます。これを「二酸化炭素の実験を通して，二酸化炭素の性質を3つ，説明できるようにしましょう。クラスの全員ができるようにしたいね」という形で学習者に示すならば，個人として，どういう活動をして何ができるようになればいいのか，また学習集団の仲間への支援の目標は何か，がよくわかります。

　学習者と学習集団にしっかりと中身が伝わる課題表現の工夫は，積極的で，教師の意図に沿う学習活動を導く重要な工夫のポイントといえます。

　また，協同学習の実践研究から出てきた工夫として，学習者と学習集団の自律的な学習を促すために，学習のひとまとまりとしての「単元」の導入第1時間目に，単元全体の学習内容と進め方を知らせ，学習課題をその組み立てまで理解させるという手続きがあります。

　ある中学校の数学の時間では，単元に入る最初の時間に単元テストを配布しています。そのテストには，その単元で最終的にめざす目標が具体的な問題という形で示され，そこにいたるサブ課題も順に載っています。このテストプリントと教科書を手がかりに，教師は1単元の学習内容と学習の手順について，学習者が大づかみに理解できる解説をし，そののちに指導に入ります。別の学校では，すべての教科のすべての単元について，その学習内容を1ページにまとめ，冊子にしたものを用意し，単元はじめに常にその当該ページの解説からスタートするという進め方をとっています。

　このような，学びの見通しをもたせる手続きは，とりわけ学習に遅れのありがちな学習者の学習を促す効果が認められています（杉江，2011）。

2.　学習指導過程の工夫

　学級の成員全員のよりよい成長を図る協同学習では，しばしば小集団形態

のグループ学習としてピア・ラーニングを導入します。ただ，グループで話し合わせれば効果が期待できるということはありません。グループでの話し合いを効果的に進めるには，さまざまな工夫が必要です。

　同調的な活動に陥らないために，また，一人ひとりの成員が話し合いに貢献できるようになるために，話し合いをはじめる前に，一定の時間を費やして個人思考をさせ，成員個々が自分なりの意見をもってから話し合いに臨むという手続きが有効です。自分の意見が生み出せないでいる学習者には，個人思考の間に教師が支援をし，その学習者がグループに貢献できるような配慮をすることも可能です。

　グループの活動がしっかりと課題解決に方向づけられるためには，グループに与える集団課題が明確であることも必要です。「グループで話し合いましょう」「グループで取り組んでください」といった指示がしばしばなされているのが実践の実態ですが，これではいけません。グループとして何をすればいいのか，あいまいだからです。教師のねらいに沿った指示，たとえば「この問題の解き方を，グループの誰が指名されてもできるようにしなさい」「グループとして一つの答を考え出しなさい」「グループで，できるだけたくさんの考えを出しなさい」といった具合に，グループとして何をすればいいのか，明確に示すことが必要です。

　グループ活動ののちの，学級全体の交流，すなわち学級全体のピア・ラーニングの仕方もさまざまな形があります。すべてのグループに順に結果を発表させるという形が実践では多くみられるのですが，同じ答の繰り返しが続くようでは効率が悪くなります。学習者の参加態度も緩みます。話し合いの間に，教師が発表グループをピックアップしておくとか，各グループに説明係を残して，残りのメンバーはほかのグループの考えを取材に行くなどの工夫もあります。学習者全員の密度の濃い学習参加を念頭に置いた交流の工夫が必要です。

　また，全体への意見発表では，発表者は教師に向かって発言するのではなく，仲間に向かって発言する形をとるほうがいい場合が多いようです。一人の発言は，学級全員を高めるという意図をもってなされるべきだからです。学級全体の協同を図るときに，机をコの字型に配置したり，サークル型に配

置したりする意図はそういうところにあります。

　発言者は仲間に意見を伝えようという課題意識をもって発言します。それを聴く側にも課題意識をもたせたいものです。注意深く聴いて，その発言につけたしをしたり，反論をしたり，同意をしたりという反応を求めるということを前提に話を聴くという構えをもたせることが必要でしょう。発言する者とそれを聴く者がそういう構えをもって全体の交流が行われれば，一斉形態の協同学習が成立したといえます。

3.　グループ活用の工夫

　グループ活動を効果的にする集団編成の条件は，これまでの実験的な研究や数多くの実践から明確になってきています（杉江，1999）。

　適正なグループサイズは4人から6人です。最近の実践では4人グループが多く用いられています。サイズと同時に大切なのは，座席配置です。個別の作業をともなう場合（たとえばワークシートに記入しながら話し合う場合など）は，1人に1つの机が必要でしょうが，確認のための交流などでは，前に座る2人の学習者が振り向けば，後ろの2人と机1つ分をはさんだ近い距離で話ができます。英語のペア学習などでも，適正な会話の距離を指示することは大事な配慮です。

　グループ編成は，成員の特性が異質であるほうが効果的だということが明らかになっています。学力，パーソナリティなど，異質な組み合わせがいいのです。習熟度別指導などは，集団内等質集団による学習だというところに大きな問題があるのです。それは集団がもたらしうる有効な力を引き出す条件ではありません。

　仲よし同士を組み合わせた集団はどうでしょうか。そのような集団では互いに人間関係の維持に配慮しすぎることによって，なれ合い的な活動に陥ることがあります。男女の組み合わせについては，実験研究では結果が一貫しないのですが，学習者の幅広い成長を考えた場合，混成条件が望ましいといえるでしょう。実際，生活面ではそれほどの交流はなくとも，授業という課題解決場面では，中学生，高校生でも男女間の自然な交流がなされます。

　実践では，グループ成員一人ひとりに役割を与え，学習の過程で，習得面

だけでなく，同時に役割遂行の仕方と，その基盤となる「個人の責任」を学ぶ機会とすることが多くなされています。司会者，発表係，記録係，連絡係など，活動に即して教師が工夫をしています。学級の状況によって判断は分かれますが，できれば成員の誰もが司会者のようなリーダー的な役割を果たせるように，役割を固定せず持ち回りにするほうが有意義だと考えられます。

4. 学びのふり返りの工夫

　さまざまな学習活動の最後には，学習者が自分自身の成長をきちんと評価することにより，学びの値打ちを確認し，次の学習への意欲づけを得ることができます。教師の評価，学習者自身の自己評価，学習者同士の相互評価を活用したふり返りのステップが，学習活動の最後に置かれる必要があります。教師が話し終わって授業が終わるというスタイルでは，学習活動のうえで大事な手続きが抜け落ちてしまうことになります。

　教師が用意する学習のふり返りとしては，その時間の学習内容を代表する小テストへの取り組みなどがあるでしょう。わかったつもりで終わるのではなく，わかったかどうかを明確に知るための手がかりになります。

　学習内容を仲間に説明し合うという形の相互評価も有効です。相手にわかるように伝える練習になると同時に，きちんと聴いて，その結果を相手にフィードバックするという，仲間を高める責任を経験する活動にもなります。

　教師がいくつかの項目を設定して自己評価させるという工夫もなされています。その場合，たんに「感想を書きましょう」という程度のあいまいなふり返りの指示では，学習者は「よかった」とか「よくわかった」といった簡単な記述しかしません。「今日の……についてあなたはどんな意見をもつようになりましたか」とか「今日学んだことで，自分の考えがどのように深まりましたか」というように，ふり返りの観点を明確に示すことが必要です。

　さらに，協同学習では，学習活動のなかで学級づくり，それも課題解決志向的な学級づくりを同時に図っていますので，仲間と学び合ったよさについても折に触れてふり返らせたいものです。「今日の話し合いのなかで誰からどんなアドバイスをもらいましたか」「今日の授業で見つけた仲間のよいと

ころを書きましょう」といったふり返りです。仲間のよさを確認すると同時に，仲間からのポジティブな評価を受けることの喜びがあり，ともに高まろうという課題解決志向的な集団に向かう力が生まれます。

4節 協同的な学びの可能性

　協同学習はグループ学習という手法のことをいうのではありません。学習集団の全員が個に応じて精いっぱい成長することが大事なのだという認識を，集団成員全員がしっかりともって学習活動をすることの意義を強調する学習指導論です。教師の側からいえば，協同の意義をふまえた学級経営が協同学習でめざすべき基本だといえます。

　協同は，学校における学習者の幅広い学習活動すべての基礎に位置づくものです。協同は，教科の学習だけでなく，特別活動，道徳，総合的学習の時間はもちろん，生徒指導の背景にもなります。学校における多様な活動の基盤に置くべき，一貫性，統合性をもった原理として働くのです。

　協同の原理を学校に導入して，学校の荒れを克服した事例は数多くあります（杉江，1999）。個々の児童生徒の適応に対しても，たとえば不登校の減少といった形で協同が成果をあげている事例も報告されています。

　協同による学級経営が児童生徒にしっかり届いている教室では，同時に，主体的な学びを当然とする文化ができていきます。一人ひとりの成長意欲を前提にした，課題に向かう姿が学級成員全員にみられます。個人差を学習者同士が認め合い，相手に応じた適切な働きかけをしていくようになります。意見を出し合い，多様な意見に触れるだけでなく，仲間の意見を土台にして，新しい考えを創り出し，互いに高め合う学習活動が可能になっていきます。

　協同原理にもとづく教育は，信頼に支えられた集団のもつ潜在的な動機づけの力を引き出し，学びを受け身から能動的な活動に変え，単なる知識習得から，考えを練りあげ，それを発信するところまでの力を培う機会として，また，学習意欲や対人的感受性や，自己肯定感などを同時に育てる，効果的な教育の在り方を提案するものとなっています。さらに，教師の協同，学校

と地域の協同といった発想から，より広い協同の図式で教育実践をとらえる動きも出てきています（杉江，2011）。

― ✦ 本章のポイント ―

1. グループ学習が協同学習ではない。協同学習は「協同」を基盤においた学習指導論である。
2. 協同の学びを効果的に進めるためには，主体的な学びとは何か，どのような学習集団づくりが必要かなど，さまざまな側面で授業に関する認識の転換が必要となる。
3. 協同的な学びを促すためには，単にグループの活用法のみに配慮すればよいのではない。個人と集団の思考を促す幅広い配慮が必要となる。

― 📖 理解を深めるために ―

『先生のためのアイディアブック――協同学習の基本原則とテクニック』G. M. ジェイコブス，M. A. パワー，L. W. イン，関田一彦（監訳）2005年　ナカニシヤ出版
『学習の輪――学び合いの協同学習入門』D. W. ジョンソン，R. T. ジョンソン，E. J. ホルベック，石田裕久・梅原巳代子（訳）2010年　二瓶社
『バズ学習の研究』杉江修治　1999年　風間書房
『協同学習入門』杉江修治　2011年　ナカニシヤ出版

■引用文献

Aronson, E., Blaney, N., Stephan, C., Sikes, J., & Snapp, M. (1978). *The jigsaw classroom*. Beverly Hills, California: Sage Publications. 松山安雄（訳）(1986). ジグソー学級．原書房．
Barkley, E. F., Cross, K. P., & Major, C. H. (2005). *Collaborative learning techniques: A handbook for college faculty*. New York: John Wiley & Sons. 安永　悟（監訳）協同学

習の技法. ナカニシヤ出版.

Bass, B. M.（1962）. *Orientation Inventry*. Palo Alto: Consulting Psychologist Press.

Deutsch, M.（1949）. A theory of cooperation and competition. *Human Relations*, **2**, 129-151.

Jacobs, G. M., Power, M. A., & Inn, L. W.（2002）. *The teacher sourcebook for cooperative learning*. Beverly Hills, California: Sage Publications Ltd. 関田一彦（監訳）（2005）. 先生のためのアイディアブック——協同学習の基本原則とテクニック. ナカニシヤ出版.

Johnson, D. W., & Johnson, R. T.（1989）. *Cooperation and competition: Theory and research*. Edina, Minnesota: Interaction Book Company.

Johnson, D. W., Johnson, R. T., & Holubec, E. J.（2002）. *Circles of learning: Cooperation in the classroom*（5th ed.）. Edina, Minnesota: Interaction Book Company. 石田裕久・梅原巳代子（訳）（2010）. 学習の輪——学び合いの協同学習入門（改訂新版）. 二瓶社.

Sharan, Y., & Sharan, S.（1992）. *Expanding cooperative learning through group investigation*. New York: Teachers College Press. 石田裕久・杉江修治・伊藤　篤・伊藤康児（訳）（2000）.「協同」による総合学習の設計——グループ・プロジェクト入門. 北大路書房.

杉江修治（1999）. バズ学習の研究. 風間書房.

杉江修治（2011）. 協同学習入門. ナカニシヤ出版.

安永　悟（2006）. 実践・LTD 話し合い学習法. ナカニシヤ出版.

12章 日本語教育における ピア・ラーニング

舘岡洋子

　日本語教育において，近年，ピア・ラーニングがさかんになっています。ピア・ラーニングは，仲間の学習者との対話を媒介として，学習対象への理解，自己理解，他者理解を深め，学習者自身が自律的な学び手となることをめざした活動です。その意義は，認知面からみれば，かぎられた時間内で利用可能なリソースが増えることになり，また，互いの理解を深めたり，考え方を変容させたり，新しいものを生み出す可能性もあります。情意面からみれば，互いの関係性を構築したり，動機づけを高めたりすることが認められます。認知面と情意面は一体となって，学習が促進されていきます。

　ピア・ラーニングは，活動が目的化しないように教師自身が明確な目標をもち，たえず学習環境のデザインを工夫し進化させていくべきものです。ことばの学習でピア・ラーニングを行うことは，ことばを学ぶことをその言語の知識を獲得しそれを運用できるようにするスキルトレーニングだと考えるのではなく，人と人がやりとりし，互いを理解し，新しいものを生み出そうとする実践だととらえるべきでしょう。異なった背景をもつ多様な人々が互いを理解し共生していくこれからの社会で，すべての人に必要な学び方なのです。

KEY WORDS

日本語教育，言語教育観，教授法，学習環境のデザイン，ピア・リーディング，リソース，教室活動，認知面と情意面，理解の共構築，足場づくり，場づくり

1節 日本語学習と教室活動

1. 日本語教育の広がり

　文化庁（2011）によると，日本国内の日本語教育機関・施設数は1,832か所，教員数は31,064人，日本語学習者数は128,161人でした。おそらく東日本大震災の影響で，学習者数はその前年より激減しましたが，それでもこの10年間の推移をみると施設，教員，学習者とも増加しています。上記の日本語学習者に加え，文部科学省（2012）によると，公立小学校，中学校，高等学校，中等教育学校および特別支援学校に在籍する日本語指導が必要な外国人児童生徒数は，27,013人でした。これら2つの調査をあわせると15万人以上の学習者が国内の何らかの機関で日本語教育を受けていることになります。近年の特徴としては，「地域の居住者」である日本語学習者や日本語指導を必要としている子どもたちの増加があげられるでしょう。

　一方，海外では，国際交流基金（2009）によると，133か国，14,925機関で日本語教育が行われ，教師は49,803人，学習者は3,651,232人であったと報告されています。中等教育段階の学習者が多いことが海外の特徴としてあげられます。

　また，日本国内の大学をみると，留学生数は漸増し，日本人学生と机を並べて学ぶ留学生の姿も珍しいものではなくなってきました。このようなグローバル時代の日本語の授業は，かつてのように語彙や文法など日本語の知識を学ぶことだけでは不十分で，相手の意見を聞き，自らの主張を発信し，異なった者同士が対話を通して互いに理解していくことができる日本語力を養成する場でなければなりません。

　本稿では，多様性を生かして学び合うピア・ラーニングについて，日本の大学における留学生のための日本語クラスの実践を中心に論じます。

2. 日本語教育における教室活動の変遷
——教授法から学習環境のデザインへ

　日本語教育において，「ことばを教えるとはどういうことか」という言語教育観は，時代とともに変化してきました。それをあえて一言でいうとすれば，「言語構造を中心とした知識の伝達」から「実際に使えるような教え方」へ，さらに「教え方」から「学習者の学び方の支援」への転換といえるでしょう。

　日本語教育における言語教育観は，まず言語構造中心のものであり，日本語の文法や語彙をはじめとする日本語学の知識が重視されました。次に，英語教育でオーディオリンガル・メソッドがさかんになると，日本語教育にも取り入れられ，言語構造中心であった教師の視点は，「教え方」つまり教授法に移ってきました。パターン・プラクティスなどの行動主義的なドリルがさかんになりましたが，しかし，たくさん覚えたはずの文型もいつ，どのような場面で使うのかわからないという指摘のなかで，言語を学ぶのはコミュニケーションのためだ，伝達こそ重要だという考え方に変わり，コミュニカティブ・アプローチが登場しました。この転換において，「教師の教え方」の中に「学習者」への視点が強く示され「学習者中心」ということばも生まれ，学習者の自律性（learner autonomy）が重視されるようになります。教師たちの関心は，どう教えるかということから，学習者自身がどのように学ぶか，つまり，教師による教授法から学習者による学習法へと転換してきたといえるでしょう。そうなると，教師は何をどのように教えるかではなく，学習者が自ら学べるようにどう学習環境をデザインし，どう支援をするかということが重要になってきます。本章で述べるピア・ラーニングも，学習者の学びを支援するという言語教育観に立っています。

2節 日本語の教室におけるピア・ラーニング

1. ピア・リーディングのはじまり
　　──筆者の場合の3つの背景

　日本語教育では2000年前後から，ピア・ラーニングの論文が出てきたので，おそらく実践はそれ以前からスタートしているでしょう。筆者も1996年ごろから日本語の授業でピア・ラーニングによる読解活動─「ピア・リーディング（peer reading）」─を始めました。ピア・リーディングというのは，筆者の命名によるものですが，仲間の学習者との対話を媒介として，テキスト理解という課題そのものへの取り組みを深化させるとともに，自己理解，他者理解を深め，学習者自身が自律的な学び手となることをめざした活動です。

　本節では，協働で学ぶことがなぜ必要なのかを考えるために，筆者がなぜピア・リーディングをするようになったのかを述べたいと思います。

(1) 背景1──読解授業の現場の問題意識から

　第一の背景は，現場の問題意識から出発しています。みなさんが外国語の授業で「読解」を学んだとき，授業はどのように進められていましたか。中学や高校の英語の授業では，読解となるとテキストを読んで訳したり，わかりにくい部分の単語や文法を検討したりして，全体の意味がわかる＝読めるようになることがめざされていたのではないでしょうか。日本語の授業も同様で，解読のようになってしまい，わくわくするような活気のあふれる授業になりにくいというのが現状でした。また，解読ができた時点で終わってしまい，テキストの内容についてじっくり考える時間もあまりありませんでした。

　そもそも，教室に複数の学習者が集まって読む活動をするのは何のためでしょうか。教室だからこそできることがあるのではないかと考えてみる必要があります。このような読解授業への問題提起から，筆者は，一人ひとりの

読みのプロセスをクラスメイトと共有するということを授業の中でできないか，と考えるようになりました。同じテキストを読んで，読み手がそれをどう自らの中に位置づけたかは一人ひとり異なっているわけですから，それを可視化することによって，日本語の授業でも互いの重なりと異なりを意識し，互いの考えに見直しを迫ったり気づきを促したりすることができるのではないかと思ったのです。このように現場の問題意識から出発したのが，ピア・リーディング誕生の第一の背景です。

(2) 背景2──読解過程の研究から

　第二は，第二言語としての日本語の読解過程の調査から得た示唆が背景となっています。読解活動とは，仮説（その時点での理解）を設定し，テキスト情報や既有知識などを動員しさまざまな角度からその仮説を検証していく問題解決活動であり，読み手は「自問自答」しながらその活動を進めています（舘岡，2001参照）。この調査の過程で，自分自身に向けて行う自問自答を他者と行ってはどうだろうかというアイデアが生まれました。つまり，自分でああだろうか，こうだろうかと，仮説を立てながら読み進めることを，他者に向けて問いながら，他者と一緒に読むのです。試験的に2人でピア・リーディングをしてもらい，理解過程を声に出して言ってもらい，そのデータをプロトコル分析したところ，助け合いながら読むという課題解決を行い，一緒に読んだからこその気づきが生まれ，ひとりで読んだときとは異なった活動がみられました（舘岡，2000参照）。

(3) 背景3──学習観の転換

　現場の問題意識と読解研究から生まれたピア・リーディングですが，少し離れて眺めてみると，学習観の転換を意味するような動きであることがわかります。

　従来，教室ではあらかじめ準備された知識が教師によって手際よく伝達され，学習者個人の中に効率よく蓄積されることがめざされていました。しかし，学習というのは本来，学び手自身が行うものではないか，他者（教師）から与えられるものではないのではないか，という問題意識のもとで，参加

することや体験することによって学ぶという考えに転換していきました。これは、「知識は状況に依存しており、学習とは学習者自身が知識を構築していく過程であり、社会的相互作用を通じて行われるものである」という社会構成主義の考え方（久保田、2000；ガーゲン、2004など）などが背景となっています。ピア・ラーニングも学習者自らが主体的に学びを構成していくことをめざしています。

2. 日本語教育における多様なピア・ラーニング

以上の問題意識を背景に、2人の学習者が助け合って読んでいくプロセスのプロトコル分析（舘岡、2000）や、クラスで推理小説を読み、予測していく実践（舘岡、2003）、また、読むプロセスを共有するばかりでなく、一つのテキストをいくつかに分割し、互いに異なった部分を読んでそれを突き合わせ統合していくジグソー・リーディング（舘岡、2005）など、いろいろなピア・リーディングの実践を試みました。

読解のほかにも、日本語教育では多様なピア・ラーニングが実践されています。もっともさかんに行われているのは、ピア・レスポンスとよばれる作文活動です。学習者同士がコメントをし合い、互いの作文をよくしていきます。教師は文法や語彙の正確な使用を意識して添削を行いがちですが、ピア・レスポンスでは教師添削よりも内容面の向上がみられたといわれています（広瀬、2000；池田、2000ほか）。また、作文や読解にかぎらず、日本語使用の体験後に仲間と内省を行う「ピア内省」（金、2008）が提案されたり、プロジェクト・ワークのような統合的な学習を協働で行い、結果として4技能（読む、書く、話す、聞く）を学ぶような活動が実践されたり、広がりをみせています。

3. ピア・ラーニングにおける仲間の学習者

言語学習の教室活動は、ピア・ラーニングという学び合いによって大きく変わりました。他者と協働して学ぶことに、どんな意義があるのかを認知面および情意面からまとめてみましょう。

(1) リソースの増大

　ピア・ラーニングの認知面でのメリットとして，まず第一にリソースの増大があげられます。舘岡（2000）では，テリー（仮名，以下学習者名はすべて仮名）とサリーというふたりの英語を母語とする日本語学習者が協働で読解を行い，互いにわからない単語の意味や漢字の読み方など宣言的知識（declarative knowledge）を教え合ったり，読みのストラテジー，漢語の語義推測のストラテジーなど手続き的知識（procedural knowledge）を提示したりしていることがわかりました。

　これらは，互いに不足していた知識や方略を仲間の学習者から得ている例で，互いの存在は相手にとって人的リソースとなっています。そしてこの学びはいつも一方が他方に教えるということではなく，それぞれがもっているものを発揮しているのであり，双方向的，互恵的であることもわかりました。

　また，教師からは決して得られないであろう知識が仲間の学習者から得られることも観察されました。具体的には，表12-1からわかるように，共通の母語である英語で説明し合ったり，共通の経験（一緒に受講した授業）での例をあげ，互いのつながりを活用して教え合ったりしています。つまり，教師から習うのと違って，学習者同士がある特定の背景を共有するからこそ，互いにわかりやすい形で足場づくり（scaffolding；Woodほか，1976参照）をすることができるといえるでしょう。

　教室という場に集まった個々の学習者は，それぞれ異なった文化，背景や経験，知識をもっており，それは互いにほかの学習者にはないリソースでもあるのです。協働することにより，集団全体としてより豊かなリソースをもつことができ，かぎられた時間内で利用可能なリソースが増えることになります。

(2) 見直しと変容

　第二の意義として，仲間との対話は，互いの理解を深めたり，考え方を変容させたり，また，新しいものを生み出したりする可能性があります。第一にあげた，他者との協働によってリソースが増えることを足し算と考えれ

ば，第二にあげる点は，他者とのやりとりによって自分が変わるといった質的変化，つまり，他者を介在させて自分を見直し，変容が促されたり，新しい考えが生まれたりすることと考えることができるでしょう。

　ピア・ラーニングでは，表 12-1 でもわかるように，対話によって仲間から質問やコメントを受け，それに答えなければならないという事態が発生します。そこで，自分の考えに見直しが生まれ，質問に答えるために，自分の考えを再び吟味する必要に迫られるのです。

　他者からのフィードバックのプロセスと同時に，対話においては自分の理解や意見を他者にわかるように発信しなければなりません。発信とは具体的には他者への説明行動をさし，その過程での「気づき」と「整理」が大きな意味をもっています。表 12-1 のサリーも，テリーに説明しているうちに「狩猟解禁」の誤解に気づきました。人と話すことによって，自分がわかっていなかったことにあらためて気づいたり，曖昧だったことがはっきりしたり，新しいアイデアを思いついたりすることは，私たちが日常的によく経験することです。他者への説明行動により，自分の思考が整理され明確化されるのです。

　このように，仲間の学習者との対話は，自己モニターを促進し，自分が今やっていることを客観的に眺め自分自身の考えを相対化することができ，自己自身による新しい発見をも促します。これは学習上，大きな意味をもっているといえるでしょう。

(3) 情意面からみたメリット──社会的関係性の構築と学習への動機づけ

　以上にあげた認知的な面に加え，情意面でも大きなメリットがあります。自分以外の人間と協力してものごとを進めるということには，他者との人間関係が大きくかかわってきます。相手に受け入れられない場合は，援助もしてもらえません。協働して学ぶことにより，実際に参加者間には，他者の発言内容に頷いたり発言を促したりするなど，他者を受けとめ，思いやる行動が観察されました。異なった文化背景をもつ者が互いに協力して新しいものを生み出していくことは，これからの社会では今まで以上に必要とされるでしょう。ピア・ラーニングにおいて重要なのは，日本語の能力向上ばかりで

表 12-1　テリーとサリー（仮名）のプロトコル（舘岡，2000）
ゴチックはテキスト音読。（　）内は相手の発話。

サリー：**水は濁り**（何かな），**深さもせいぜい 20 センチの池だがここだけは人間にカモにされない彼らの安全地帯である**。濁りは何？（muddy）ああ，だから，あんまりきれいな水とか立派なではないということですね。（そうですね）浅いし，濁りだし，でも，ここのいい点は人間は狩猟しない。だから，安全。

テリー：狩猟しないとおっしゃると？（狩猟，これ，この狩猟）ああ忘れた。あ，hunting なるほど……。

サリー：で，せいぜいというの，わかる？

テリー：うん，少なくとも，でしょ。つまり，浅い。

テリー：でもでも，どうしてこのところはカモたちにとって安全地帯ですか？

サリー：ああ，ちがうかなあ。だまされる，カモはだまされやすい人っていう意味もある。ああ，（つまり2つの意味が？）たとえば，idiom みたいなね，英語でも言うでしょう。なんか，sitting, sitting duck とか。（あああ，そうだね。）（笑い）sitting duck といったら，すぐだれかにだまされるか，だますか……だから，カモにされる，っていうのは，でもこの場合は彼らを modify してるでしょう。説明してる。だから，カモにされない……そそ，だから人間にカモにされる，っていう sitting duck みたいな表現を実はほんとに duck カモに使っている。（うん）彼らはカモでしょう？（うーん）だから，あの，duck は sitting duck にならない，ここで。

テリー：あのう，つまり，この水は安全ですよね（そそそう）。でも，なぜ安全ですか。

サリー：あのう，狩猟禁止だから。でしょう？　この池は。

テリー：え，それは解禁。

サリー：解禁？　って何？　私間違えた？

テリー：つまり，解禁，たとえば，山本先生の午後の授業であのう，ビッグバンの法律の解禁っていうことばでてきたでしょ（はいはいはい）。つまり，禁止というルールがなくなる。

サリー：あーあ……。でも，でもでもでも。あのう……あ，わかった，狩猟解禁中の時，上野公園に来る。でも，上野では狩猟はできないでしょう。（あああ，なるほど）だから，来る……私間違えたけど，その「禁」を見て禁止と思ったんですが，だからこの時期，狩猟解禁中（ああ，なるほど，つまり安全）他のところは危ないからここに来るでしょう？（あああ）だから，ここに直接書いてないけど，でも上野公園の中で，狩猟できると考えられない（あああ）でしょう？　だから，たぶんできない。（あああ）

テリー：僕が最初に思ったのは，これは昔話じゃないかなと思って，なぜかと言うと（はい）あの，現在，日本では狩猟，狩猟はあんまりしないですよね（あああ）。だから，昔話で，それであのそういわれるとサリーさんの解釈があってると思うんですが最初に思ってたのは……そういうこの上野公園は安全だという……安全なところ……あああそうだね。（そうそう）ああ，わかる，わかる。

サリー：私ももっとわかるようになった。ここ，その「身の危険を知って」（そうそうそう）知ってるというのは，カモ自体でしょう？（うんうんうん）カモが自分自身で（そうそうそうそう）その危険をわかってきて，（あああ，うん）上野公園に行く，ってことでしょう（そそそう）。

なく，異質な他者との関係をどのように構築していけるかということでもあります。

また，ピア・ラーニングは学びの動機づけにも大きく貢献します。仲間に教えたい，認めてもらいたい，共有したいといったことをきっかけに興味をもったり参加度を高めたりすることは少なくありません。グループ間の仲間同士が対等感をもって緊張せずに学ぶことができることも重要な点です。

(4) 相互作用による理解の共構築

いままで認知面および情意面にわけて3つの観点から，協働による学びのメリットを述べてきました。しかし，現実の協働場面では，これらのことは別々に起きるのではなく，同時にそれも学習者間で双方向的に起きています。

たとえば，表12-1で，テリーからの質問に答える過程で，サリーはテリーの質問箇所とは異なった点で自分自身の誤解（「解禁」を「禁止」と誤解）に気づかされ，テリーの発言をリソースとしながらテキスト理解を深めていきます（「上野では狩猟はできない」）。また，相手に説明する過程で自分の考えが整理され精緻化されていき，テキストの論点になった部分よりも前のそれまでまったく言及されていなかった部分とも整合性がつき（「『身の危険を知って』知ってるというのは，カモ自体でしょう？」），より一貫性のある理解へと深まっていきました（「私ももっとわかるようになった。」以降）。つまり，質問されて答える側のサリーは援助者だったのに，同時に自らの理解への見直しと気づきを得ています。教わる側だけがメリットを受けるのではなく，教える側にも学びがあることがわかります。このようなプロセスでは，参加者の総和を超えたものが生み出され，参加者がともに理解を深めているのです。ここでは，総和を超えて新しいものが生み出される「創発」という現象が起きているといえるでしょう。

テリーとサリーの理解は，それぞれが独立に形成され深められるというよりも，一体となって形成されていることがわかります。テリーがあってこそのサリーの理解であり，またその逆なのです。さらに，このふたりは読み終わった後に「とても楽しかった。ふたりで取り組んだのでほとんど解決でき

た」と達成感を示しています。テリーとサリーの学習は，認知面でも情意面でも互いに依存しており，また，認知面と情意面は同時的なものであることがわかります。

4. ピア・ラーニングという場づくり

舘岡（2005）では，協働による学びを，図12-1を示して次のように説明しています。中心にいるのは活動主体としての学習者です。学習者は，「学習対象（ピア・リーディングにおいてはテキスト）」と「自己」と「他者（仲間の学習者）」それぞれに働きかけます。対象と他者と自己の3者それぞれについて学習者は学ぶと同時に，対象について学ぶ際に他者と対話を行い（ここで成り立っているのが右の三角形），また対象について学びつつ自己への内省を深め（左側の三角形），また，他者との対話により，自己への内省を深める（下の三角形）というように3つの三角形が同時に成り立ち，かつ，互いが互いを促進する関係にあります。この3者が一体となってこそ，学習者自身の学びが深まっていくのではないかと考えています。

従来の授業は，対象と学習者を結ぶ線のみを強調し，それこそが学習であると考えられていたのではないでしょうか。それに対し，ピア・ラーニングは，対象，他者，自己の3者を互いの関係のなかでより深く学ぼうという試みです。そこでは教師の役割も，「教える人」というよりは，むしろ場をデザインし，それぞれの対象への学びを促すことになるのではないでしょうか。

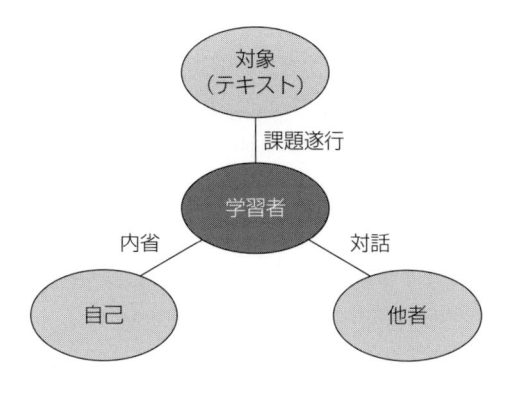

図12-1　ピア・ラーニングによる学びの場

3節 進化するピア・ラーニング

ピア・ラーニングによって授業は活発になりますが，学び合うためには工夫をし続けなければなりません。単なるグループ活動からどう脱却するのか，言語教育がスキルのトレーニングに終わらず考えることにどのようにつないでいけるのか，という2点についてここでは検討します。

1. グループ活動から学びあいへ

実践を繰り返すなかで，仲間と学ぶ場が設けられたからといって，いつもそのままそれぞれの学習者の学びにつながるとはかぎらないことがわかってきました。単なるグループ活動で終わらず，実りある学びあいになるためには，何が必要なのでしょうか。

第一に，何をめざしているのか明確な目標をもつことが必要だと考えます。ピア・ラーニングにより，発話数が増え，授業は活発にはなったものの，学習者自身が自分の考えを吟味したり深く思考したりすることがなく，どれくらい学ぶことができたのか疑問だという場合も少なくありません。そこでは，授業でめざしていることは何だったかが置き去りにされ，活動そのものが自己目的化してしまっているのではないかと思われます。まず，教師と学習者間で明確な目標を共有していることが重要だといえるでしょう。

第二に，目標を実現するための具体的な支援が必要です。実際には，話し合いをしても互いの論点がバラバラで議論が深まらない，自分の意見は言うものの他人の意見は聞いていないなどの課題がみられます。対話を①ソロ（ひとりで考える）→②インターアクション→③内省と変容という一連のプロセスと考えてみましょう。現実には往還しつつあるいは同時にこの3ステップは進むものと思われますが，各ステップでの支援が必要です。たとえば，①では，単語リストや文型説明，背景情報など学習者にあった適切なスキャフォールディング（足場づくり）をします。②では，やりとりが焦点化できるように互いの考えを書くことによって可視化したり，それを突き合わせ異なりと重なりを検討したりといった具体的な活動課題を設けることによ

って支援します。③では，活動をふり返り，互いに成長しともに学び合うというコミュニティの文化づくりを支援していきます。

2. スキルのトレーニングから考えることへ

　従来，日本語を学ぶということは，言語の知識を獲得し，それをスムーズに運用できることだと考えられ，教室でも言語スキルのトレーニングのようなことが行われてきました。たとえば，ある場面で適切に会話ができること，「正しく」読めることなどです。これは図12-1の三角形でいうところの対象との結びつきであり，この線を太くすることをめざしてきたわけです。つまり，日本語の読解でいえば，それは日本語の学習課題として「日本語で書かれた文章が読める」ということ，さらにいえば，獲得したはずの単語や文法の言語知識を用いて，文型練習の応用として，日本語で書かれた文章が読めるかどうかを実際にやってみるということでした。しかし，本当に「読める」というのはどういうことでしょうか。テキストを読むことによって，自分自身と結びつけてテキストのテーマを考え，筆者の考えを探り，クラスメイトである他者が同じテキストをどう読んだのかを聞き，さらに考え，今までの自分をふり返り，自分自身の考えを更新していくということではないでしょうか。先述の図12-1はそれを示しています。それには，読解であれば，テキストは読み手が自分自身とかかわらせることができるようなものを選ぶこと，また，自分の問題として取り組むことができるような課題を考えることが重要になってきます。

　以下に，「国」をテーマとした作品をテキストとしたときの読解授業を例に検討してみましょう。図12-2に台湾出身の学習者キティの変容をまとめました。初日，感想として「台湾人としてずっとほかの国の人に中国という国のシールを貼っているけど，どんなシールを貼っても私は私です。（原文ママ）」と書いています。次の授業で学習者ボニーが，「国はただのラベルにすぎない」と発言したことに違和感をもち，宿題シートの「あなたにとっての国とは？」という問いでは，「国は身分証明」だと答え，作文プランでは「どこの国の人かはっきり言える」ことが重要だと考えていることがうかがえます。作文プランを仲間と話し合ったところ，みんな台湾人はそう考えて

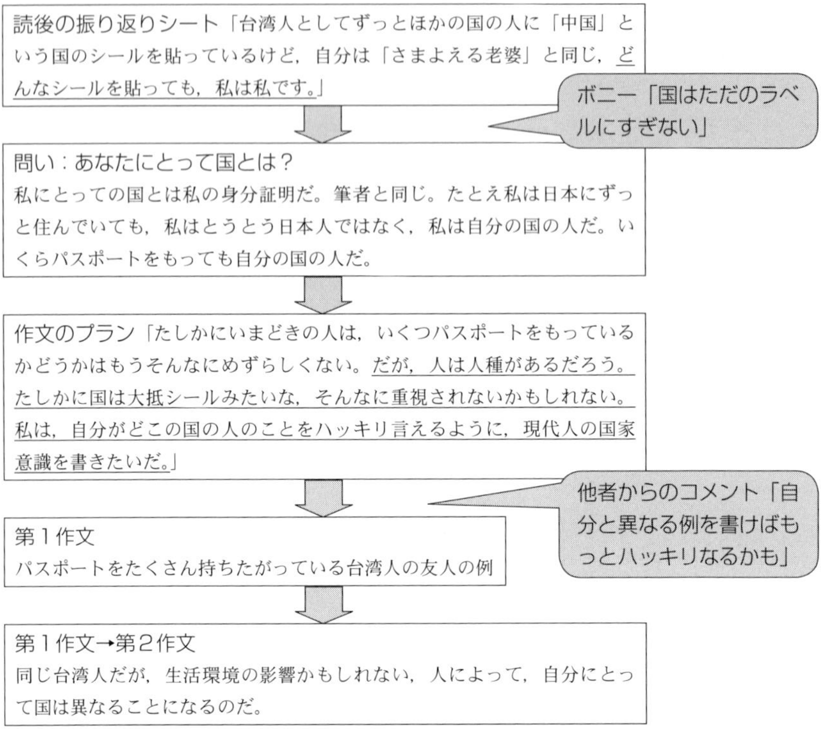

```
┌─────────────────────────────────────────────┐
│ 読後の振り返りシート「台湾人としてずっとほかの国の人に「中国」と │
│ いう国のシールを貼っているけど，自分は「さまよえる老婆」と同じ，ど │
│ んなシールを貼っても，私は私です。」                  │
└─────────────────────────────────────────────┘
        │           ┌──────────────┐
        │           │ボニー「国はただのラベ│
        ▼           │ルにすぎない」    │
┌─────────────────────────────────────────────┐
│ 問い：あなたにとって国とは？                    │
│ 私にとっての国とは私の身分証明だ。筆者と同じ。たとえ私は日本にずっ │
│ と住んでいても，私はとうとう日本人ではなく，私は自分の国の人だ。い │
│ くらパスポートをもっても自分の国の人だ。                │
└─────────────────────────────────────────────┘
        │
        ▼
┌─────────────────────────────────────────────┐
│ 作文のプラン「たしかにいまどきの人は，いくつパスポートをもっている │
│ かどうかはもうそんなにめずらしくない。だが，人は人種があるだろう。 │
│ たしかに国は大抵シールみたいな，そんなに重視されないかもしれない。 │
│ 私は，自分がどこの国の人のことをハッキリ言えるように，現代人の国家 │
│ 意識を書きたいだ。」                              │
└─────────────────────────────────────────────┘
        │           ┌──────────────┐
        │           │他者からのコメント「自│
        │           │分と異なる例を書けばも│
        │           │っとハッキリなるかも」│
        ▼           └──────────────┘
┌──────────────────────┐
│ 第1作文                   │
│ パスポートをたくさん持ちたがっている台湾人の友人の例 │
└──────────────────────┘
        │
        ▼
┌─────────────────────────────────────────────┐
│ 第1作文→第2作文                               │
│ 同じ台湾人だが，生活環境の影響かもしれない，人によって，自分にとっ │
│ て国は異なることになるのだ。                         │
└─────────────────────────────────────────────┘
```

図12-2　キティの変容―「国」をテーマとしたテキストを読んで（引用は原文ママ）

いるのか，ほかの例も書いたらどうかと言われ，第1作文には，自分は台湾人であることを主張したいというメッセージとともに，すでにパスポートを2つもっているがさらに増やしたがっている台湾人の友人のエピソードを加えています。第1作文について互いにコメントし合い，さらに書きなおした第2作文では，「人によって環境によって異なる」「ほかの人に私と同じ考え方をさせようとは思わない。違う考えをもっている人々と意見交換をすることは楽しいのではないか」と書き加えています。キティはテキストを読み，国と自分との関係を考え，仲間とのやりとりによって現在の自分を位置づけ，さらに，対話を通して他者と自分との違いを検討し，自分の考えを更新しています。こうしてテキストをめぐる他者との対話を通して，異なりと重なりを意識し，自分自身を社会的あるいは歴史的に位置づけることこそが

「教室で読む」ことの意味ではないでしょうか。このような実践を続けていくなかで，学習者自身がテキストを選択するというのは，当然の流れだといえるでしょう。学習者がテキストを提案し，それをめぐってクラスで話し合いがもたれた実践については，舘岡（2010）をお読みください。

　ことばを学ぶことは，その言語の知識を獲得しそれを運用できるようにするといったスキルのトレーニングではなく，人と人がやりとりをし，互いを理解し，新しいものを生み出そうとする実践なのです。教室という場がそれを実現できるような環境でなければならないと考えます。

3. ピア・ラーニングのこれから

　本章では，言語知識を覚え，それぞれの場面で適切に使えるように練習するという言語教育観とは異なった立場に立ち，ピア・ラーニングの実践を紹介してきました。大学留学生の日本語授業を事例に検討してきましたが，現在，大学留学生ばかりでなく，小中学校，高校でも，冒頭に述べたように日本語を母語としない子どもの数が増えています。異なった背景をもった者がともに学び合うピア・ラーニングこそは，これからの学習法だと思います。さらに，母語が異なった者同士にかぎらず，異質な者同士が互いを理解し合おうとする実践こそ，ピア・ラーニングなのです。

本章のポイント

1. 日本語教育において，ピア・ラーニングは，仲間の学習者との対話を媒介として，学習対象への理解，自己理解，他者理解を深め，学習者自身が自律的な学び手となることをめざした活動として実施されている。この時，「日本語」は学習対象であると同時に，自己理解，他者理解をつなぐものとなる。
2. 他者と協働して学ぶことには，視点の多様化，相互理解の促進，自己変容の促進，新しいアイデアの創出，互いの関係性構築の促進，動機づけの促進などがあげられる。認知面と情意面は一体となって，学習が促進される。
3. ピア・ラーニングは，教授法ではなく学習環境のデザインである。ことばの学習において，ピア・ラーニングを行うということは，ことばを学ぶことを

その言語の知識を獲得しそれを運用できるようにするスキルトレーニングだと考えるのではなく，人と人がやりとりをし，互いを理解し，新しいものを生み出そうとする実践だととらえるべきである。

理解を深めるために

『ひとりで読むことからピア・リーディングへ——日本語学習者の読解過程と対話的協働学習』舘岡洋子　2005年　東海大学出版会
『ピア・ラーニング入門』池田玲子・舘岡洋子　2007年　ひつじ書房

■引用文献

文化庁（2011）．外国人に対する日本語教育の現状について（平成23年度）．http://www.bunka.go.jp/kokugo_nihongo/jittaichousa/h23/gaikoku_1.html　（2012年9月27日アクセス）

ガーゲン，K. J., 永田素彦・深尾　誠（訳）(2004)．社会構成主義の理論と実践——関係性が現実をつくる．ナカニシヤ出版．Gergen, K. J. (1994). *Realities and relationships: Soundings in social construction.* Cambridge: Harvard University Press.

広瀬和佳子（2000）．母語によるピア・レスポンスが推敲作文に及ぼす効果．言語文化と日本語教育，**19**，24-37.

池田玲子（2000）．推敲活動の違いによる推敲作業の実際．お茶の水女子大学人文科学紀要，**53**，203-213.

金　孝卿（2008）．第二言語としての日本語教室における「ピア内省」活動の研究．ひつじ書房．

国際交流基金（2009）．2009年海外日本語教育機関調査．http://www.jpf.go.jp/j/japanese/survey/result/dl/survey_2009/2009-01.pdf　（2012年9月27日アクセス）

久保田賢一（2000）．構成主義パラダイムと学習環境デザイン．関西大学出版部．

文部科学省（2012）．日本語指導が必要な外国人児童生徒の受入れ状況等に関する調査（平成24年度）．http://www.mext.go.jp/b_menu/houdou/25/04/__icsFiles/afieldfile/2013/04/03/1332660_1.pdf　（2013年5月28日アクセス）

舘岡洋子（2000）．読解過程における学習者間の相互作用——ピア・リーディングの可能性をめぐって．アメリカ・カナダ大学連合日本研究センター紀要，**23**，25-50.

舘岡洋子（2001）．読解過程における自問自答と問題解決方略．日本語教育，111号，66-75．

舘岡洋子（2003）．読解授業における協働的学習．東海大学紀要留学生教育センター，**23**，67-83．

舘岡洋子（2005）．ひとりで読むことからピア・リーディングへ——日本語学習者の読解過程と対話的協働学習．東海大学出版会．

舘岡洋子（2010）．多様な価値づけのせめぎあいの場としての教室——授業のあり方を語り合う授業と教師の実践研究．早稲田日本語教育学，7号，1-24．http://hdl.handle.net/2065/29807　（2012年9月27日アクセス）

Wood, D., Bruner, J. S., & Ross, G. (1976). The role of tutoring in problem solving. *Journal of Child Psychology and Psychiatry*, **17**, 89-100.

13章
発達に遅れや凸凹のある子どもの協同

涌井　恵

　近年，「学びあい」や「協同学習」といったキーワードとともに，子ども同士の主体的な活動ややりとりを重視した授業づくりがさかんになってきましたが，たとえば知的障碍のような発達に遅れのある子どものみのグループにおいても，あるいは典型的な発達の子どもと発達障碍などの発達に凸凹がある子どもとが一緒のグループの場合においても，はたして「学びあい」や「協同学習」は可能でしょうか——答えはイエスです。

　本章では，ピア・ラーニングの一つであるとも位置づけることのできる「協同学習（cooperative learning）」に関する研究や実践例を中心に，発達に遅れや凸凹のある子どもが参加する場合の協同において留意すべき点や協同を成功させるための条件などについて論述していきます。応用行動分析学のアプローチによる研究から明らかになってきた知見も紹介します。

　なお，本書では，ピアとは立場や地位が同等である仲間であるととらえています。この考えにもとづき，本章では，障碍のある子どもと障碍のない子どもも，立場は生徒同士であり年齢も同じ（または近い）ということから，ピアととらえて論述していきます。

KEY WORDS

協同学習，発達障碍，知的障碍，ポジティブな人間関係，障碍のある生徒に対する受容，互恵的相互依存関係，集団随伴性，強化子，指導場面の構造化，『学び合い』

1節 特別支援教育における協同学習

1. 協同学習とは──用語の整理

　協同学習では，チームで何か協力しなければできない課題を学習の中に組み込みます。単にグループで作業するだけでは協同学習とはよびません。目標を共有し，その目標のために役割分担し，互いが協力し合い，成果を共有するチームとなることが，協同学習では求められます。

　一方，本書では，ピア・ラーニングとは同じような立場の仲間とともに支え合いながら，ともにかかわりをもちながら，知識やスキルを身につけていくことであるとしています。支えあいやかかわりあいはピア・ラーニングの場合も協同学習の場合も含まれていますが，目標達成や報酬の獲得のための協力が仕組まれているという点で，協同学習のほうがよりかかわりあいを強く方向づけるものであるといえるでしょう。そのため，協同学習は学力だけでなく，ピア同士の対人関係やソーシャルスキルの獲得や遂行に影響を及ぼします（Johnsonほか，1993／杉江ほか訳，1998；Johnsonほか，2002／石田・梅原訳，2010）。また，協同学習は同質なメンバーよりも異質なメンバー構成のほうがその効果が高まるとされ，必ずしも同年齢集団のようなピアでグループが構成される必要はありません。

　したがって，協同学習はピア・ラーニングと完全にイコールで結ばれるものではありませんが，「同じような立場の仲間とともに支え合いながら，ともにかかわりをもちながら，知識やスキルを身につけていく」ことは共通しているととらえられます。その意味で，協同学習はピア・ラーニングの一つであるとも位置づけることもできるでしょう。

　ところで，協力することが仕組まれた学習方法は，「協同学習」（Johnsonほか，1993／杉江ほか訳，1998；Johnsonほか，2002／石田・梅原訳，2010；日本協同教育学会，2006），「チーム学習」，「協同的な学び」（佐藤，2004），「ジグソー学習」，『学び合い』（二重カギ括弧の学び合いと読む）（西川，2008），「協調学習（collaborative learning）」（三宅ほか，2011）とさ

まざまな名称で記されることがあり，また実施方法もそれぞれによって似通っている点もあれば，若干異なる点もあります。また，学校現場では上記のような用語は使わずに「学びあい」と記される場合もあります。しかし，本章ではこれらのさまざまな協力することが仕組まれた学習方法を包含する総称として「協同学習」という用語を用いることとします。

さて，もう一つ紛らわしいことに，文部科学省の学習指導要領に「交流及び共同学習」という用語が使われています。これは，障碍のある子どもとない子どもがともにふれあったり，学習したりすることを示す用語として使われており，とくに教育技法については規定していません。これに対し，前述の「協同学習」は，仲間同士の関係を活性化させ，お互いの学びを高め合うグループでの教育技法の一つであって，対象を障碍のある子どもにかぎったものではありません。協同学習に関する研究や実践は，典型発達の子どもたちが対象の場合，障碍のある子どもたちが対象の場合，さらにはその両者が含まれる集団を対象にした場合など，さまざまであり，それぞれ成果をあげています（Janney & Snell, 2006／高野・涌井訳, 2011；Meijer, 2001；吉利，2004）。本章では，発音が同じなので紛らわしいですが，協力することが仕組まれた学習方法は「協同学習」，障碍のある子どもとない子どもとのふれあいや交流を目的とした教育活動は「共同学習」であると整理しておきます。ただし，この両者のことばの指し示す意味は異なっているものの，「協同学習」はインクルージョンの進展に関しても効果のあることが海外では報告されており（Janney & Snell, 2006／高野・涌井訳, 2011；Meijer, 2001；吉利，2004），これからの日本の「交流及び共同学習」の発展に寄与できる教育技法でもあることを指摘しておきます。

2. 特別支援教育における協同学習の対象と効果

世界各国において，協同学習に関して実に多くの研究が行われており（Meijer, 2001；Johnson & Johnson, 2009），そのなかには特別支援教育の分野に関するものも含まれています。スネルら（Snell ほか, 2000）は，障碍のある子どもたちも対象に含めた研究についてとくに系統的な研究をする必要性はまだありますが，これまでの研究成果はわれわれを勇気づけてくれ

るものであると述べています。協同学習に関連する成果には，学習到達度の上昇のほか，グループ内の人間関係の改善や自尊心の改善，利他的な行動や援助行動の増加などがあげられています（Johnsonほか，1984）。

　さらに，スネルら（Snellほか，2000）は協同学習と多様性の受容に関する知見について以下の2点をまとめています。1つ目は，協同学習はお互いの違いを理解したり，個人の独自性を発展させたりすることができ，また互いに学び合うことを支援することができるということです。これにより，生徒たちは，人種やジェンダー，ステレオタイプ（紋切り型）の能力観を超えて人間を見ることができ，共通の目標に向かって作業することでポジティブな対人関係を発展させることができると指摘しています。2つ目は，協同学習が対人関係スキルの獲得や相違点の受容に関連しているということです。その具体例として，障碍のある生徒に対する受容が高まること，異なった民族グループ間でのポジティブな人間関係が促されること，障碍のある生徒とない生徒との間の相互交渉の改善がみられること，自閉症や重複障碍のある生徒を含むグループメンバー全員による学習の増加がみられること（Duganほか，1995；Huntほか，1994；Slavin, 1995）を指摘しています。

2節　発達に遅れや凸凹のある子どもが参加する協同の成功の条件

1．協同学習の5つの基本要素

　さて，グループで行う学習はすべて協同学習といってよいのでしょうか。答えは「ノー」です。ジョンソンら（Johnsonほか，2002／石田・梅原訳，2010）は，協同学習が単なるグループ学習とは異なる，協同学習が協同学習たるべき条件として，次の5つの基本要素を満たすことが必須であると指摘しています。

　①お互いに恩恵を与え合ったり，お互いに役割を果たし合ったりしてこそチームの目標が達成されるなど，学習のめあてや教材，役割分担などに互恵的相互依存（positive interdependence）があること，②子ども同士の対面的なやりとりの機会が十分にあること，③個人の責任がはっきりしているこ

と，④ソーシャルスキルや協同のスキルが教えられ，頻繁に活用できる状況設定がされていること，⑤自分たちはどんなふうに協同がうまくいったか，またどんな改善点が考えられるかといった，チームのふり返りがなされること，という5つです。

協同学習にはさまざまなバリエーションがあり，上記のジョンソン氏らのほかに，ケーガン（Kagan, S.）やスレィヴン（Slavin, R. E.）などさまざまな研究者によってさまざまな指導方法のバリエーションが提唱されていますが，ジョンソンら（Johnsonほか，1993, 2002）の指摘する5つの基本要素はどのようなタイプの協同学習においても，ほぼ共通してあてはめることができます（Janney & Snell, 2006／高野・涌井訳，2011）。さらに，「学びの共同体」および「協同的学び」を提唱している佐藤（2004）においても，このジョンソンら（Johnsonほか，1993／杉江ほか訳，1998；Johnsonほか，2002／石田・梅原訳，2010）の5つの基本要素が紹介され，授業実践を成功させるためのたいへん重要な要素であると述べられています。

2. 協同学習の5つの基本要素と相互の関係

図13-1に，協同学習の5つの基本要素の関係図（涌井，2012）を示しました。これは，協同学習の5つの基本要素のそれぞれがほかの要素と互いに重なり合った関連性をもっているということを表しています。

たとえば，図13-1では①の互恵的相互依存の円と②の対面的なやりとりの円が一部重なるように配置されています。対面的なやりとりの機会があるとは，実際に対面してこの問題はああだ，こうだと議論したり，教え合ったり，認め合ったり，ほめ合ったりできるような機会を設定しておくということです。教師が「それでは，みんなで課題を協力してやってください」と指示しても，実際は課題が難しすぎて，子どもは自分の課題（役割）にかかりっきりで，友だちと考えを交流したり教え合ったりする時間がほとんどないというのでは，対面的なやりとりの機会があるとはいえません。『学び合い』（西川，2010）では，クラスの2，3名は15分で解ける程度の難易度の課題を設定することを最適としています。このように，対面的なやりとりの機会をどの程度確保できるかは，課題の難易度やグループの目標といった互恵

(1) 互恵的相互依存 ＝集団随伴性

(5) チームの
　　ふり返り

(2) （互いに高め合う
　　ような）対面的な
　　やりとり

(4) ソーシャルスキルや
　　協同・協働スキル

(3) 個人の責任

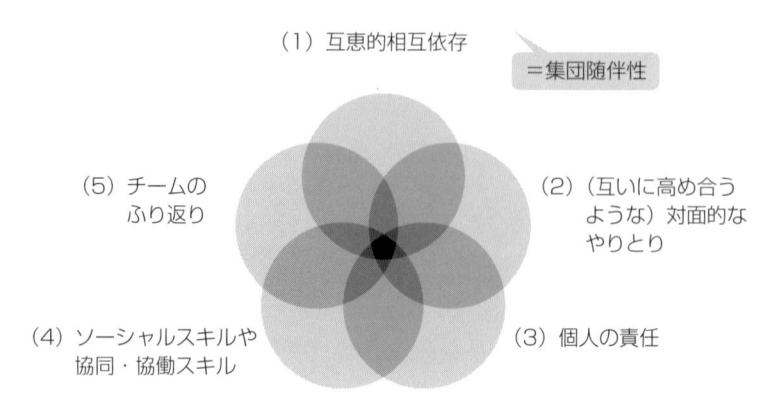

図13-1　協同学習の5つの基本要素（Johnson ほか，2002）の関係図
(涌井，2012)

的相互依存に関する要素とも関係しています。協同学習による授業案の作成や改善に，この5つの基本要素の観点を考慮することがたいへん役立つでしょう。またその際には，個々の要素は相互に絡み合っているということも押さえておくことが肝要です。

3. 協同学習の神髄である互恵的な相互依存と集団随伴性

　協同学習の5つの基本要素のなかで，協同学習を協同学習たらしめる一番中核的な基本要素は互恵的相互依存です（Johnson ほか，2002／石田・梅原訳，2010）。「互恵的相互依存がある」とは，授業のめあて，教材，役割分担，評価や成果（たとえば，できあがった作品のほか，賞状，達成のごほうびシールなど）などについて，互いに協力を必要とするような関係をつくることです（Johnson ほか，1993／杉江ほか訳，1998）。つまり，いわゆる運命共同体の関係をつくることを意味しています。応用行動分析学では，このように自分の行動だけでなく他人の行動によってグループ全体の強化が左右されるような強化随伴性がある場合のことを集団随伴性（group-oriented contingencies）といいます。

　涌井（2006b）は，知的障碍やいわゆる発達障碍のある子どもの集団随伴

表 13-1 （依存型・相互依存型）集団随伴性の下位分類（涌井, 2006b）

分類の観点	下位の分類カテゴリー
a. 強化される行動の性質	a1）リレー式 （個人間で独立した標的行動の集積） a2）二人三脚式 （相互依存的な標的行動） a3）二人三脚リレー式 （下位集団の相互依存的な標的行動の集積）
b. 強化を随伴させる集団の単位	b1）全体単位 （対象集団全体を 1 つの集団として強化を随伴させる） b2）小集団単位 （対象集団をさらに 3 名以上の小集団に分け，小集団ごとに強化を随伴させる） b3）ペア単位 （対象集団をさらに 2 名のペアに分け，ペアごとに強化を随伴させる）
c. 強化子の性質	c1）個々のメンバーに分割・分配 （強化子が個々のメンバーに分割され分配できる；たとえば優勝したサッカーチームのメンバー一人ひとりに金メダルを与える場合） c2）集団で共有 （集団で 1 つのものを共有する；たとえば優勝したサッカーチームに 1 つの優勝カップを与える場合） c3）c1 と c2 の組み合わせ （c1 と c2 の 2 つの強化子を組み合わせて与える；たとえば優勝したサッカーチームのメンバー一人ひとりに金メダルを与えるとともに，チームに 1 つの優勝カップを与える場合）

性に関する一連の研究成果（涌井，2006a）から，強化される行動の性質，強化を随伴させる集団の単位，強化子の性質という 3 つの観点による下位分類を提案しています（表 13-1）。障碍のある子どもの場合，集団随伴性の理解の段階からつまずき，介入者は集団随伴性を実施しているつもりでも，実際には作用していない場合もあるため，どのようなタイプの集団随伴性がもっともその子どもや集団に適しているのかをより詳細にみていく必要があり

ます（涌井，2006a，2006b）。また，一番単純で理解しやすい集団随伴性を用いて，集団随伴性すなわち互恵的な相互依存の関係の理解を促すこと自体から指導を始めるという場合もあるでしょう。一番単純で理解しやすい集団随伴性としては，二人三脚型のように協力するということが身体的・物理的にもわかりやすく，また強化を随伴させる単位が最小のペア単位となっていて協力したり援助したりする相手が限定されており，ピアとともに得たと体感できるような強化子（たとえば，二人のシールが合わさるとメダルになる，ともに記念撮影するなど。ただし，どのような強化子が実際効くのかは，個々人により異なるので個別的なアセスメントが必要です）が用意されている場合が考えられます。協力すること，またその結果として湧きあがるピアとの共感は，知的障碍や自閉症のある子どもたちにとっては，難しい発達課題の一つですが，集団随伴性自体を理解させる指導を通じて，これらの力を伸ばすことができるだろうと考えられます（涌井，2006a）。

　今後の研究発展のためには，発達に遅れや凸凹のある子どもを対象に含む場合はとくに，表13-1のような分類によって効果を分析・検証していくことが重要でしょう。

4. 障碍のある子どもも参加する協同学習における配慮や手立てのポイント

　障碍のある子どもも協同学習に参加する場合，どのような配慮や手立てが必要なのでしょうか。前節では，集団随伴性の下位分類を紹介し，障碍のある子どもが参加する場合の配慮点について触れました。このこと以外にも必要な配慮事項や支援の工夫があります。これまでの先行研究（涌井，2006aなど）の知見をもとに，涌井（2012）は発達障碍などの障碍のある子どもの集団において配慮すべき点として，以下の8点をあげています。

　この8点は，障碍のある子どものみの集団においての研究から得られた知見です。しかし，筆者が通常の学級での協同学習の授業観察を行った経験からは，障碍のある子どもと障碍のない子どもからなる集団においても，また典型発達の子どものみの集団であっても共通して配慮すべき事項であると感じています。以下ではとくに障碍のある子どもと典型発達の子どもを含む集

団を想定して説明していきます。

> ①ソーシャルスキルや協同・協働スキルの指導やおさらいをする。
> ②上述①を実際に活用できるように指導場面を物理的に構造化する。
> ③チームや個々人の目標達成までの遂行状況を逐次フィードバックする。
> ④障碍のある子どもやメンバーの遂行能力に加えて，数的処理能力や集団全体のサイズや強化が随伴する集団単位（クラス全体，班ごと，ペアなど）の大きさ等に配慮して，チームや個々人の達成目標（行動）を設定する。
> ⑤障碍のある子どもの理解度に応じて強化子の種類を選ぶ。
> ⑥集団随伴性（＝互恵的相互依存）を理解しているか指導前と指導中にアセスメントする。
> ⑦教師はチーム内の仲間関係に常に注意を払っておく。
> ⑧教師は集団への同調が強いられないように常に注意を払っておく。

　①は，典型発達の子どものみの集団においてもいえますが，チームで作業していくときに必要なソーシャルスキルや協同・協働スキルがまだ獲得されていない場合にはその指導が必要ですし，獲得されている場合でもクラス全体で定期的におさらいすると，チームの協同がスムーズにいきます。

　②は，ソーシャルスキルや協同・協働スキルを子どもたちがより活用しやすくするための工夫です。発達に遅れがあったり凸凹のある子どもたちはソーシャルスキルを苦手とする場合が多いですから，協同スキルを実施する相手を限定したり，立ち位置に足形のマークを貼る，机の配置を考慮するなどして，子ども同士がかかわりやすい環境を整えてあげることが重要です。

　③は，チーム内の協力をより促進するために，誰が助けが必要なのかを可視化するために行うものです。たとえば，ある体育のハードル走の授業では，自己ベスト記録をクラスのみんなが更新することを目標にした授業を行っていたのですが，その際，自己ベスト記録を更新できた者は体操帽を赤，まだの者は白とすることでフィードバックを行っていました。黒板に子ども

たちの名札カードを貼って，課題ができた人は右側に移すという方法もあります。ポイントは，障碍のある子どもの個々の実態に合わせて，だれもが理解できるフィードバックの方法をとることです。

④については，障碍のある子どもも含めた一人ひとりの遂行能力に合わせた目標設定をすることが重要です。障碍のある子どももチームの一員として積極的に貢献できるような目標設定を考えます。加えて，たとえば「漢字テストでチーム平均が80点以上とる」というように数値目標が入っている場合，障碍のある子どもの数的処理能力について考慮する必要があります。班員6名の平均値を計算することは無理でも，ペア単位ならば理解できるならば，ペアでの目標設定をすればいいでしょう。それも無理な場合には，数値目標の設定を見直す必要があります。また，達成目標となっている指導したい行動が「駅伝」のような個々人の遂行の蓄積なのか，「二人三脚」のような行動自体に相互依存的性質があるものかによって，子どもたちの反応が変わってきます。チームで助け合って協力するということに理解が乏しい段階では，「二人三脚」のような指導する行動自体に相互依存的性質があるものを選ぶとよいでしょう。

⑤の強化子の種類の選定は，障碍のある子どもやクラスの子どもたちが体験や物を共有するという感覚がどの程度理解できているかによって変わってきます。班で賞状一枚というだけで，チームメンバー一人ひとりが達成感を感じられるかどうかということです。みんなで協力し合っているのだ，みんなで達成したのだという集団随伴性（互恵的相互依存）の理解がしやすい強化子を子どもに合わせて選びましょう。

⑥は上述の④や⑤とも関連しますが，本当に集団随伴性を理解しているのか指導前，指導中にアセスメントすることが必要です。知的発達の遅れがあまりない子どもでも，意外と理解できていない場合があります。ある発達障碍の疑われる子どもは，「答えを教え合ってもよい，協力し合って」と言われてもピンときていない様子で，自力で解かずに友だちに聞くことは悪いことだと思い込み，なかなか友だちとのやりとりを始めなかったというエピソードがありました。最初は理解できていなくても，経験を重ねるごとに理解が進みますので，定期的に集団随伴性（＝互恵的相互依存）を理解している

かどうかチェックし，誤解を正すなどの支援をすることが必要です。

　⑦は，チーム内で成績の悪いメンバーを責め，手や口が出るなどの暴言や攻撃行動を回避するために大切なことです。⑦のほかに，上述の④や⑥も暴言や攻撃行動の回避のために大切です。誰かが責められたりせず，一人ひとりがポジティブにチームに貢献できるような目標設定が肝要です。協同学習による授業では，子どもの活動中心の授業形態になるので，授業中に教師が子どもの様子を観察できる時間を多く確保することができます。座席表をアレンジしたチェック表などを活用して子どもの様子を見取りましょう。

　⑧については，「チームに逆らわず同調することは，協同では決してない」ことを教師は胸にとどめ，子どもたちの様子に気をつけていてほしいと思います。リヒテルズ（2006）は，協同とは集団への同調を強いるものではないと述べ，何か問題が起きたときや失敗したときに日本では安易にチームに責任をとらせることを批判しています。集団で協同する場合には，少なからず集団の圧力が生じます。それがポジティブに作用すれば，意見がぶつかり合いながら互いを理解し，どのように協同の課題解決を進めたらよいのかを学ぶたいへん有用な学習機会になります。ネガティブに作用すれば，本当は自分は違う意見なのに声の大きな人に従うといったことになりかねません。自分の気持ちを抑えることなく素直に表現できるようなクラスの雰囲気づくりのために，相手を尊重しつつ自己主張するというアサーションスキルの指導を①のソーシャルスキルや協同・協働スキルの指導に取り入れるとよいでしょう。

　以上が，障碍のある子どもも参加する場合に配慮すべき事項や手立てです。協同学習の5つの基本要素（Johnsonほか，1993／杉江ほか訳，1998；Johnsonほか，2002／石田・梅原訳，2010）の中の「互恵的相互依存」（＝集団随伴性）の観点から配慮すべき事項や手立てについてみてきましたが，①〜⑧の各項目は，ほかの協同学習の基本要素とも密接に関連していることがわかると思います。5つの要素が相互に関連し合って協同学習が成り立っているのです。応用行動分析学からの理論的説明や集団随伴性について詳しく知りたい場合は章末の引用文献を参照してください。

3節 今後の特別支援教育分野における実践研究に向けて

　近年，特別支援教育分野における協同学習の実践が少しずつ報告されるようになってきました。特別な支援の必要な子どもが在籍する通常の学級における実践としては，涌井（2012）による協同学習とマルチ知能（multiple intelligencies；Gardner, 1999／松村訳, 2001）を組み合わせて誰もが学びやすいユニバーサルデザインな授業をめざした漢字学習の実践があります。「学び方を学ぶ」授業においてマルチ知能などについて学び，その学んだことを協同学習場面で活用します。この実践により，子どもたちが一人ひとりの学び方の違いを受けとめ，特別な支援を特別視しなくなったという効果がありました。

　また，特別支援学級と通常の学級の合同授業を協同学習の一つである『学び合い』（西川, 2008）によって行った実践（三長, 2012）もあります。小学6年生のあるクラスと知的障害特別支援学級および情緒障害特別支援学級の1～4年生の子どもたちを対象にしたもので，みんながソーラン節を憶え，一緒に踊ることができるという課題の下，全2時間の体育の授業が実施されました。たった2時間の授業でしたが，最終的に6年生とほとんどの特別支援学級の子どもが「ソーラン節」を最後まで踊ることができました。

　また，特別支援学校（知的障碍）における実践（静岡大学教育学部附属特別支援学校, 2011）においても，典型発達の子どもたちと同様に，頭を寄せ合い，質問し合い，また互いに認め合うような言葉がけやかかわりをする子どもたちの様子が報告されています。この実践では，協同学習の5つの基本要素に照らして，授業改善が重ねられていきました。この実践は，場面の流れを一定化したり，物理的な構造化を行ったり，視覚的な手がかりや支援ツールをていねいに準備することで5つの基本要素を整えていき，知的障碍のある子どもたちであっても協同が可能であることを証明しています。

　実際の授業場面では，時間数の制限，物理的な環境設定，子どもの人数等に統制が効かない場合もありますが，できるだけ2節の4で述べた8つの配慮や手立てを参考にていねいな授業づくりをしていくことが重要です。ま

た，行動観察データや子どものふり返りの記述データ等をできるだけ収集したり，たとえば集団随伴性の下位分類ごとに指導の枠組みを分析するなどして，研究知見を蓄積していくことが，今後重要となっていくでしょう。

✦ 本章のポイント

1. 協同学習に関する研究や実践は，典型発達の子どもたちが対象の場合，障碍のある子どもたちが対象の場合，さらにはその両者が含まれる集団を対象にした場合などさまざまであり，学習のみならずピアとの対人関係や社会性に関しても成果をあげている。
2. 協同学習を協同学習たらしめる一番中核的な基本要素は互恵的相互依存，すなわち集団随伴性である。
3. 発達に遅れや凸凹のある子どもも参加する協同学習においては，ソーシャルスキルや協同・協働スキルを指導したり，おさらいしたりすることや，指導場面の物理的な構造化，また集団随伴性（＝互恵的相互依存）をうまく機能させるための諸々の配慮や手立てなどを整えることが重要である。

📖 理解を深めるために

『子どものソーシャルスキルとピアサポート――教師のためのインクルージョン・ガイドブック』R. ジャネイ，M. E. スネル，高野久美子・涌井　恵（監訳）2011年　金剛出版

『気になる子の指導に悩むあなたへ――学び合う特別支援教育』西川　純　2008年　東洋館出版社

「発達障害のある子どもも共に学び育つ通常の学級での授業・集団づくり――協同学習（学び合い）の実践から」．http://www.nise.go.jp/cms/6,3601,13,257.html　涌井　恵　2011-2012年　国立特別支援教育総合研究所発行メールマガジン第53〜58号連載

■引用文献

Dugan, E., Kamps, D., Leonard, B., Watkins, N., Rheinberger, A., & Stackhaus, J. (1995). Effects of cooperative learning groups during social studies for students with autism and fifth-grade peers. *Journal of Applied Behavior Analysis*, **28**, 175-188.

Gardner, H. (1999). *Intelligence reframed.* New York: Basic Books. 松村暢隆（訳）(2001). MI：個性を生かす多重知能の理論. 新曜社.

Hunt, P., Staub, D., Alwell, M., & Goetz, L., (1994). Achievement by all students within the context of cooperative learning groups. *Journal of Association for Person with Severe Handicaps*, **19**, 290-301.

Janney, R., & Snell, M. E. (2006). *Social relationships and peer support.* Baltimore, Maryland: Paul H. Brookes Publishing Co. 高野久美子・涌井　恵（監訳）(2011). 子どものソーシャルスキルとピアサポート──教師のためのインクルージョン・ガイドブック. 金剛出版.

Johnson, D. W., & Johnson, R. T. (2009). An educational psychology success story: Social interdependence theory and cooperative learning. *Educational Researcher*, **38**, 365-379. DOI: 10.3102/0013189X09339057.

Johnson, D. W., Johnson, R. T., & Holubec, E. J. (1993). *Circles of learning: Cooperation in the classroom*（3rd ed.）. Minnesota: Interaction Book Company. 杉江修治・石田裕久・伊藤康児・伊藤　篤（訳）(1998). 学習の輪──アメリカの協同学習入門. 二瓶社.

Johnson, D. W., Johnson, R. T., & Holubec, E. J. (2002). *Circles of learning: Cooperation in the classroom*（5th ed.）. Minnesota: Interaction Book Company. 石田裕久・梅原巳代子（訳）(2010). 学習の輪──学び合いの協同学習入門（改訂新版）. 二瓶社.

Johnson, D. W., Johnson, R. T., Holubec, E. J., & Roy, P. (1984). *Circles of learning: cooperation in the classroom.* Alexandria, Virginia: Association for Supervision and Curriculum Development.

Meijer, C. J. W. (Ed.) (2001). *Inclusive education and effective classroom practices.* European Agency for Development in Special Needs Education.

三長　仁（2012）. 普通学級と個別支援学級とが連携して『学び合い』互いに高めあう授業実践. 財団法人みずほ教育福祉財団特別支援教育研究助成事業特別支援教育研究論文（平成23年度）. http://www.nise.go.jp/cms/resources/content/6458/20120413-110116.pdf（2012年11月30日アクセス）

三宅なほみ・齊藤萌木・飯窪真也・坂本篤史（2011）. 自治体との連携による協調学習の授業づくりプロジェクト平成22年度報告書「協調が生む学びの多様性」. 東京大学大学

発教育支援コンソーシアム推進機構.

日本協同教育学会（2006）．協同学習初級ワークショップテキスト．日本協同教育学会.

西川　純（2008）．気になる子の指導に悩むあなたへ――学び合う特別支援教育．東洋館出版社.

西川　純（編）（2010）．クラスが元気になる！――『学び合い』スタートブック．学陽書房.

リヒテルズ直子（2006）．オランダの個別教育はなぜ成功したのか――イエナプラン教育に学ぶ．平凡社.

佐藤　学（2004）．習熟度別指導の何が問題か．岩波ブックレット，No.612，岩波書店.

静岡大学教育学部附属特別支援学校（2011）．第38回研究協議会＆研究フォーラム2011配布冊子.

Slavin, R. E. (1995). *Cooperative learning: Theory, research and practice.* (2nd ed.). Needham Heights, Massachusetts: Allyn & Bacon.

Snell, M. E., Janney, R., & Delano, M. (2000). Models of peer support in instruction. In M. E. Snell & R. Janney (2000). *Social relationships and peer support.* Baltimore, Maryland: Paul H. Brookes Publishing Co.

涌井　恵（2006a）．発達障害児の仲間同士の相互交渉促進に関する研究――社会的スキル訓練における集団随伴性の有効性．風間書房.

涌井　恵（2006b）．平成14年度〜平成17年度文部科学省科学研究費補助金（若手研究(B)）研究成果報告書「協同学習による学習障害児支援プログラムの開発に関する研究――学力と社会性と仲間関係の促進の観点から」（課題番号：14710117）．http://www.nise.go.jp/kenshuka/josa/kankobutsu/pub_f/F-140.html（2012年11月30日アクセス）

涌井　恵（編）（2012）．発達障害のある子どももみんな共に育つユニバーサルデザインな授業・集団づくりガイドブック――協同学習と「学び方を学ぶ授業」による新しい実践の提案．（平成21年度〜平成23年度科学研究費補助金（若手研究(B)）「発達障害児の在籍する通常学級における協同学習のユニバーサルデザイン化に関する研究」（課題番号：21730730）研究成果物Ⅰ）http://www.nise.go.jp/cms/resources/content/389/20130508-172047.pdf（2013年7月10日アクセス）

吉利宗久（2004）．アメリカ合衆国のインクルージョンにおける協同学習モデルとその成果．発達障害研究，**26**，128-138.

終章
豊かな学びあいに向けて
ピア・ラーニングの展望
中谷素之　伊藤崇達

　本書では，友だちとの学びあいを「ピア・ラーニング」というあらたな概念を提起し，これまでの心理学，教育学の諸理論，諸研究の知見を活かしつつ，現在展開しつつある動向を含めて，大きく3つの視点からみてきました。すなわち第Ⅰ部ではおもに教育・学習・認知心理学領域の理論的な視点から，また第Ⅱ部では理論とともに教科教育や学習指導における実践を含む視点から，そして第Ⅲ部では学校教育，日本語教育，そして特別支援教育というより具体的，実践的な視点から，「ピア・ラーニング」を基軸に各領域を論じています。それぞれのテーマでは，当該領域のわが国の第一線で活躍する研究者が，最新の成果をまとめています。

　ピア・ラーニングの研究は，確固とした基盤的な理論がある，というよりも，教育や学習，認知など関連の深い領域で，それぞれのテーマにもとづく視点から，より大きな枠組みが徐々に立ちあがり形成されつつある状態といえるでしょう。本書で示した枠組みは試みのひとつにすぎませんが，そういう点で，これからのピア・ラーニングを俯瞰するうえでは有用なものになる可能性があると考えられます。

1節　ピア・ラーニングにかかわる諸概念

　さて，ここであらためて，ピア・ラーニングにかかわって提案されている主要な概念について整理してみたいと思います。トッピングとエリィ

(Topping & Ehly, 1998) は，ピア・ラーニング（彼らの原語ではピア・アシステッド・ラーニング；peer assisted learning）に関してこれまでに多くの研究，知見を示してきた主要な研究者ですが，彼らによれば，peer とは，立場や地位がほぼ同等である仲間のことを意味しており，対等性や類似性がその重要な前提になると考えられています（詳しくは序章参照）。

このような前提をふまえ，これまでの研究によって検証が進められてきたピア・ラーニングに関する主要な概念を表1に示します。トッピングとエリィ（Topping & Ehly, 1998）は，ピア・チュータリング，ピア・モデリング，ピア・モニタリング，ピア・アセスメント，ピア・カウンセリングなどの諸概念を含めて，広く「ピア・ラーニング」として定義づけを行っていま

表1 ピア・ラーニングに関する諸概念（Topping & Ehly, 1998 をもとに独自に作成）

諸概念	概念の説明
ピア・チュータリング (peer tutoring)	何らかのスキルの獲得を目的とした二者による学び合いのこと。チューターとチューティの役割を受けもつ
ピア・モデリング (peer modeling)	仲間の行動を観察すること，まねることから学ぶこと。コーピング・モデルやマスタリー・モデルなど，多様なモデルがある
ピア・モニタリング (peer monitoring)	学習の過程や手続きが適切か効果的かについて仲間がモニターすること
ピア・アセスメント (peer assessment)	グループのメンバーの学習の過程や成果について仲間が評価を行うこと
ピア・レスポンス (peer response)	学習者がお互いの文章を読み合って，話し合う活動のこと
ピア・カウンセリング (peer counseling)	傾聴をする，肯定的，支持的であることによって生活上の問題について仲間が支援をすること
ピア・サポート (peer support)	仲間同士の人間関係を豊かにするために学んだ知識やスキルをもとに，仲間を思いやり，支える実践活動のこと
ピア・エデュケーション (peer education)	人生における微妙な問題についてインフォーマルな仲間集団の状況において話し合うこと
ピア・メンタリング (peer mentoring)	特定の領域において経験のあるピア（先輩者）が，一対一の関係で支持をしたり励ましたりする活動のこと

注．Topping & Ehly (1998) は，ピア・メンタリングについては関係の「対等性」が崩れているために独自の位置づけをしている。

す。ここで厳密に定義するものではありませんが、本書でも特定の教科や単元などの学習内容を含むことはもちろん、それ以外の、子どもが経験する広義の学習や対人関係についても、ピア・ラーニングの枠組みに位置づくととらえています。

2節 教師の役割

さて、ピア・ラーニングにおいて、教師のもつ役割は大きなものです。一般的な一斉指導に比べると、子ども同士の学びあいを含む授業では、教師は比較的重要な役割ではないと思われるかもしれません。しかし、単に形式的に、子どもたちに「話し合い」をさせるというだけではなく、「深い理解と思考を促す」学習を成立させようとするならば、そこには十分に練られた学習の仕組み、枠組みがなければなりません。教師はそのような学びの仕組みを成り立たせる主要なエージェンシーであるといえます。

それでは、ピア・ラーニングにおいて教師のもつ主要な役割はどのようなものでしょうか。オドネルら（O'Donnellほか、2009）は、ピア・ラーニングにおける教師の役割について、表2のような6つの観点から概念化しています。

第一は学習課題を準備する役割です。学習においてどのような課題に取り組むかは、ある程度は子どもの選択を許容することができるものの、基本的には教師の裁量が大きな割合を占めます。課題の困難度や、多様な答えが許容されるものかどうか、また子どもに適切な役割を付与できるものか否かといった点で、教師が子どもの適性や状況に合った課題を選択することが重要です。

第二は共同体の構築者としての役割です。当然のことながら、子どもにはさまざまな個性があり、机を向き合わせて話し合いをさせさえすればよい学習が成り立つ、といった安易なことはありません。互いに異質な子ども同士が、お互いを尊重し、思いやる意識とスキルを身に着けさせることが、質の高いピア・ラーニングのためには重要です。

第三には、課題の開発者としての役割があげられます。これは、グループ

表2　ピア・ラーニングにおける教師の役割 (O'Donnell ほか，2009 を一部修正)

教師の役割	教師の活動
学習課題の準備	・課題の複雑さのレベルの選択や，オープンエンドな形式にするかどうかなど，学習課題の選択を行う ・生徒に役割を与え，必要ならばそのトレーニングを行う
コミュニティの構築	・協同において必要な生徒の社会的スキルの発達を助ける ・共通の目的を強調する ・異質な集団をコミュニティになるよう支援する ・相互の尊重を促進する ・お互いを助けようという意思を促す ・他者が援助を求めていることに気づかせる
課題の開発	・グループにとって価値ある課題をデザインする
学習のモデル	・認知的，メタ認知的な方略を使用するモデルとなる ・相手を励まし，順番を守り，考えを精緻化するといった構成的な社会的スキルにどう取り組むかをみせる
活動のコーディネーター	・生徒をどのグループに割りあてるかを決める ・グループ活動が成功するようなクラスの文脈をつくり，学級経営をする ・グループを回り，社会的，認知的な活動をモニターする
評価者	・子どもの活動に対する評価基準を与える ・子どもが自分自身やグループの過程を評価するよう導く ・個人の責任の査定の意味合いを含むようにする ・以下へのフィードバックを与える 　課題に取り組む行動の使用 　グループによる成果物 　メンバー個人の貢献

での活動が価値をもつような課題をデザインすることの重要性を指摘するものです。教師はピアでの学習が効果的になるように，実体験やフィードバック，あるいは例示やよりよいプレゼンテーションの仕方といった指導の特徴を理解し，課題を開発する必要があります。

第四には，学習のモデルとしての役割があります。教師は板書や口頭での説明を通して，生徒にとって学習での認知的，メタ認知的な方略を適切に使用するためのモデルになります。他者を励まし，順番を守り，他者のアイデアを精緻化するなどの社会的スキルの獲得への取り組み方のモデルになるといったことが考えられます。

　第五には，学習活動のコーディネーターとしての役割があります。生徒をどのグループに割りあてるかを決める，グループ活動が成功するようなクラスの文脈をつくる，といった役割があげられます。あるいは机間巡視するなど各グループを回り，子どもたちの社会的，認知的な活動をモニターすることがこれにあたります。

　第六に，評価者としての役割があげられます。子ども同士が学ぶ活動の評価基準を提供する，子ども自身が自分とグループの学習を評価するよう導く，といったものです。あるいは，課題に取り組む活動やグループでつくりあげた成果，あるいは，子ども個人のグループへの貢献などについてフィードバックする，といったことがこれにあたります。

3節　動機づけの機能

　また，ピア・ラーニングにおいて，動機づけはどのように働くかについて考えてみたいと思います。動機づけは，生徒の学習を遂行させる主要な要因であり，教師は子どもたちをどう動機づけるかに常に腐心しているといえるでしょう。

　学習の過程において，動機づけはさまざまな影響をもちます。課題の認知や学習へのとりかかりといった初期の段階，また思考や問題解決，困難に際した場合の忍耐力といった中期の段階，そして学習について何らかの結果を得て，自己評価をしたり原因帰属をする過程である終期の段階のそれぞれで，動機づけは学習に重要な影響を及ぼしています。

　とくにグループや協働場面といったピアとの学びでは，動機づけの果たす役割はより複雑なものになります。単に学習課題に取り組めばよい，というのではなく，他者の意見を聞き，協調し，時には主張し交渉しながら，課題

解決に向かう過程は，学習のプロセスであるとともに社会的なプロセスでもあるからです（Webb & Palincsar, 1996）。

たとえば，他者の意見を聞き入れて，自分の考えを精緻化することや，反対に自分の解答を周囲に説明することで，自分自身が解法をより深く理解する，といったことは，他者との学びならではのプロセスです。このような，社会的な相互作用を介した学習のプロセスはより複雑なものであり，他者の役割や他者との相互作用の形態が重要な意味をもちます。さらには，われわれが個別に学ぶのではなく，他者から学び，他者に教えるというプロセスを考えるならば，そこで求められる力は，単なる知的能力とは異なる，何らかの社会的側面が求められているといえるでしょう。

最近のレビューのなかで，ロガットら（Rogatほか，2013）は，協働における動機づけの役割について，主要な動機づけ理論にもとづいてどのように説明されるのかを議論しています。表3に示すように，達成目標，自己決定理論，そして社会的認知理論という3つの主要な理論に立ち，動機づけがピア・ラーニングに与える影響と，ピア・ラーニングによる動機づけへの影響の双方向から検討しています。

ここでは，各理論にもとづくさまざまな実証研究から，協働や学びあいにおいて動機づけがどう働いているかについての知見が提起されています。

まず「達成目標理論」では，熟達目標をもつことが，グループ学習での興味や自己効力感を高め，高い成績につながるといえます。遂行接近目標も成績や耐性，努力を予測しますが，それは外からの能力評価を求めるものであるため，援助要請を回避したり，表面的な方略使用をもたらします。そして遂行回避目標では，不安の高さ，援助要請回避，学業的効力感の低下などをもたらします。またピア・ラーニングから動機づけへの影響では，課題の多様性や選択などのグループの熟達目標構造が熟達志向を促すこと，そして能力の公的評価や相対比較が遂行接近および遂行回避目標を高めると考えられます。さらに，グループのなかで，特定の人が高い熟達目標をもつよりも，熟達目標がメンバーの間で共有されることによって，動機づけへの影響がより積極的なものになる，という興味深い視点が提案されています。目標の共有によって，グループ内の相互作用がより活発で肯定的なものになるといえ

終章　豊かな学びあいに向けて

表3　ピア・ラーニングにおける動機づけの機能（Rogatほか，2013をもとに作成）

動機づけ理論	動機づけからの／への影響過程	
	動機づけからピア・ラーニングへの影響	ピア・ラーニングから動機づけへの影響
達成目標理論	熟達目標：グループ学習における興味や自己効力感，情緒的ウェルビーイング，認知的エンゲージメントを高める 遂行接近目標：成績や耐性，努力を予測するが，一方で援助要請の回避や，表面的な認知的方略の使用，テスト不安など，不適応的な学習成果をもたらす 遂行回避目標：高い不安や表面的な方略の使用，援助要請の回避，学業的効力感や内発的動機づけを低下させる	熟達目標：課題に多様性をもたせ，選択を増やし統制を減らして自律性を高め，時間を柔軟に活用するなど，グループが熟達目標構造をもつことにより高まる 遂行接近目標・遂行回避目標：教師が子どもの頭のよさや，どのグループが一番できたかについて公的に発言することで，グループの能力評価が強調され，遂行接近目標・遂行回避目標が高まる グループのメンバーごとに目標が混在している場合に比べ，メンバーで目標が共有されている場合，動機づけが高まりやすい。熟達目標を共有しているグループでは，エンゲージメント（積極的な取り組み）になりやすい
自己決定理論	自律的動機づけ：グループ学習における課題への挑戦，深い学習方略の使用，創造性を高める 統制的動機づけ：グループ学習における随伴的な報酬や評価，将来の価値によって動機づけられる	自律性：グループ活動で学習への個人の責任を強調したり，課題を選択する機会を与えることにより高まる コンピテンス：グループのリーダーの役割を与える，ピアに説明したり，グループの理解に貢献するような機会を与えるなどにより高まる 関係性：ピアとの親密な関係を形成するよう支援する，コミュニティのメンバーに貢献するように促すなど，親密な関係を築くようなグループ活動によって高まる
社会的認知理論	自己効力感：深い処理方略の使用や議論の質，グループのパフォーマンスを高める 集団効力感：グループでの課題達成の力量に関する信念である集団効力感は，グループの効果的な資源の活用や困難の際に課題への努力を高める。またすべてのメンバーの効力感が高いわけではない場合にも，集団効力感を高められる可能性がある	自己効力感：グループでの学習は自己効力感を高めうる。とくに観察学習の点から，グループの活動は他者の学習を観察しモデリングする機会を与える 個人の学習を価値づけるポジティブなフィードバックによって，自己効力感は高まる。ただし，すべてのグループの相互作用が自己効力感を高めるわけではない。相互尊重が低く，批判的なフィードバックがなされる場合には，効力感は高まらない グループの相互作用が，メンバーごとに独立しておらず，相互依存的で協調的であると，効力感やパフォーマンスは高まる

るでしょう。

　次に「自己決定理論」では，自律的動機づけは，グループにおける学習への挑戦や深い学習方略の使用，そして創造性を高めることが知られています。統制的動機づけではその反対の影響が考えられます。また，ピア・ラーニングからの影響では，自律性，コンピテンス，関係性という3つの基本的欲求を高めるグループの環境が自律的な動機づけを促すことが知られています。自己決定の機会や有能さの実感，そしてメンバーからの親密な支援によって，子どもは自ら課題に関心をもち，主体的な取り組みが可能になるといえるでしょう。

　第三に，「社会的認知理論」では，自己効力感の高さが学習の質を高めることが見出されています。そして個人の効力感だけでなく，所属するグループに対する効力感である集団効力感も，課題解決への努力や資源の活用など，学習の過程に積極的な影響を与えていると考えられます。ピア・ラーニングから動機づけへの影響に関しては，グループでの学習経験は，個々の子どもにとってピアによる学習過程をモデリングする最適な機会であり，観察学習によって自己効力感を高める結果をもたらす可能性があります。またピアからのフィードバックは，ポジティブな場合には自己効力感は高まるが，ピア相互の尊重が低く，批判的な場合には，効力感が高まることはないと考えられます。グループの相互作用が，相互依存的で協調的である場合には，効力感やパフォーマンスは高まるといえます。

　このように，動機づけの主要理論から，動機づけがピア・ラーニングにおいてもつ意味，そして反対にピア・ラーニングが動機づけにおいてもつ意味の両側面から，ピアにおける学習過程を検討することは有意義なことだと思われます。今後は，個人の学習とは異なるピア同士の学びあいの独自性をより深く考慮した，動機づけの影響過程をモデル化し，実証していくことが大きな課題だといえるでしょう。

4節　より豊かなピア・ラーニング研究に向けて

　本書において理論的，実践的な多様なレンズから眺めてきたように，ピ

ア・ラーニングは，さまざまな認知的，情動的，社会的な相互作用が含まれる複雑な学習プロセスです。このような他者との学びに関する知見は，心理学では古くからみられ（たとえば Deutsch, 1949；Deci ほか，1981），また今日も同じく重要な課題ととらえられています（たとえば Hmelo-Silver ほか，2013）。むしろ，今日のように，子どもの学力だけでなく社会性の低下についても問題視されている教育的状況（志水，2009；速水，2011）では，社会的なかかわりを介して学習を促進するピア・ラーニングの視点は，独自の重要性をもつものといえるでしょう。

　ピア・ラーニングについてこれまでさまざまな立場から研究がなされてきていますが，近年，それらを包括し，その効果を明らかにしようという，メタ分析による研究がみられています。たとえばローベックら（Rohrbeck ほか，2003）は，小学生を対象にした 90 のピア・ラーニング研究をメタ分析し，ピア・ラーニングがとくに効果をもつ条件は，①報酬が個人ごとではなく相互依存的であること，②相対評価でなく絶対評価であること，そして③学習における目標設定や報酬の選択などで自律の機会が多いことを出しています。またその後の研究（Ginsburg-Block ほか，2006）では，社会的コンピテンスなどの社会的要因や，自尊感情などの自己に関する要因が，ピア・ラーニングにおける学習成果とポジティブな関連をもっていることが示されています。これらの研究は，多様なピア・ラーニングの諸研究を概観し，その効果を検証し，実践に活かしていくために非常に重要な試みであるといえるでしょう。

　このような知見がみられ始めたとはいえ，ピア・ラーニングはこれからさらに本格的に開拓され，解明されていくべき研究領域だといえるでしょう。当然，課題も少なからず存在しています。たとえば，他者との学びをどう定義し，どう弁別していくのか，という基本的な点でも，研究者によって意見が完全に統一されているわけではありません。英語では cooperation (co-operation)，collaboration といった語が用いられ，日本語では協同，協働，協調，共同といった語が用いられますが，それらが厳密に区分された定義があるというよりも，拠って立つ理論的背景によって異なる面があります（序章参照）。

また，他者との学びがどういった認知的な成果やメリットを生み出すかについては，ある程度研究が進められてきましたが，一方で他者との学びによってどのような社会的，情動的な成果やメリットが生成されるのかについては，実証的には十分に検討されてきたとはいえません。教育現場でグループやペアを用いた学びが実践される際，思考や理解を促す目的で行われることはもちろんですが，同時に子ども相互のかかわりあいをもたせること自体の価値も意図されていると考えられます。このような点についても解明していくことが望まれるでしょう。

　少子高齢化・情報化が進む今日のわが国の社会状況では，子どもたちが毎日顔と顔を合わせ，生活をともにしながら学ぶという，これまであたりまえだった学校教育の場は，子どもの育ちにとって重要な意味をもつものになるのかもしれません。他者とともに学ぶことによって，予期しなかった発見や驚き，あるいは自分自身の理解や納得を得る過程は，ひとりだけ，あるいはコンピュータに対しているだけでは得がたい経験となるでしょう。学びあい，という複雑であると同時に可能性に満ちた学習の過程について，これからますます研究が進められていくことが期待されています。

■引用文献

Deci, E. L., Betley, G., Kahle, J., Abrams, L., & Porac, J. (1981). When trying to win: Competition and intrinsic motivation. *Personality and Social Psychology Bulletin*, **7**, 79-83.

Deutsch, M. (1949). A theory of co-operation and competition. *Human Relations*, **2**, 129-152.

Ginsburg-Block, M. D., Rohrbeck, C. A., & Fantuzzo, J. W. (2006). A meta-analytic review of social, self-concept, and behavioral outcomes of peer-assisted learning. *Journal of Educational Psychology*, **98**, 732-749.

速水敏彦（2011）．仮想的有能感の心理学――他人を見下す若者を検証する．北大路書房．

Hmelo-Silver, C., Chinn, A., Chan, C., & O'Donnell, A. (Eds.) (2013). *The international handbook of collaborative learning*. New York: Routledge.

O'Donnell, A., Reeve, J., & Smith, J. (2009). Learning from peers: Practices for learning.

In A. O'Donnell, J. Reeve & J. Smith (Eds.), *Educational psychology: Reflection for action. Second edition.* New Jersey: Wiley.

Rogat, T., Linnenbrink-Garcia, L., & DiDonato, N. (2013). Motivation in collaborative groups. In C. Hmelo-Silver, A. Chinn, C. Chan & A. O'Donnell. (Eds.), *The international handbook of collaborative learning.* New York: Routledge.

Rohrbeck, C. A., Ginsburg-Block, M. D., Fantuzzo, J. W., & Miller, T. R. (2003). Peer-assisted learning interventions with elementary school students: A meta-analytic review. *Journal of Educational Psychology,* **95**, 240-257.

志水宏吉（2009）．「力のある学校」の探究．大阪大学出版会．

Topping, K., & Ehly, S. (Eds.) (1998). *Peer-assisted learning.* New Jersey: Lawrence Erlbaum Associates.

Webb, N. M., & Palincsar, A. S. (1996). Group processes in the classroom. In D. Berliner & R. Calfee (Eds.), *Handbook of educational psychology.* New York: Routledge.

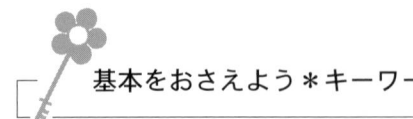

┌─ 基本をおさえよう＊キーワード解説 ──────────────────┐
└──┘

足場づくり（scaffolding）
　子どもや初心者が自分で解決するにはやや難しい課題を達成できるよう，大人が指導や支援を与える過程をさす。次第に子どもが自力で課題を遂行できるようになれば，学習を支える足場（援助）は徐々に取り払うようにする（足場はずし）。そのようにして，子どもは外的な支援がなくとも自分で課題を解決するようになり，行動の幅を広げていく。この概念は，ヴィゴツキーが提唱した「発達の最近接領域」と関連づけて説明されることが多い。

ヴィゴツキー派における協同の意味
　ヴィゴツキー（Vygotsky, L. S.）は，発達的変化は社会文化的文脈に大きく規定されるとして，とくに，人間の高次精神機能の発達は，他者との相互作用において共有された社会的・精神間的過程を個人に内化することで生じるものであると主張した。そして，協同や指導のもとでは，子どもは助けがあれば，自分一人で取り組むよりも多くの難しい課題を解決できることを「発達の最近接領域」により説明した。その後，ヴィゴツキー派の研究では，協同でのやりとりが子どもの個人の役割や理解，活動参加にもたらす影響について，理論が検証され，展開された。

学習者チーム達成分配法（student teams-achievement divisions；STAD）
　ピア・ラーニングの social-motivational approach における協同学習のテクニックの一つ。まず，さまざまな遂行レベルの児童生徒が混在するように4人程度のグループを構成し，学習課題をクラス全体に提示する。そして，グループ内のすべての児童・生徒がその課題を習得するように協同させる。最後に，各個人の進歩を測定するためのテストを行い，それらの得点をグループごとに足し合わせ，大きな進歩がみられたグルー

プに賞や承認が与えられる。各個人の進歩をグループの得点として反映させることで，すべての遂行レベルの児童・生徒の動機づけや相互作用を促進させる。

教室の達成目標構造（classroom goal structure）
　教師の指導様式や学級風土などがもつ，特定の目標を強調する特性について，達成目標の観点から構造化したものである。エイムズは，課題を習得し能力を高めることを目的とする熟達目標を支援する教室の目標構造として，課題を新奇性や多様性があり，興味をひく内容にするといった「課題構造」，児童・生徒の意思決定への参加を援助するといった「権威構造」，評価の際，児童・生徒の進歩や改善，努力に注目するといった「評価／承認構造」の3次元を設定している。

協同（協調・協働）（cooperation, collaboration）
　2人以上の成員がある目標を達成するために取り組む過程をさす。協同での学習をとらえる観点としてcollaborative learning と cooperative learning とがあり，collaborative learning では，ある共通目標に対して同じ立場にある複数の個人が，課題を解決するために一緒に取り組む点を重視する。一方，cooperative learning では，複数の個人がある共通目標に向けて各自取り組む点に焦点をあてる。

ジグソー学習（jigsaw learning）
　アロンソンが考案した小集団による協同学習の方法であり，学習を促進させるだけではなく，人間関係の改善にも影響する。まず，児童・生徒を小グループに分け，課題を下位課題に分けてグループ内で分担させる。次に，同じ下位課題の分担となったものを集めてあらたなグループを形成し，下位課題の解決に向けた学習を行わせる。その後，元のグループに戻り，自分が担当した下位課題について学習結果の教え合いを行わせる。元のグループ内ではそれぞれが下位課題の専門家となるため，効果的な協同が行われる。

社会構成主義（social constructivism）
　　人間は他者との相互作用を通して能動的に知識を構成していくものであり，知識は社会文化的文脈の影響を受けて獲得されるという考え方をさす。個人内の認識の形成過程に焦点をあてた，ピアジェに代表される構成主義の認識論に対し，ヴィゴツキーに代表される社会構成主義では，認識の形成過程を文化的な道具（言語など）を媒介した他者との相互作用に求める考え方が展開されてきた。

自律性（autonomy）
　　自己決定理論によれば，人は「自分自身の行動は自分で決めたい」という自律性の欲求をもっているとされており，学習場面においてもこの自律性を支援することが重要になる。具体的には，教材を選ばせるなどの選択の機会をつくる，自分なりのやり方で学習に取り組むよう励ますなどの支援方法がある。このような自律性の支援によって，児童・生徒のより自律的・内発的な動機づけが促進される。

スクリプト化された協同（scripted cooperation）
　　協同で行う作業と役割を構造化したスクリプトにもとづき協同学習を促す方法のこと。教室におけるテキスト学習の例では，まず生徒はペアを組み，各々役割を割りあてられる。各自テキストを読んだ後，ペアの一方はテキストの内容を要約し，他方はその要約の誤りを正し，精緻化する。次に役割を交代し，同様の作業を行う。

チュータリング（tutoring）
　　一対一で行われる教え合いの総称であり，具体的には，ある生徒（チューター）からより能力の劣る生徒（チューティ）に対して，モデリングやヒント，フィードバックの提供などが行われる。これにより，チューティの学習理解や動機づけが促されるだけではなく，チューター自身にも学習内容の深い理解やメタ認知的経験などの有益な効果がある。また，クラスワイドピアチュータリングとは，クラス規模でチュータリングによる学習を取り入れるものである。

基本をおさえよう＊キーワード解説

ともに学ぶ（learning together）
　　ピア・ラーニングの social-cohesion approach における協同学習のテクニックの一つであり，社会的スキルを発達させることが大きな目的となる。オープンエンドの複雑な課題を設定し，相互作用を維持するために各児童・生徒にグループ内での役割を与える。また，他者に対して敬意を払い，励ましやフィードバックを与えるように児童・生徒を支援する。さらに，課題が終わった後，どうしてグループでの学習がうまくいったのかを議論させる。これらを通して，社会的スキルの発達に加え，思いやりのある教室風土の構築につながる。

発達の最近接領域（zone of proximal development；ZPD）
　　子どもが自力で解決した問題によって規定される現下の発達水準と，大人や有能な仲間の指導や支援のもとで解決される問題によって規定される発達水準との間の範囲をさす。ある年齢のある段階で発達の最近接領域にあるものは，子どもが大人の指導や他者との協同で経験した過程を内化することで，次の段階で現下の発達水準に移行し，実現されるようになる。

ピアジェ派における協同の意味
　　ピアジェ（Piaget, J.）は，子どもの思考の発達過程について，外的な環境と自分の枠組みとが不均衡な状態にある際，同化（環境を自分の枠組みに取り込む）と調節（自分の枠組みを環境に合わせる）の作用により均衡化が生じること，それにより思考が質的に異なる段階に変化することを主張した。そして，協同過程で生じた社会認知的葛藤（不均衡状態）は個人の認知的枠組みの変化を引き起こすと考えた。その後，ピアジェ派の相互作用に関する研究では，子ども同士の協同過程で生じた社会認知的葛藤が個人の認知的変化にもたらす影響が実証的に示され，獲得された知識の般化の検討を含め，理論が展開された。

索　引

● 人名索引

あ行

秋田喜代美　5, 6, 99
アーツ（Aarts, H.）　60
アトキンソン（Atkinson, J. W.）　53, 60
阿部聡美　110
新井邦二郎　109
アロンソン（Aronson, E.）　179
イイスカラ（Iiskala, T.）　169
池田玲子　192
石隈利紀　106, 107
石毛みどり　107
石田裕久　206, 208-210, 215
伊藤崇達（Ito, T.）　76, 81
伊藤正哉　38, 39
稲垣佳世子（Inagaki, K.）　126, 130, 140
犬塚美輪　93, 95, 96
ヴィゴツキー（Vygotsky, L. S.）　8, 142, 161, 162, 167, 175
ウィーラー（Wheeler, V. A.）　49
ウェイ（Wei, M.）　49
ウェッブ（Webb, N. M.）　226
上淵　寿　20
ヴェロフ（Veroff, J.）　53
ウェンツェル（Wentzel, K. R.）　52, 63, 66
ヴォシナドゥ（Vosniadou, S.）　139
ウッド（Wood, D.）　193
梅原巳代子　206, 208-210, 215
エイムズ（Ames, R.）　19
エイムズ（Ames, C.）　68
エリィ（Ehly, S.）　2, 221, 222
エリオット（Elliot, A. J.）　60-63

太田慶司　126, 133, 134
オカダ（Okada, T.）　126, 128
岡田　涼（Okada, R.）　13, 47
オジャネン（Ojanen, T.）　45, 46
オドネル（O'Donnell, A. M.）　6, 8, 223, 224

か行

カー（Carr, E.）　94
鹿毛雅治　57
ガーゲン（Gergen, K. J.）　192
加藤和生　8
ガードナー（Gardner, H.）　216
ガートン（Garton, A. F.）　8
カラベニック（Karabenick, S. A.）　19, 22, 23
カワグチ（Kawaguchi, A.）　163
河村茂雄　109, 110
キサンタス（Kitsantas, A.）　99
キーフ（Keefe, K.）　52
ギブス（Gibbs, J. C.）　146, 147
木村　優　2
金　孝卿　192
キリヤコポロウ（Kyriakopoulou, N.）　139
清河幸子　95, 96, 100, 101
キング（King, A.）　8
ギンスバーグ・ブロック（Ginsburg-Block, M. D.）　229
キンチュ（Kintsch, W.）　92
クーイ（Coie, J.）　49, 50, 53
クシュナー（Kushner, M. G.）　109
久保田賢一　192
グラノット（Granott, N.）　141, 142
クレメント（Clement, J.）　139
グロア＝シャイブ（Glor-Scheib, S.）　16, 18
ケーガン（Kagan, S.）　209
コゼニック（Korzenik, D.）　126
ゴールディン（Goldin, L.）　16, 22

さ行

サイモン（Simon, H. A.）　126, 128
佐藤　学　206, 209
サンター（Santor, D.）　52
三宮真智子（Sannomiya, M.）　93, 163
シー（Hsi, S.）　127
ジェイコブズ（Jacobs, G. M.）　179
柴田義松　161, 162, 167
シプリー（Shipley, T. E.）　53
ジマーマン（Zimmerman, B. J.）　14, 61, 76-80, 99, 161
志水宏吉　229
清水美憲　130
シモンズ（Simmons, P. E.）　146
シャー（Sher, K. J.）　109
ジャネイ（Janney, R.）　207, 209
シャラン（Sharan, S.）　179
シャラン（Sharan, Y.）　179
シャルマ（Sharma, R.）　22
シャンク（Schunk, D. H.）　14, 61, 76, 77, 80, 81, 99
シュエーガー（Schwager, M. T.）　16, 21
シュナイダー（Schneider, B. H.）　46
シュワルツ（Schwartz, D. L.）　127
ジョンソン（Johnson, D. W.）　56, 176, 177, 206-210, 215
ジョンソン（Johnson, R. T.）　56, 176, 177, 207
ショーンフェルド（Schoenfeld, A. H.）　125
白水　始（Shirouzu, H.）　96, 126
シン（Shim, S.）　62, 63
シン（Shin, H.）　14, 17, 18
杉江修治　179, 180, 182, 184, 185, 206, 209, 210, 215
スティーブンソン（Stevenson, H. W.）　130
スネル（Snell, M. E.）　207-209
スレイヴン（Slavin, R. E.）　208, 209
瀬尾美紀子　15-18, 21, 22, 24
セネカル（Senécal, C.）　47, 48

た行

高垣マユミ　141, 147-152
高田利武　31, 32
高野久美子　207, 209
ダガン（Dugan, E.）　208
田嶌誠一　107
橘　春菜　128
辰野千壽　78
舘岡洋子　191-193, 195, 197, 201
ターナー（Turner, J. C.）　69, 70, 86, 87
田中（Tanaka, A.）　20
ダノン（Darnon, C.）　64
ダルトン（Dalton, B.）　101
タン（Tan, J.）　162
チイ（Chi, M. T. H.）　126
チャン（Chan, C.）　144
チャンバーレイン（Chamberlain, K.）　109
塚野州一　61, 76
ディーヌ（Deane, F. P.）　109
ディユート（Daiute, C.）　101
デシ（Deci, E. L.）　44, 45, 229
デ・フロート（De Groot, E. V.）　79
デーモン（Damon, W.）　5
デ・リジ（De Lisi, R.）　4
ドイチュ（Deutsch, M.）　176, 229
ドウェック（Dweck, C.）　61, 63, 64
戸田有一　111, 112
トッピング（Topping, K.）　2, 221, 222
冨永敦子　1
外山美樹　31-33, 35-39
トゥールミン（Toulmin, S. E.）　145
ドワーズ（Doise, W.）　127

な行

永井　智　109
中島朋紀　147-149
永野重史　165
中村和夫　8
中谷素之　13, 63, 64, 66, 67, 156
ナップ（Knapp, J. R.）　19
ナドラー（Nadler, A.）　19

西川 純　206, 209, 216
ニューマン（Newman, O.）　16
ニューマン（Newman, R. S.）　15-17, 19-22, 24
ネルソン＝レゴール（Nelson-Le Gall, S.）　14-16, 18, 19
野﨑秀正　16, 20

は行

バーコヴィッツ（Berkowitz, M. W.）　146, 147
バークレイ（Barkley, E. F.）　179
バス（Bass, B. M.）　178
波多野誼余夫　126, 140
ハドウィン（Hadwin, A. F.）　83-86
バトラー（Butler, R.）　16
パトリック（Patrick, H.）　50, 51, 65, 69, 86
速水敏彦　229
パリンサー（Palincsar, A. S.）　94, 143, 148, 150, 156, 161, 226
ハンソン（Hanson, A. R.）　99
バンデューラ（Bandura, A.）　49, 76, 77, 98
バーント（Berndt, T. J.）　52
ハント（Hunt, P.）　208
ピアジェ（Piaget, J.）　8, 175
ピアート（Peart, N.）　39
ヒメロ・シルバー（Hmelo-Silver, C.）　229
広瀬和佳子　1, 192
ピントリッチ（Pintrich, P. R.）　15, 19, 20, 79, 80
ファリーナ（Farina, A.）　114
ファン・ダイク（van Dijk, T. A.）　92
ファン・デ・メイ（van der Meij, H.）　16, 22
フィッシャー（Fischer, E. H.）　114
フェスティンガー（Festinger, L.）　30, 31
フェルプス（Phelps, E.）　5
福岡欣治　106
藤生英行　106
藤村宣之　125, 126, 128, 132-134

ブラウン（Brown, A. L.）　94, 156, 160
ブラゴニア（Bragonier, H.）　31
ブルーナー（Bruner, J. S.）　175
ブルーワー（Brewer, W. F.）　144
フレイヴェル（Flavell, J.）　160
ボジアーノ（Boggiano, A. K.）　53
細田 絢　107
本田真大　7

ま行

前田一誠　118
マクナマラ（McNamara, D. S.）　99, 101
マクレガー（McGregor, H. A.）　61, 62
マクレランド（McClelland, D. C.）　60
マーシュ（Marsh, H. W.）　39
町 岳　156
松村暢隆　216
マルティネッツ・ポンズ（Martinez-Pons, M.）　79
丸野俊一　8
水野治久　106, 107, 109, 112
三長 仁　216
南 隆男　106
三野輪敦　106
三宅なほみ（Miyake, N.）　56, 96, 128, 206
ミュニー（Mugny, G.）　127
無藤 隆　107
メイヤー（Meijer, C. J. W.）　207
メーハン（Mehan, H.）　143
モサッチェ（Mosatche, H.）　31
森川澄男　111
モンティエル（Monteil, J. M.）　36

や行

安永 悟　179
ユゲ（Huguet, P.）　36
ユボネン（Juvonen, J.）　106
吉利宗久　207
吉原 寛　106

索　引

ら行

ライアン（Ryan, A. M.）　14, 15, 17-20, 23, 62, 63
ライアン（Ryan, R. M.）　44, 45
ラウ（Lau, S.）　19
ラッド（Ladd, G. W.）　49, 50, 52
ラビナー（Rabiner, D.）　49, 50, 53
ラブル（Rubule, D. N.）　30
リチャード（Richard, J. F.）　46
リヒテルズ直子　215
リン（Linn, M.）　127
ルーセル（Roussel, P.）　67, 68, 168
ルトゥケ（Ludtke, O.）　39
レヴィン（Lewin, K.）　60
レズニツカヤ（Reznitskaya, A.）　126
ロガット（Rogat, T.）　226, 227
ロゴフ（Rogoff, B.）　86
ロゼ（Roseth, C. J.）　69
ロックヘッド（Lochhead, J.）　161
ロドキン（Rodkin, P. C.）　65
ローベック（Rohrbeck, C. A.）　229

わ行

和井田節子　2
涌井　恵　207, 209-212, 216

● 事項索引

あ行

アーギュメントの質　145
アーギュメントの実践　144
アサーションスキル　215
足場づくり　142, 161, 193, 198
「暗記・再生」型の学習観　125
意見文　163
依存的援助要請　17
一斉形態の協同学習　182

5つの基本要素　208
5つの基本要素の関係図　209, 210
意味理解型　134
ヴィゴツキーの理論　8
援助提供　47
援助ニーズ　108
援助要請　47, 67, 168
援助要請行動　113
援助要請の必要性　17
応用行動分析学　205, 210, 215

か行

外言　162
階層性　64
概念的くさび　140
概念的理解　125, 132, 134
概念変化を促す教授デザイン　140
外発的動機づけ　44
会話のスキーマ　101
学業達成　35-39
学業的援助要請　14
学業的遅延行動　47
学習意欲　178
学習課題　179
学習観　16, 125
学習環境のデザイン　187, 189
学習観の転換　191
学習指導観の転換　177
学習指導要領　1
学習者主体の授業　177
学習者に対する期待　178
学習動機づけ研究　ii
学習の共調整　83, 84
学習のめあて　57
学習比較　37
学習方略　14, 38, 78
課題解決志向的集団　178
課題関連の相互作用　51
課題遂行役　100
学級集団のアセスメント　109
学級の規範　119
学級の雰囲気　23

239

学校の荒れ　184
下方比較　31
規範遵守目標　66
既有知識　132
既有知識活用型教材構成　133
教育環境のデザイン　57
教育的状況　229
教育的談話　69
脅威の認知　20
強化子　211, 214
教師主導型指導　22
教室活動　189
教室環境　118
教室談話　69
教室談話の質的分析　145
教室の熟達目標構造　69
教師の協同　184
教師の裁量　223
教師の指導スタイル　22
教師の役割　223
教授法　189
競争　176
競争的目標構造　70
協調　175
協調学習　5
共同　5
協同　5, 126, 135, 175, 176
協働　175, 196
共同学習　6
協同学習　56, 156, 205-208, 216
協働学習　6
協同学習研究　69
協同学習の効果　176
協同学習のモデル　179
協同性の程度　141
協同探究　132, 133
協働的　5
協同的探究学習　132
協同的目標構造　70
協同の意義　175
協同の文化　57
協同の学び　133, 135
グループ学習　174

グループ活動　198
グループサイズ　182
グループ・ダイナミックス　174
グループ編成　182
継時的な比較　39
言語活動の充実　152
言語教育観　189
言語スキルのトレーニング　199
言語的援助要請スキル　110
向社会的目標　66
向上性の圧力　31, 32
公的自己意識　38
交流及び共同学習　207
呼応性　112
呼応性の心配　109
互恵性　3
互恵的の学習　142
互恵的相互依存　208-210, 213
個人的目標構造　70
個人の水準　87
子ども相互のかかわりあい　230
個の学び　133, 135
コーピング・モデル　81, 99
個別学習　i
個別探究　132, 133
コミュニティの水準　87
ゴール　57
根拠　164
コントロール　93
困難度別の説明活動　152

さ行

最近接発達の領域　8
最近接領域　161
サポート　164
参加者の構造　141
ジグソー・リーディング　192
自己イメージ　19
思考プロセスの表現　132
自己決定理論　44, 60, 228
自己向上　32, 36
自己向上動機　32

索　引

自己高揚　32, 35
自己効力感　19, 76, 77, 99
自己説明　126
自己調整学習　76, 83, 84, 98
自己調整学習方略　78
自己調整学習理論　61
自己調整の発達　80
自己内対話　135
自己卑下　38
自己評価　30, 32, 35, 36, 183
自己理解　190
自尊感情　38, 176
質問生成　25
自発性　3
自発的に生じる概念変化　139
自閉症　212
自問自答　191
社会構成主義　192
社会的関係性の構築　194
社会的効力感　48
社会的参照　151
社会的支援の要請　79
社会的責任目標　66
社会的呈示―接近目標　65
社会的手抜き　102
社会的に共有された学習の調整　83-85
社会的に共有されたメタ認知　169
社会的認知理論　77, 228
社会的発達目標　65
社会的比較　30
社会的比較過程理論　30, 31
社会的比較の認知　33
社会的文脈　140
社会的目標　65
社会認知的葛藤　127
集団課題　181
集団随伴性　210, 213, 215
習得目標　20
授業にもとづく概念変化　139
授業の流れ　118
熟達目標　20, 226
主張　164
情意面　187, 192, 194, 197

障碍のある子ども　205, 212
状況モデル　92
情緒的サポート　106
情動的反応　16
上方比較　31, 36
自律性　189
自律的の援助要請　17
親和動機　52
遂行比較　37
遂行目標　20
スキーマ　101
スキャフォールディング　198
接触仮説　114
説明　101
説明活動　128
説明活動の質的分析　151
説明的構築活動　144
宣言的知識　193
相互教授　161
相互教授法　94, 156
相互互恵性　25
相互作用間の組織的な変化　148
相互作用のある対話　145
相互作用の促進　51
相互作用論　77
相互説明　95
相互対話型指導　22
相互評価　183
操作的トランザクション　146
相対的な比較　39
相談役　100
ソシオメトリック地位　49
組織的談話　69
ソーシャルサポート　106
ソーシャルスキル　206, 209, 213, 215

た行

対人の水準　87
対等性　3
ダイナミックジグソー　96
対話　98, 194
他者役　95

241

他者理解　190
達成目標　19
達成目標の階層モデル　62
達成目標理論　61，226
たのしい学校生活を送るためのアンケート
　（Q-U）109
多面的目標　62
多様性　188
知識の協同構築　126
知識の協同的な構成　148
知的障碍　210，212，216
定型的問題解決　126
テキストベース　92
できる学力　124，130
手続き的知識　124，193
手続き適用型　134
動機づけ　16，36，38，39，76，226
動機づけ談話　69
道具的サポート　106
読解活動役　95，96
読解方略　93

な行

内言　162
内在化モデル　81
内発的動機づけ　44
内発的動機づけモデル　81
日本語教育　187
人間関係志向的集団　178
認知的葛藤　8，167
認知的／社会的文脈を統合した学習環境
　141
認知的熟達度の程度　141
認知的な面　194
認知的文脈　140
認知的方略　79，80
認知面　187，192，197

は行

パーソナリティ特性　38
場づくり　197

発達障碍　210，212
話の聴き方　118
場のデザイン　197
ピア　2
ピアサポーター　112
ピアサポート　111
ピアジェの理論　8
ピア・モデリング　81
ピア・ラーニング　i，2，80，161，206，
　221，222
ピア・リーディング　190
ピア・レスポンス　1，192
被援助志向性　107
非定型的問題解決　126
評価基準　131
表象的トランザクション　146
表象の一貫性　101
フィードバック　225
不登校　184
振り子型モデル　147
フリーライダー　168
プロトコル分析　191，192
分業　99
方略の質的変化　129
ポジティブな対人関係　208

ま行

マスタリー・モデル　81
学びあい　ii，1，198
学び方を学ぶ　216
学びのふり返り　183
学びの見通し　180
マルチ知能　216
メタ認知　15，76，93，160
メタ認知的活動　160
メタ認知的活動の促進　99
メタ認知的活動役　95，96
メタ認知的コントロール　93
メタ認知的知識　160
メタ認知的方略　79，80
メタ認知的モニタリング　93
目標　60

目標構造　23
目標志向性　61
目標内容理論　60
目標の数　64
モデリング　80, 98
モデル　98
モニター　93
モラルジレンマ　165
問題解決　126
問題解決型の学習　130
問題解決活動　191
問題解決方略　134

や行

役割葛藤　47
有効性の認知　20
友人関係地位　65
友人への援助要請意図　109
有能感　32, 35, 37, 38

ら・わ行

「理解・思考」型の学習観　125
理解の共構築　196
リソース　2, 187, 193
リソース管理方略　79, 80
リテラシー　124
リレーション　110
類似性　3
ルール　110
わかる学力　125, 130, 132

欧文

cognitive-elaboration approach　6
cooperative learning　205
declarative knowledge　193
GIsML における概念変化のプロセス　148
group-oriented contingencies　210
IRE 談話　143
metacognition　76
modeling　80
motivation　76
multiple intelligences　216
peer learning　80
peer modeling　81
PISA　124, 174
positive interdependence　208
procedural knowledge　193
scaffolding　193
seeking social assistance　79
self-efficacy　76
social cognitive theory　77
social-cohesion approach　6
social-motivational approach　6
zone of proximal development　8
ZPD　8

執筆者

中谷素之（なかや もとゆき）　はじめに，序章，4章，終章
編者

伊藤崇達（いとう たかみち）　はじめに，序章，5章，終章
編者

瀬尾美紀子（せお みきこ）　1章
日本女子大学人間社会学部教授，博士（教育学）
著書　『自己調整学習――理論と実践の新たな展開へ』（北大路書房，2012年，分担執筆），『発達と学習（現代の認知心理学5）』（北大路書房，2010年，分担執筆），『メタ認知――学習力を支える高次認知機能』（北大路書房，2008年，分担執筆）ほか。

外山美樹（とやま みき）　2章
筑波大学人間系准教授，博士（心理学）
著書　『行動を起こし持続する力――モチベーションの心理学』（新曜社，2011年），『やさしい発達と学習』（有斐閣，2010年，共著），『ポジティブマインド――スポーツと健康，積極的な生き方の心理学』（新曜社，2010年，共著）ほか。

岡田　涼（おかだ りょう）　3章
香川大学教育学部准教授，博士（心理学）
著書　『友だちとのかかわりを促すモチベーション――自律的動機づけからみた友人関係』（北大路書房，2013年），『やる気をひきだす教師――学習動機づけの心理学』（金子書房，2011年，分担訳），『改訂版　やる気を育む心理学』（北樹出版，2010年，分担執筆）ほか。

犬塚美輪（いぬづか みわ）　6章
東京学芸大学教育学部准教授，博士（教育学）
著書　『自己調整学習――理論と実践の新たな展開へ』（北大路書房，2012年，分担執筆），『発達と学習（現代の認知心理学5）』（北大路書房，2010年，分担執筆），『メタ記憶――記憶のモニタリングとコントロール』（北大路書房，2009年，分担執筆）ほか。

清河幸子（きよかわ さちこ）　6章
東京大学大学院教育学研究科准教授，博士（教育学）
著書　『教育と学びの心理学――基礎力のある教師になるために』（名古屋大学出版会，2013年，分担執筆），『心理学の実践的研究法を学ぶ』（新曜社，2008年，分担執筆），『人とロボットの〈間〉をデザインする』（東京電機大学出版局，2007年，分担執筆）ほか。

水野治久（みずの はるひさ）　7章
大阪教育大学高度教職開発系教授，博士（心理学）
著書　『よくわかる学校心理学』（ミネルヴァ書房，2013年，編著），『教師のための問題対応フローチャート──不登校・授業・問題行動・虐待・保護者対応のチェックポイント』（図書文化社，2013年，編著），『集団の発達を促す学級経営　小学校中学年（シリーズ事例に学ぶQ-U式学級集団づくりのエッセンス）』（図書文化社，2012年，編著）ほか。

藤村宣之（ふじむら のぶゆき）　8章
東京大学大学院教育学研究科教授，博士（教育学）
著書　『数学的・科学的リテラシーの心理学──子どもの学力はどう高まるか』（有斐閣，2012年），『新しい時代の教育方法』（有斐閣，2012年，共著），『発達心理学──周りの世界とかかわりながら人はいかに育つか』（ミネルヴァ書房，2009年，編著）ほか。

橘　春菜（たちばな はるな）　8章
名古屋大学教育基盤連携本部アドミッション部門特任准教授，博士（心理学）
著書・主な論文　『教育と学びの心理学──基礎力のある教師になるために』（名古屋大学出版会，2013年，分担執筆），「高校生のペアでの協同解決を通じた知識統合過程──知識を相互構築する相手としての他者の役割に着目して」『教育心理学研究』（2010年，58巻，1-9頁），「他者への情報伝達を意図した描画表現の発達──幼児・児童の非視覚的情報の表現方略の検討」『教育心理学研究』（2007年，55巻，469-479頁）ほか。

高垣マユミ（たかがき まゆみ）　9章
津田塾大学国際関係学科教授，博士（心理学／教育学）
著書　『授業デザインの最前線Ⅱ──理論と実践を創造する知のプロセス』（北大路書房，2010年，編著），『授業デザインの最前線──理論と実践の知のコラボレーション』（北大路書房，2005年，編著），『児童心理学の進歩　2009年版』（金子書房，2009年，分担執筆）ほか。

三宮真智子（さんのみや まちこ）　10章
大阪大学名誉教授，鳴門教育大学名誉教授，学術博士
著書　『教育心理学（心理学のポイント・シリーズ）』（学文社，2010年，編著），『メタ認知──学習力を支える高次認知機能』（北大路書房，2008年，編著），『考える心のしくみ──カナリア学園の物語』（北大路書房，2002年）ほか。

杉江修治（すぎえ しゅうじ）　11章
中京大学名誉教授，博士（教育心理学）
著書　『協同学習入門──基本の理解と51の工夫』（ナカニシヤ出版，2011年），『教育心理学（教師教育テキストシリーズ4）』（学文社，2007年，編著），『個に応じた学習集

団の編成』（ナカニシヤ出版，2006年，共訳）ほか。

舘岡洋子（たておか ようこ）　12章
早稲田大学大学院日本語教育研究科教授，博士（学術）
著書　『プロセスで学ぶレポート・ライティング――アイデアから完成まで』（朝倉書店，2011年，共著），『ピア・ラーニング入門』（ひつじ書房，2007年，共著），『ひとりで読むことからピア・リーディングへ――日本語学習者の読解過程と対話的協働学習』（東海大学出版会，2005年）ほか。

涌井　恵（わくい めぐみ）　13章
国立特別支援教育総合研究所主任研究員，博士（教育学），臨床心理士，臨床発達心理士
著書　『発達障害児の仲間同士の相互交渉促進に関する研究――社会的スキル訓練における集団随伴性の有効性』（風間書房，2006年），『学校におけるSST実践ガイド――子どもの対人スキル指導』（金剛出版，2006年，分担執筆），『一人ひとりの教育的ニーズに応じた特別支援教育入門――発達支援の基本と実際』（川島書店，2006年，分担執筆）ほか。

鹿毛雅治（かげ まさはる）　コラム
慶應義塾大学教職課程センター教授，博士（教育学）
著書　『学習意欲の理論――動機づけの教育心理学』（金子書房，2013年），『子どもの姿に学ぶ教師』（教育出版，2007年），『モティベーションをまなぶ12の理論――ゼロからわかる「やる気の心理学」入門』（金剛出版，2012年，編著）ほか。

松尾　剛（まつお ごう）　コラム
福岡教育大学教育学部准教授，博士（心理学）
著書　『キーワード教育心理学――学びと育ちの理解から教員採用試験対策まで』（北大路書房，2013年，分担執筆），『授業デザインの最前線II　理論と実践を創造する知のプロセス』（北大路書房，2010年，分担執筆），『授業の研究・教師の学習――レッスンスタディへのいざない』（明石書店，2008年，分担執筆）ほか。

町　岳（まち たけし）　コラム
静岡大学大学院教育学研究科准教授，博士（心理学）
著書　『グループ学習における授業実践型相互教授の介入効果』（風間書房，2020年），『学校に還す心理学――研究知見からともに考える教師の仕事』（ナカニシヤ出版，2020年，分担執筆），『教師のための説明実践の心理学』（ナカニシヤ出版，2019年，分担執筆），『授業研究法入門』（図書文化社，2009年，分担執筆）ほか。

編　者

中谷素之（なかや　もとゆき）
1967 年静岡県に生まれる
　　名古屋大学大学院教育学研究科博士後期課程中退
　　三重大学教育学部准教授，大阪大学大学院人間科学研究科准教授などを経て
現在　名古屋大学大学院教育発達科学研究科教授，博士（心理学）
主著
『やる気をひきだす教師――学習動機づけの心理学』金子書房，2011 年（監訳）
『モティベーションをまなぶ 12 の理論――ゼロからわかる「やる気の心理学」入門』金剛出版，2011 年（分担執筆）
『学ぶ意欲を育てる人間関係づくり――動機づけの教育心理学』金子書房，2007 年（編著）
『社会的責任目標と学業達成過程』風間書房，2006 年
『教育と学びの心理学――基礎力のある教師になるために』名古屋大学出版会，2012 年（分担執筆）
『パーソナリティ心理学ハンドブック』福村出版，2013 年（分担執筆）

伊藤崇達（いとう　たかみち）
1972 年大阪府に生まれる
　　名古屋大学大学院教育学研究科博士後期課程中退
　　神戸常盤短期大学専任講師，愛知教育大学教育学部准教授，京都教育大学教育学部准教授などを経て
現在　九州大学大学院人間環境学研究院准教授，博士（心理学）
主著
『自己調整学習――理論と実践の新たな展開へ』北大路書房，2012 年（分担執筆）
『コンピテンス――個人の発達とよりよい社会形成のために』ナカニシヤ出版，2012 年（分担執筆）
『改訂版　やる気を育む心理学』北樹出版，2010 年（編著）
『発達・学習の心理学』北樹出版，2010 年（分担執筆）
『よくわかる学校教育心理学』ミネルヴァ書房，2010 年（分担執筆）
『自己調整学習の成立過程――学習方略と動機づけの役割』北大路書房，2009 年

執筆者・編者の所属肩書は 2021 年 2 月現在のものです。

ピア・ラーニング
学びあいの心理学

2013年9月10日　初版第1刷発行　　　検印省略
2021年2月10日　初版第3刷発行

編　者　　中谷素之
　　　　　伊藤崇達

発行者　　金子紀子

発行所　株式会社 金子書房
　　　　112-0012 東京都文京区大塚3-3-7
　　　　TEL03-3941-0111／FAX03-3941-0163
　　　　振替 00180-9-103376
　　　　URL　https://www.kanekoshobo.co.jp

印刷／藤原印刷株式会社
製本／一色製本株式会社

© Motoyuki Nakaya, Takamichi Ito, et al., 2013
ISBN978-4-7608-3256-9　C3011　　Printed in Japan